ENZYKLOPÄDIE
DEUTSCHER
GESCHICHTE
BAND 60

ENZYKLOPÄDIE
DEUTSCHER
GESCHICHTE
BAND 60

HERAUSGEGEBEN VON
LOTHAR GALL

IN VERBINDUNG MIT
PETER BLICKLE
ELISABETH FEHRENBACH
JOHANNES FRIED
KLAUS HILDEBRAND
KARL HEINRICH KAUFHOLD
HORST MÖLLER
OTTO GERHARD OEXLE
KLAUS TENFELDE

DIE JUDEN IN DEUTSCHLAND VOM 16. BIS ZUM ENDE DES 18. JAHRHUNDERTS

VON
J. FRIEDRICH BATTENBERG

R. OLDENBOURG VERLAG
MÜNCHEN 2001

Die Deutsche Bibliothek – CIP-Einheitsaufnahme

Battenberg, Friedrich:
Die Juden in Deutschland vom 16. bis zum Ende des 18. Jahrhunderts /
von J. Friedrich Battenberg. – München : Oldenbourg, 2001
(Enzyklopädie deutscher Geschichte ; Bd. 60)
ISBN 3-486-55777-7
ISBN 3-486-55778-5

© 2001 Oldenbourg Wissenschaftsverlag GmbH, München
Rosenheimer Straße 145, D-81671 München
Telefon (089) 45051-0, Internet: http://www.oldenbourg.de

Das Werk einschließlich aller Abbildungen ist urheberrechtlich geschützt. Jede Verwertung außerhalb der Grenzen des Urheberrechtsgesetzes ist ohne Zustimmung des Verlages unzulässig und strafbar. Das gilt insbesondere für Vervielfältigungen, Übersetzungen, Mikroverfilmungen und die Einspeicherung und Bearbeitung in elektronischen Systemen.

Umschlaggestaltung: Dieter Vollendorf
Gedruckt auf säurefreiem, alterungsbeständigem Papier (chlorfrei gebleicht)
Gesamtherstellung: R. Oldenbourg Graphische Betriebe Druckerei GmbH, München

ISBN 3-486-55777-7 (brosch.)
ISBN 3-486-55778-5 (geb.)

Vorwort

Die „Enzyklopädie deutscher Geschichte" soll für die Benutzer – Fachhistoriker, Studenten, Geschichtslehrer, Vertreter benachbarter Disziplinen und interessierte Laien – ein Arbeitsinstrument sein, mit dessen Hilfe sie sich rasch und zuverlässig über den gegenwärtigen Stand unserer Kenntnisse und der Forschung in den verschiedenen Bereichen der deutschen Geschichte informieren können.

Geschichte wird dabei in einem umfassenden Sinne verstanden: Der Geschichte in der Gesellschaft, der Wirtschaft, des Staates in seinen inneren und äußeren Verhältnissen wird ebenso ein großes Gewicht beigemessen wie der Geschichte der Religion und der Kirche, der Kultur, der Lebenswelten und der Mentalitäten.

Dieses umfassende Verständnis von Geschichte muß immer wieder Prozesse und Tendenzen einbeziehen, die säkularer Natur sind, nationale und einzelstaatliche Grenzen übergreifen. Ihm entspricht eine eher pragmatische Bestimmung des Begriffs „deutsche Geschichte". Sie orientiert sich sehr bewußt an der jeweiligen zeitgenössischen Auffassung und Definition des Begriffs und sucht ihn von daher zugleich von programmatischen Rückprojektionen zu entlasten, die seine Verwendung in den letzten anderthalb Jahrhunderten immer wieder begleiten. Was damit an Unschärfen und Problemen, vor allem hinsichtlich des diachronen Vergleichs, verbunden ist, steht in keinem Verhältnis zu den Schwierigkeiten, die sich bei dem Versuch einer zeitübergreifenden Festlegung ergäben, die stets nur mehr oder weniger willkürlicher Art sein könnte. Das heißt freilich nicht, daß der Begriff „deutsche Geschichte" unreflektiert gebraucht werden kann. Eine der Aufgaben der einzelnen Bände ist es vielmehr, den Bereich der Darstellung auch geographisch jeweils genau zu bestimmen.

Das Gesamtwerk wird am Ende rund hundert Bände umfassen. Sie folgen alle einem gleichen Gliederungsschema und sind mit Blick auf die Konzeption der Reihe und die Bedürfnisse des Benutzers in ihrem Umfang jeweils streng begrenzt. Das zwingt vor allem im darstellenden Teil, der den heutigen Stand unserer Kenntnisse auf knappstem Raum zusammenfaßt – ihm schließen sich die Darlegung und Erörterung der Forschungssituation und eine entsprechend gegliederte Auswahlbibliographie an –, zu starker Konzentration und zur Beschränkung auf die zentralen Vorgänge und Entwicklungen. Besonderes Gewicht ist daneben, unter Betonung des systematischen Zusammenhangs, auf die Abstimmung der einzelnen Bände untereinander, in sachlicher Hinsicht, aber auch im Hinblick auf die übergreifenden Fragestellungen, gelegt worden. Aus dem Gesamtwerk lassen sich so auch immer einzelne, den jeweiligen Benutzer besonders interessierende Serien zusammenstellen. Ungeachtet dessen aber bildet jeder Band eine in sich abgeschlossene Einheit – unter der persönlichen Verantwortung des Autors und in völliger Eigenständigkeit gegenüber den benachbarten und verwandten Bänden, auch was den Zeitpunkt des Erscheinens angeht.

Lothar Gall

Inhalt

Vorwort des Verfassers   XI

I. Enzyklopädischer Überblick   1

1. Grundfragen und Rahmenbedingungen   1
   1.1 Perioden und Schwerpunkte   1
   1.2 Vorgeschichte, europäische Einbindung und
       „Erez Israel"   2
   1.3 Aschkenasische und Sefardische Traditionen . . .   6
   1.4 Umwelt: Heiliges Römisches Reich und
       Territorien   8

2. Die Zeit bis zur Mitte des 17. Jahrhunderts 10
   2.1 Demographische Entwicklung und Siedlungs-
       schwerpunkte 10
   2.2 Privilegien, Ordnungen und Schutzverbriefungen . 14
   2.3 Antijüdische Traditionen der Kirchen und
       christlichen Obrigkeiten 16
   2.4 Organisationsstrukturen, Regionen und
       Zusammenschlüsse 21
   2.5 Jüdische Geisteselite und Kultur 26
   2.6 Berufsstruktur, Handel und Gewerbe 30

3. Vom Dreißigjährigen Krieg bis zur Aufklärungszeit . . 32
   3.1 Neue Gemeinden und Siedlungszentren,
       „Judendörfer" 32
   3.2 Christliche Nachbarschaft und antijüdische
       Tendenzen, Philosemitismus 36
   3.3 Landjudenschaftliche Organisationen 39
   3.4 Die institutionalisierte Hofjudenschaft 41
   3.5 Armut und Betteljudentum 45
   3.6 Die sabbatianische Bewegung und ihre Folgen . . 47
   3.7 Jüdischer Alltag: Familie, Gemeinde, Minhagim . 50
   3.8 Aufklärung und Haskala 55

II. Grundprobleme und Tendenzen der Forschung 59

1. Grundfragen und Rahmenbedingungen 59
   1.1 Mittelalter und Vormoderne, Innen- und
       Außenperspektive 59
   1.2 Mobilität, regionale Identität und Bindung zu
       Erez Israel 63
   1.3 Aschkenasische und Sefardische Sonder-
       entwicklungen 67
   1.4 Gemeindliche Autonomie, Kaisernähe und territo-
       riale Untertanenschaft 70

2. Die Zeit bis zur Mitte des 17. Jahrhunderts 76
   2.1 Siedlungsentwicklung: Verländlichung und
       Dispersion 76
   2.2 Halacha und „Judenrecht" der Privilegien,
       Ordnungen und Policeyverordnungen 79
   2.3 Der christliche Antijudaismus 82
   2.4 Jüdische Lebenswelten: Hoffnungen und
       Gefährdungen, Eigen- und Fremdbild 86
   2.5 Rabbinat und gemeindliche Führungsgruppen:
       Professionalisierung 91
   2.6 Berufsstruktur, Handel und Gewerbe 94

3. Vom Dreißigjährigen Krieg bis zur Aufklärungszeit . . 97
   3.1 Entstehung der „Judendörfer", Reurbanisierungen
       und Gettoisierung 97
   3.2 Integration und Segregation, soziale Kontakte
       und Äußerungen des Judenhasses 101
   3.3 Landjudenschaften: Herrschaftliche
       Instrumentalisierung oder Autonomie 105
   3.4 Die Wirtschaftselite der Hofjuden:
       Struktur und Tradition, Akkulturationsformen . . 107
   3.5 Armut, Betteljudentum und Kriminalisierung . . . 112
   3.6 Orthodoxie, charismatischer Messianismus:
       Religiöse Bewegungen und soziale Folgen 116
   3.7 Jüdischer Alltag: Geschlechterdifferenz
       und Erziehungssystem 120
   3.8 Aufklärung und Haskala: Erschütterung
       traditioneller Gruppenidentitäten 127

III. Quellen und Literatur 133

  1. Quellenveröffentlichungen 134

  2. Nachschlagewerke, Bibliographien, Sammelwerke
und Handbücher 136

  3. Methodische Probleme, Grundfragen
und Historiographie 138

  4. Biographische Arbeiten 139

  5. Probleme der Halacha und der jüdischen Religion . . . 141

  6. Sozialgeschichtliche Entwicklungen, Unterschichten,
Landjuden 143

  7. Verfassungsfragen, Beziehungen zu Reich
und Territorien 144

  8. Berufsstruktur, Handel und Gewerbe,
jüdische Wirtschaftselite 147

  9. Kultur- und Geistesgeschichte, Haskala 149

  10. Jüdischer Alltag: Familie, Gemeinde, Minhagim . . . 152

  11. Verhältnis zur christlichen Umwelt 153

Register (Namen, Orte, Sachen) 159

Themen und Autoren 177

Vorwort des Verfassers

Es gibt bisher kaum ein Forschungsgebiet zur deutschen Geschichte der Frühen Neuzeit, das bislang so wenig definiert ist, wie die Geschichte der Juden dieses Zeitraums. Sieht man sich die gängigen Gesamtdarstellungen zur jüdischen Geschichte im „aschkenasischen" (deutschen) Raum an, so könnte man meinen, nach den großen Vertreibungen des 15. und frühen 16. Jahrhunderts sei die Existenz der verbliebenen Juden als einer völlig marginalisierten Minderheit ins gesellschaftliche Abseits geraten. Seit Jacob Katz ging die Forschung allgemein davon aus, das „jüdische Mittelalter" habe im Grunde bis zur Aufklärungszeit fortbestanden, und die deutsche Judenheit selbst habe sich in einem teils erzwungenen, teils selbst gewählten Getto von der christlichen Umgebung abgeschottet. Inzwischen konnte durch intensives Quellenstudium nachgewiesen werden, dass es in der vormodernen Zeit doch ein intensiveres jüdisches Leben gab, das vom wirtschaftlichen, kulturellen und sozialen Austausch mit der christlichen Mehrheitsgesellschaft profitierte und einen durchaus bedeutsamen Faktor der Gesamtgesellschaft darstellte. Die wesentlichen Charakteristika dieser jüdischen „Subkultur" im Rahmen der deutschen Gesamtkultur aufzuzeigen, ist das hauptsächliche Anliegen des vorliegenden Buches.

Trotz des in zeitlicher Perspektive weitgefassten Titels umfasst der vorliegende Band lediglich die Periode von der Reformation bis zu den Anfängen der Aufklärung, nicht mehr also als etwa 250 Jahre. Er passt sich damit nahtlos an die beiden benachbarten Bände der Reihe „EdG" an, nämlich an Michael Tochs „Die Juden im mittelalterlichen Reich" (EdG 44), der auch die Zeit der Verfolgungen und Vertreibungen im frühen 16. Jahrhundert einbezieht, und an Shulamit Volkovs „Die Juden in Deutschland 1780–1918" (EdG 16), der mit der beginnenden Emanzipation der Juden im späten 18. Jahrhundert einsetzt. Wenn die Schwerpunkte etwas anders gesetzt wurden und auch eine größere Informationsfülle vermittelt werden musste, so liegt dies daran, dass sich noch zu wenig „klassische" Diskussionsfelder entwickelt haben, die einer ausführlichen Kommentierung bedurft hätten. Da erst in den letzten Jahren – auch dank des Fortschreitens des Projekts „Germania Judaica" – die Konturen der jüdischen Geschichte im aschkenasischen Raum sichtbar werden, aber auch weiterhin große Bereiche, wie diejenigen der rabbinischen Eliten und der sozialen Funktionsweise von Gemeindeleitung und Landjudenschaft, noch wenig erforscht sind, musste der vorliegende Band zu allererst grundlegende Informationen liefern. Die im zweiten Abschnitt diskutierten „Grundprobleme und Tendenzen der Forschung" wurden in voller Absicht darauf bezogen und mit den im ersten Abschnitt mitgeteilten Daten gleichsam synchronisiert. Zweckmäßig erschien es weiterhin, in der Mitte des 17. Jahrhunderts eine zeitliche Zäsur einzuführen, um so auch deutlich zu machen, dass die Periode davor eher dem „jüdischen Mittelalter", diejenige danach eher der „jüdischen Neuzeit" zuzurechnen ist.

Es soll nicht unerwähnt bleiben, dass der erste Entwurf dieses Buches weit umfangreicher geraten war, und auch die Bibliographie hatte zunächst über 500 Titel enthalten. Dies hatte auch damit zu tun, dass weiterhin über viele Zusammenhänge und Strukturen unklare, wenn nicht gar irrige Vorstellungen in der Forschung bestehen, Vorstellungen nämlich, die fast ausschließlich die Opferrolle der Juden als Verfolgte, Vertriebene, Diskriminierte und der christlichen Willkür Ausgelieferte im Auge haben. Hier musste erst einmal der Blick dafür geöffnet werden, dass es daneben auch eine andere Seite gab. Es galt daher, die Konturen einer eigenständischen jüdischen Kultur in Nachbarschaft zur christlichen aus den Quellen heraus sichtbar zu machen. Trotz der im Interesse der Gesamtreihe notwendig gewordenen textlichen Kürzungen dürften dem Leser und der Leserin die Strukturen und Dimensionen der jüdischen Gesellschaft im vormodernen deutschen Reich sichtbar werden.

Viele haben bei der Entstehung dieses Buches mitgeholfen und sich die Mühe gemacht, Anregungen zur Ergänzung und Korrektur des Manuskripts zu geben. Besonders nennen möchte ich – in alphabetischer Reihenfolge - Hannes Baab, Arno Herzig, Julia Maurer, Horst Möller, Rotraud Ries, Saskia Rohde, Michael Toch und Markus Wenninger – denen ich neben vielen anderen, die mir einzelne Ratschläge gegeben haben, zu besonderem Dank verpflichtet bin. Widmen möchte ich den Band meiner Freundin Renate.

Darmstadt, im Juli 2001   J. Friedrich Battenberg

I. Enzyklopädischer Überblick

1. Grundfragen und Rahmenbedingungen

1.1 Perioden und Schwerpunkte

Jüdische Geschichte in der christlichen Umwelt der vormodernen Gesellschaft war mehr als die bloße Geschichte einer ethnischen Minderheit. Die Juden, obgleich als Fremde erkannt, wurden von der eigenen, der christlichen Religion her definiert: Die schon von den Kirchenvätern begründete und kanonistisch verfestigte Lehre von der abhängigen sozialen Stellung der Juden gegenüber den Christen, mit der jene ihre vermeintliche Schuld am Tode Christi abbüßen sollten, blieb in der Frühen Neuzeit in Geltung. Dieser weder von den Reformatoren noch der weltlichen Obrigkeit in Frage gestellte Grundsatz überlagerte das christlich-jüdische Verhältnis bis in die Zeit der Aufklärung. Judenbild in der vormodernen Gesellschaft

Die Juden ihrerseits sahen sich kraft der Verheißungen des Bundes als die eigentlichen Träger der messianischen Idee, von der die Anhänger des Jesus von Nazareth durch Idolatrie *(avoda zara)* abgewichen seien. Die ihnen von Gott auferlegte Buße für das Abweichen von seinen Geboten war die Zerstreuung in der Fremde, die *galut* (Diaspora), nicht aber die Abhängigkeit von den Christen. Sie fühlten sich unter ihnen, wie es der jüdische Astronom David Gans 1592 in seiner Weltchronik formulierte, als Fremde und Beisassen. Allerdings unterwarfen sie sich den Anordnungen der christlichen Obrigkeit, getreu dem talmudischen Grundsatz *dina de'malchuta dina*, wonach auch für Juden das Recht desjenigen Landes, in dem sie wohnten, maßgebend sein sollte („das Recht des Königs ist Recht"). Auch ihre Perspektive war nicht nur die einer Minderheit, sondern an ein auf Tora und Talmud beruhendes Konzept gebunden, das den christlichen Widerpart im Auge hatte. Selbstbild der Judenschaft

Die Geschichte der Juden in Mitteleuropa war also mit der Geschichte der christlichen Umwelt eng verknüpft. Ob man als Historiker eine getto-artige Lebensweise oder ein eher nachbarschaftliches Verhältnis zu den *gojim* annimmt: Die Lebensbedingungen der einen Bevölkerungsgruppe können nicht ohne Kenntnisse über die der anderen Zusammenhang von jüdischer und christlicher Geschichte erforscht werden. Beide Gruppen waren existenziell und normativ dadurch aufeinander bezogen, dass sie ihre Identität durch Abgrenzung definierten. Jüdische Geschichte ist deshalb immer zugleich Geschichte einer Minderheit im Rahmen der sie umgebenden Gesellschaft.

Zäsuren und Periodisierungen

Dennoch gibt es Unterschiede in Entwicklung und sozialem Zusammenhalt beider Gruppen, die in der Frühen Neuzeit noch krasser als im Mittelalter hervortreten. Der Übergang vom 15. zum 16. Jh. bildete für die jüdische Gesellschaft – trotz der um diese Zeit verstärkt fortschreitenden Verländlichung der Existenzformen – nicht den Einschnitt, den er für die christliche Gesellschaft bedeutete. Eine Zäsur ist bei ihr erst auf das Ende des Dreißigjährigen Krieges zu setzen: mit Erfahrungen einer gescheiterten charismatisch-messianischen Bewegung, daraus folgend das Aufkommen neuer chassidischer Ideen und die Herausbildung einer deutlicheren sozialen Schichtung der vorher verhältnismäßig homogenen jüdischen Gesellschaft. Gleichzeitig stabilisierte sich jüdisches Leben durch Neuzulassung in Städten, Neugründung größerer Gemeinden und Etablierung eines ländlichen Judentums. Die 300 Jahre der Frühen Neuzeit lassen sich so in zwei voneinander abgehobene Epochen einteilen: Ein „verspätetetes" Mittelalter bis 1650 und eine „Vormoderne" bis 1800, in der vieles von dem, was in der Frühen Neuzeit der christlichen Gesellschaft schon mit Renaissance und Reformation stattfand, nachgeholt und zusammengefasst wurde.

Gleich die großen Judenvertreibungen des 15./16. Jh.s führten zu einer Verlagerung der Schwerpunkte jüdischen Lebens. Günstige Kolonisationsbedingungen veranlassten zahlreiche deutsche Juden zur Auswanderung nach Polen-Litauen, wo es seit langem traditionsreiche jüdische Gemeinden unter dem Schutz des Königtums gab. Erst nach

Schwerpunkte jüdischen Lebens

1650 verlagerte sich der Schwerpunkt jüdischen Lebens wieder nach Mitteleuropa. Innerhalb des Alten Reichs brachte das 16. Jh. eine extreme Zersiedelung der deutschen Judenheit. Diese wurde zwar nach 1650 nicht wieder rückgängig gemacht; sie wurde jetzt aber konterkariert durch eine gewisse Re-Urbanisierung und die Siedlungskonzentrationen in Stadt und Land („Judendörfer").

1.2 Vorgeschichte, europäische Einbindung und „Erez Israel"

Die Juden des Reichs waren traditionell eine urbane Bevölkerungsgruppe. Sie siedelten ursprünglich im Bereich der Schiffahrtswege an Rhein und Donau, besonders in den Bischofsstädten, meist in konzentrierer Siedlung als Handelsleute in Marktnähe. Daran änderte sich im allgemeinen auch Mitte des 14. Jh.s nichts, als im Zusammenhang mit

1. Grundfragen und Rahmenbedingungen 3

dem „Schwarzen Tod" die meisten Judengemeinden des Reichs zerstört oder aufgelöst wurden. Als seit den 1360er Jahren die vertriebenen Juden in die Städte zurückkamen, war ihre Wiederansiedlung nur unter veränderten Bedingungen möglich. Sie mussten sich ihr Wohnrecht und den Schutz ihres Gewerbes individuell erkaufen und waren so einer gezielten Ansiedlungspolitik der Städte und Herrschaften ausgeliefert, die die Rezeption der Juden vom Nutzen für den Schutzherrn abhängig machten. Auch wenn sich die Anzahl der Siedlungen bis zum Ende des Mittelalters nicht wesentlich erhöhte – vor und nach 1350 können für das Reichsgebiet einschließlich Böhmens und Mährens jeweils knapp über 1000 gezählt werden –, kam es zu einer neuen Siedlungsstruktur, die kleine Städte und schließlich auch Dörfer stärker erfasste. Nur selten konnten sich diese als jüdische Gemeinden im rechtlichen Sinne *(kehilot)* konstituieren und allenfalls den Status einer nachgeordneten *chewra (chawura,* Gemeinschaft) behaupten.
urbaner Charakter jüdischer Siedlung

Zudem waren im 15./16. Jh. die meisten der traditionsreichen jüdischen Gemeinden in den kaiserlichen und bischöflichen Städten vor allem des Südwestens aufgelöst wurden, teils durch *ausschaffung* der in ihnen wohnenden Juden und Nichtverlängerung der Schutzbriefe, teils durch Restrikionen, durch die ihnen ihre bisherige wirtschaftliche Grundlage entzogen wurde. Begonnen hatte die Vertreibungswelle in Straßburg und Basel Ende 14. Jh.; auf den Höhepunkt kam sie zwischen 1518 und 1520 in Donauwörth, Regensburg, Weißenburg und Rothenburg in Mittelfranken. Es folgten im späteren 16. Jh. noch Ausweisungen in Mühlhausen und Nordhausen, Schweinfurt und Dortmund.

städtische Judenvertreibungen

Doch nicht alle diese Austreibungen wurden rigoros durchgeführt. Vielfach kam es unter Beibehaltung des Marktzugangs in den Städten zur Bildung von „Vorortgemeinden", wie etwa in Heidingsfeld und Höchberg bei Würzburg, Zeckendorf bei Bamberg, Weisenau bei Mainz, Hochheim und Daberstadt bei Erfurt, Pfersee, Binswangen und Kriegshaber bei Augsburg, Neckarsulm bei Heilbronn und Weende bei Göttingen. Sie identifizierten sich mit den alten Gemeinden, konnten aber den Prozess der Verländlichung nicht aufhalten. Jüdische Gemeinden oder Gruppen blieben – trotz vorübergehender Vertreibungen und erheblicher Erschwerung der Lebensbedingungen – mehr oder weniger kontinuierlich bestehen in den vier Wetterauer Reichsstädten Frankfurt, Friedberg, Gelnhausen und Wetzlar, den Kurmainzer Städten Bensheim, Bingen, Fritzlar, Miltenberg, der Abteistadt Fulda, der Kathedralstadt Worms, den elsässischen Reichsstädten Hagenau, Rosheim, Türkheim und Weißenburg, der lothringischen Reichsstadt Metz, mit Unter-

Siedlungskontinuitäten und Neuzulassung von Juden

brechung auch im bischöflichen Speyer sowie den Reichsstädten Buchau und Wimpfen, vor allem aber in Prag, Triest und bis 1670 in Wien, bis zur französischen Annexion 1674 auch in der ehemaligen Reichsstadt Besançon. Meist erst seit Mitte des 17. Jh.s kam es zur Wieder- bzw. Neuzulassung in zahlreichen Städten. Zu nennen sind Berlin, Breslau, Dresden, Halberstadt, Halle, Hannover, Heidelberg, Mainz, Mühlhausen im Elsaß, Oppenheim und Trier. Neue Gemeinden ohne ältere Tradition entstanden in Altona, Emden, Friedrichstadt, Glückstadt, Hamburg, Karlsruhe und Mannheim, viele im Zuge landesherrlicher Bemühungen um „Peuplierung" des Landes. Zeittypisch waren die vielfach ritterschaftlich beherrschten „Judendörfer" des Südwestens wie in Baiersdorf, Baisingen, Braunsbach, Buttenwiesen, Fischach, Gailingen, Großen-Buseck bei Gießen, Hürben bei Giengen, Jebenhausen, Michelbach an der Lücke, Mühringen, Nordstetten und Rexingen im Schwarzwald, Ottensoos und Schnaittach in der Oberpfalz, Randegg, Thannhausen, Wangen und Worblingen. Bedeutendere Gemeinden in Städten wie dem bischöflich-münsterischen Warendorf, dem ansbachischen Crailsheim, dem habsburgischen Günzburg an der Donau, dem gräflich-sulzischen Tiengen im Klettgau und dem oettingischen Harburg an der Wörnitz änderten nichts am weitgehend ländlichen Charakter jüdischen Lebens dieser Zeit.

Die großen Vertreibungen haben nicht nur zu einer internen Umstrukturierung der Judenschaft des Reichs geführt, sondern zugleich eine Schwerpunktverlagerung jüdischer Siedlung innerhalb Europas bewirkt. Noch im 15. Jh. war das Reich, namentlich die Städte und Herrschaften am Oberrhein, Zufluchtsgebiet für die aus Frankreich vertriebenen Juden. Dies kehrte sich jetzt um: Viele der bisher kapitalkräftigen Juden suchten Zuflucht in benachbarten europäischen Ländern, um so an ihren alten ökonomischen Standard anknüpfen zu können. Chancen wirtschaftlicher Betätigung gab es vor allem in Oberitalien, einer noch immer dem Reich zugehörenden Region. Dorthin wandte sich ein Teil der verbliebenen Regensburger Gemeinde. In Venedig erhielten die die *nazione Tedesca* bildenden deutschen Juden ab 1516 ein eigenes Judenviertel, das als *Ghetto Nuovo* namensbildend für alle späteren Gettos wurde. Hier wie in vielen anderen Städten der Region – Bologna, Ferrara, Florenz, Mantua, Pisa und Siena – rekonstruierten sie zusammen mit den aus der Iberischen Halbinsel vertriebenen sefardischen Juden *(nazione Levantina)* jüdisches Leben in den oberitalienischen Stadtstaaten.

„Gelobtes Land" für die aus dem Reich vertriebenen Juden wurde indes vor allem Polen-Litauen. Vor allem die beiden letzten Jagiellonen

Zufluchtgebiete vertriebener Juden

Polen-Litauen als „Gelobtes Land"

1. Grundfragen und Rahmenbedingungen

Sigmund I. und Sigmund II. August, die an einer Ansiedlung kapitalkräftiger Juden als Gegengewicht zum Bürgertum der Städte und zum Hochadel interessiert waren, schufen günstige Kolonisationsbedingungen, indem sie jüdische Kaufleute allen anderen Handelstreibenden im Lande gleichstellten. Der Exodus nach Ostmitteleuropa im 15./16. Jh. kehrte sich erst mit dem Ukrainischen Aufstand von 1648 gegen die polnische Herrschaft um, veranlasste er doch zahlreiche in Polen wohnende Juden zur Auswanderung ins römisch-deutsche Reich.

Diese Migrationsbewegungen brachten Verschiebungen europaweiter Dimension, verstärkten aber zugleich das innerjüdische Netzwerk verwandtschaftlicher und geschäftlicher Beziehungen über große Distanzen hinweg. Sie waren jedoch eingebunden in die Bindung an das Ursprungsland Palästina, *Erez Israel*, deren man sich immer wieder in liturgischen Ritualen versicherte und die man durch Geldsammlungen zugunsten der dortigen Gemeinden stets aufs Neue aktivierte. Die Auswanderung nach *Erez Israel* blieb ein religiöses Ziel. Safed (Zefad) in den Galiläischen Bergen, unter Sultan Suleiman II. zum autonomen Verwaltungsmittelpunkt *(sandschak)* einer größeren Region erhoben, wurde mit seinen ca. 13 000 Juden 1550 zum Zentrum sefardischer und aschkenasischer Gelehrsamkeit, die wiederum Rückwirkungen auf das mitteleuropäische Judentum hatte. An dem hier von dem bedeutenden Rabbi Jakob Berab gegründeten Lehrhaus *(jeschiwa)* wirkten Mitte des 16. Jh.s die Kabbalisten Josef ben Efraim Caro und Isaak ben Salomon Luria, deren Lehren – vermittelt durch die Buchdruckerpresse, die erste im Orient – jeweils einen beträchtlichen Einfluss auf das jüdische Geistesleben ausübte.

Während es anfangs nur vereinzelt zu Auswanderungen nach „Erez Israel" kam, nahmen diese im 18. Jh. erheblich zu. Das von verschiedenen Erdbeben und Pestepidemien heimgesuchte Safed verlor nun seine führende Position wieder an Jerusalem. Der 1710 nach Jerusalem eingewanderte Rafael Treves aus Smyrna verfasste ein Gebetbuch für dorthin gekommene Einwanderer. Das Buch *Sichron Yeruschalajim* („Gedenken an Jerusalem") Juda Poliastros dokumentiert die große Anzahl jüdischer Immigranten in den 1740er Jahren, die seit 1726 durch die osmanischen Behörden in Istanbul organisiert wurden. Obwohl diese Migrationen keinen statistisch fassbaren „Aderlass" für die Siedlungen des Reichs bedeuteten, verstärkten sie doch den Zusammenhalt des europäischen Judentums mit *Erez Israel*. Nicht nur für den jüdischen Abenteurer Simon van Geldern, der 1751/1753 das Heilige Land bereiste, waren Jerusalem und Safed noch immer die wichtigsten „Wallfahrtsziele".

Verbindungen zu „Erez Israel"

Einwanderungen nach Israel

1.3 Aschkenasische und sefardische Traditionen

Das Judentum des Reichs war bis zum Ende des 15. Jh.s – gleichsam *per definitionem* - ein aschkenasisches mit recht einheitlichen sozialen Strukturen. Seit dem 13. Jh., vor allem seit den Auswanderungen im Zuge der Judenverfolgungen der Zeit des Schwarzen Todes 1348/49, wurde der Name *aschkenasim* auf die Vertriebenen und deren Herkunftsland übertragen. Spätestens seit dem 15. Jh. umfasste er diejenigen Juden, die aus Deutschland, außerdem aus Nordfrankreich, England und Norditalien stammten, *cum grano salis* aus dem Bereich des Reichs. Auch die nach Ostmitteleuropa, namentlich nach Polen-Litauen emigrierten deutschen Juden wurden unter den Begriff subsumiert. Von ihnen unterschieden wurden die *sefardim*, die ursprünglich aus der Iberischen Halbinsel kamen. 1492 aus dem vereinigten Spanien, 1497 auch aus Portugal und 1498 unter Ludwig XII. aus den Ländern der französischen Krone vertrieben, flohen sie außer nach Nordafrika, Palästina und dem südosteuropäischen Balkan zunächst nach Norditalien und in die spanischen Niederlande. Nachdem es auch dort in den 40er und 50er Jahren des 16. Jh.s zu Vertreibungen kam – zuletzt 1565 im spanisch beherrschten Mailand –, die auch die sog. *maranos* (Neuchristen jüdischer Herkunft) umfassten, wurde zunehmend das römisch-deutsche Reich zum Zufluchtsziel. Seit den 1670er Jahren siedelten die – neuchristlichen – „Portugiesen" in einigen niederländisch-norddeutschen Handelsstädten wie Amsterdam und Hamburg, um dort nach ihrer Rekonvertierung zum Judentum ab dem 17. Jh. eigenständige Gemeinden zu bilden. Später gründeten sie auch andernorts im Reich neue Gemeinden, wie etwa Mitte des 18. Jh.s in Prag und Wien, dort auf dem Umweg über Einwanderungen aus dem Osmanischen Reich als sog. „türkische" Gemeinde.

<small>Verlagerung sefardischer Traditionen</small>

Die Unterscheidung zwischen Aschkenasen und Sefarden wies auch auf eine soziale Differenz und eine Traditionsverschiedenheit hin. Ausgehend von der mittelalterlichen Bewegung der die *chassidei aschkenas*, der „Frommen" Deutschlands, entwickelten die Aschkenasen eine eigenständige Tradition mit fundamentalistischen Zügen, besonderen religiösen Riten und eigener Aussprache des Hebräischen. In Polen-Litauen fand diese Richtung, verstärkt durch die chassidische Bewegung, ihre deutlichste Ausprägung. Sie wurde 1579 von dem Krakauer Rabbiner Moses ben Israel (Isserles) in Ergänzungen *(hagahot)* zum sog. *Schulchan Aruch* („Der gedeckte Tisch") „kodifiziert". In diesem Raum entwickelte sich das (Ost-)Jiddische als Umgangssprache, das auch im Bereich des römisch-deutschen Reichs Eingang fand und

<small>chassidei aschkenas</small>

<small>asckenasische Sprachentwicklung</small>

die autochthone (west-jiddische) Umgangssprache („Judendeutsch") der Juden überlagerte.

Die Sefarden, für die nach ihrer Vertreibung die Iberische Halbinsel *(Sefarad)* emotionaler und ökonomischer Bezugspunkt blieb und deren Umgangssprache *(ladino* bzw. spaniolisch) die alte Verbindung aufrechterhielt, leiteten ihre Tradition vom babylonischen Judentum her, das sich nach der Zerstörung Jerusalems 70 u.Z. als geistiges Zentrum des Judentums herausgebildet hatte. Der Niedergang der Babylonischen Religionsschulen im 10. Jh. brachte eine Art *translatio* der geistigen Führung nach *Sefarad*. Die dortigen Gelehrten entwickelten seither eigenständige, von denen der *aschkenasim* abweichende Gebräuche *(minhagim)*. Diese umfassten vor allem die Einrichtung der Synagoge und die liturgischen Rituale der Gottesdienste, die synagogale Dichtung, die Gestaltung der Fest- und Bußtage und die Sepulchralkultur. Charakteristisch ist eine größere Offenheit zur umgebenden christlichen Kultur, auch bei Auslegung der *kaschrut*-Vorschriften (Reinheitsgebote), die durch die Erfahrungen der nach Mitteleuropa eingewanderten „Portugiesen" als ehemaliger Neuchristen *(conversos)* vermittelt wurde. „Kodifiziert" wurde die sefardische Tradition 1564/ 65 im Kompendium *Schulchan Aruch* des Josef ben Ephraim Caro aus Toledo, der nach seiner Vertreibung aus Spanien und Portugal im galiläischen Safed (Zefad) eine neue Wirkungsstätte gefunden hatte. Dieses erstmals in Venedig publizierte, mehrfach gedruckte und allenthalben rezipierte Lehrbuch wurde zur Grundlage des sefardischen Ritus. Mit ihm wurde eine gewisse Differenz zum aschkenasischen Judentum festgeschrieben.

sefardische Traditionen und Sprachentwicklung

Die unterschiedliche Tradition beider jüdischer Herkunftsgruppen in Mitteleuropa hatte ungeachtet ihrer gemeinsamen Wurzel ein soziales Gefälle zur Folge. Sefarden waren zumeist als Kaufleute und Gelehrte eingewandert und zählten sich zur Elite des Gesamtjudentums. Nach langem Zusammenleben mit Muslimen und Christen auf der Iberischen Halbinsel hatten sie sich an deren Lebensformen orientiert, und viele von ihnen waren schon im 15. Jh. konvertiert. Die kulturelle Nähe zu den *gojim* blieb nach ihrer Vertreibung aus den spanisch-habsburgischen Herrschaften bestehen. Sie äußerte sich z.B. darin, dass sie bei ihren Ansiedlungsverhandlungen mit den christlichen Obrigkeiten als selbstbewusste Partner auftraten, die logistische Erfahrungen und geschäftliche Netzwerke zu ihrem Vorteil zu nutzen wussten. Die Mitglieder der „türkischen" Gemeinde in Wien, die am profitablen Zucker-, Seiden-, Tabak- und Diamantenhandel beteiligt waren, konnten unvergleichlich günstige Privilegien für sich erwirken.

soziales Gefälle zwischen Sefarden und Aschkenasen

Alle mitteleuropäischen Sefarden blieben mit ihren Gemeinden separiert von den aschkenasischen, unterhielten eigene Synagogen und Friedhöfe und vermieden jedes *conubium* mit ihren aschkenasischen Glaubensbrüdern.

1.4 Umwelt: Heiliges Römisches Reich und Territorien

Neben der kaiserlichen Gewalt begannen sich im 16. Jh. intermediäre Herrschaftssysteme zu etablieren, die sich nur schwer in das Gesamtsystem einordnen ließen. Die bedeutendsten unter ihnen waren die Landesherrschaften, die zwar schon länger vorhanden waren, in denen aber erst jetzt das Prinzip der Landeshoheit juristisch seinen Abschluss fand. Überkommene Einzelrechte wurden in der Hand des Landesfürsten zu einer einheitlichen *superioritas territorialis* ausgestaltet. Der Idealfall des *territorium clausum* ließ keine obrigkeitlichen Rechte in fremden Händen mehr zu. Schutzrechte über Juden bedurften nun der Zuordnung, und zwar an denjenigen, der auch die anderen Herrschaftsrechte innehatte.

Territorialbildung und Judenschutzrechte

Drei Funktionsträger von Herrschaft konnten sich mithilfe des Kaisers der „Territorialisierung" entziehen. Erstens die ehemals kaiserlichen Städte auf Reichsgut bzw. die von geistlicher Herrschaft emanzipierten Freien Städte, die sich beide als „Freie Reichsstädte" konstituierten; zweitens die dem Reich zugeordneten Stifte und Klöster, die es weder zu topographischer Geschlossenheit noch zu einheitlicher Herrschaft brachten. Erwachsen aus der Grundlage der vom Kaiser privilegierten Immunitäten gelang ihnen in unterschiedlicher Intensität eine Anlehnung an das katholisch gebliebene habsburgische Kaiserhaus. Drittens der ritterschaftliche Adel, dem anders als den Landesfürsten, Grafen, Prälaten und Reichsstädten nicht der Zugang zur Reichsstandschaft gelang. Dennoch glückte ihnen auf der Basis der Kantone die Organisierung zur Reichsritterschaft, die außerhalb der Landesherrschaften dem Kaiser zugeordnet war. Die ihnen zumeist zukommende niedere Gebotsgewalt auf lokaler Ebene zur Ordnung dörflichen Lebens ermöglichte ihnen die Wahrnehmung des Judenschutzes, wo immer sich Gelegenheit hierzu bot.

flächenhafte Territorialisierung der Juden

Diesem System abgestufter Herrschaften, das seine letzte Legitimation im Kaiser fand, diesen aber dennoch in weiten Bereich von Sanktionschancen ausschloss, mussten sich auch die Juden zuordnen. Charakteristisch war, dass ihre Ausrichtung auf den Kaiser und die Territorien einschließlich der Reichsstädte und Quasi-Territorien oszillierte und nie endgültig fixiert wurde. Weder wurden sie zu einer kaiser-

Verfassungsrechtliche Sonderstellung der Juden

nahen Personengruppe wie die Reichsritter, noch konnten die regionalen Obrigkeiten ihre Territorialisierung vollständig erreichen.

Zweites Merkmal des frühneuzeitlichen Reichs mit direkter Auswirkung auf die Existenz der Juden war die religiöse Spaltung. Mit der lutherischen Reformation begann der Weg zu einem bi- und nach 1648 zu einem verfassungsrechtlich verankerten trikonfessionellen Reich. Obwohl das Kaisertum und die dieses tragende Dynastie mit dem Katholizismus als der eigentlichen „Reichsreligion" untrennbar verbunden und die Wiederherstellung der Religionseinheit allgemeine Zielvorstellung blieb, wurde seit dem Religionsfrieden von 1555 das in der *confessio Augustana* fixierte Luthertum zu einer anerkannten Konfession, der die unbeeinträchtigte und regional ausschließliche Konstituierung zugestanden wurde, soweit sich ein Landesherr bzw. Inhaber Hoher Obrigkeit zu ihr bekannte. Die Auseinanderentwicklung beider Konfessionen kam im Zeitalter der „Konfessionalisierung" seit Mitte des 16. Jh.s durch eine Polarisierung der beiderseitigen Positionen zu einem Höhepunkt. Das Bedürfnis beider Seiten, die eigene Identität zu stärken und den verbliebenen oder neu gewonnenen Bestand durch eine Dogmatisierung der Lehre zu fixieren, verstärkte die Marginalisierung und Dämonisierung nonkonformer Richtungen. Sie führte zu dogmatischer Vereinheitlichung und Disziplinierung, die durch den Ausbau von Visitationswesen und Kirchenzucht eine neue Art frühneuzeitlicher Herrschaftsgewalt schuf. Die Einbeziehung der Calvinisten im Frieden von 1648 führte zur Differenzierung des Systems, aber zugleich zu dessen Aufweichung und letztlich zur Abkehr vom konfessionellen Rigorismus.

Konfessionalisierung des Reichs

Juden waren von dieser Auseinanderentwicklung insofern betroffen, als sie sich nicht mehr einer konfessionell einheitlichen Herrschaftsgewalt gegenüber sahen, sondern mit Ideologien unterschiedlicher christlicher Prägung rechnen mussten. Die Berufung auf Kaiser und Papst als den Garanten traditionellen Schutzes im Rahmen der *servitus iudeorum* bzw. der *servitus camere imperialis* machte in Zukunft für sie nur noch dort Sinn, wo eine von diesen beiden alten Universalgewalten unmittelbare oder mittelbare Herrschaftsrechte ausübte. Stabilität jüdischer Siedlung und Wirksamkeit des überkommenen Judenschutzes wurden von den jeweiligen geistlichen Zielvorstellungen abhängig, die den Versuch missionierender Einwirkung ebenso die Tendenz zur Isolierung bzw. Marginalisierung und auch zur „Kriminalisierung" jüdischen Lebens umfassen konnten. Während für die Juden des Reichs die Zeit der Konfessionalisierung, in der die beiden großen christlichen Glaubensrichtungen ihre Identität auf Kosten der Ränder

Wandlungen des Judenschutzes

ausbildeten, zu einer Periode verstärkter herrschaftlicher Repression wurde, brachte der ab 1648 erreichte *modus vivendi* im Zusammenleben der drei anerkannten Konfessionen für die Juden eine Druckentlastung und in deren Folge eine Wiederansiedlung in vielen Regionen des Reichs, die ihnen bisher verboten waren. Das mit dem „Jüngsten Reichsabschied" von 1654 verfassungsrechtlich „versteinerte" und konfessionell befriedete, in seiner Substanz nicht mehr zu erschütternde System des Reichs war wieder in der Lage, den Juden stärkeren Schutz als bisher zu bieten.

2. Die Zeit bis zur Mitte des 17. Jahrhunderts

2.1 Demographische Entwicklung und Siedlungsschwerpunkte

Gesamtzahl der Juden im Reich

Überblickt man das Gebiet des Reichs einschließlich der Niederlande, ausgenommen nur die dem Reichsverband zugehörigen oberitalienischen Herrschaften, so kann man für die Zeit um 1600 von 35 000 bis 40 000 Juden bzw. einem Anteil von allenfalls 0,2% der auf 18–20 Mill. geschätzen Gesamtbevölkerung ausgehen. Gleichwohl waren Juden regional vielfach stark präsent, da sie sehr ungleichmäßig innerhalb der verschiedenen Territorien siedelten.

Eine erste, geschichtlich zusammengehörige Region bilden die österreichischen Erblande mit Böhmen, Bayern, der Oberpfalz und von Ansbach-Bayreuth. Obwohl seit dem 15. Jh. die Juden aus Bayern und Österreich verbannt waren, die bayerische Landesordnung von 1553 sie

der Südosten des Reichs

sogar unter die „schädlichen Leute" zählte, blieb der Südosten weiterhin ein Zentrum jüdischen Lebens. Die böhmische Residenzstadt Prag zählte bei steigender Tendenz schon Mitte des 16. Jh.s mindestens 1200 Juden in ihren Mauern; noch zwei Jahrzehnte vorher war es nur die Hälfte. Mitte des 17. Jh.s betrug die Anzahl der Häuser innerhalb des jüdischen Gettos über 300, was bei durchschnittlich 4 jeweils 6-köpfigen Familien pro Haus einer Gesamtzahl von über 7000 jüdischen Bewohnern entsprochen haben dürfte. Etwas bescheidener waren die Dimensionen des Gettos in Wien an Stelle der späteren Leopoldstadt. In ihm befanden sich 1624 106 Häuser mit 400 Familien (ca. 2400 Personen). Vielleicht knapp 1000 jüdische Mitglieder zählte Mitte des 17. Jh.s die mährische Gemeinde Nikolsburg. Alle anderen jüdischen Gemeinden des Südostens umfassten allenfalls einige 100 Juden, wie Fürth (1582 ca. 200), Eisenstadt im Burgenland und Schnaittach in der Oberpfalz (je knapp 100). Für den Südosten des Reichs wird man für

2. Die Zeit bis zur Mitte des 17. Jahrhunderts

das spätere 16. Jh. eine jüdische Bevölkerung von mindestens 15 000 anzusetzen haben.

Ein anderes Bild bieten der Nordosten und Osten um die Kurlande Brandenburg und Sachsen mit den angrenzenden Herzogtümern Anhalt, Mecklenburg, Pommern, Preußen und Schlesien. Hier hatten sich aus der älteren Zeit keine größeren Gemeinden halten können, weil die Juden fast allenthalben flächendeckend aus den größeren Territorien – wie z. B. 1492 schon im Herzogtum Mecklenburg, 1493 dann im Erzbistum Magdeburg – vertrieben worden waren. Lediglich die über 100 Juden umfassende Berliner Gemeinde konnte sich bis 1571 halten. Inwieweit kleinere Siedlungen in Gutsherrschaften fortbestanden, ist schwer abschätzbar. Gleichwohl wurde gerade Sachsen zu einer wichtigen Region für die Juden des Reichs, da die drei Leipziger Messen stets trotz Leibzollpflicht und eines seit 1536 bestehenden landesweiten Aufenthaltsverbots eine große Anzahl von jüdischen Händlern anzogen. *Nordosten und Osten*

Dem Nordwesten und Norden des Reichs mit den Niederlanden, den niederrheinischen Territorien, den Bistümern Köln, Münster und Paderborn, den Herzogtümern Braunschweig-Lüneburg und Schleswig-Holstein kam insofern eine Rolle hinsichtlich der Entwicklung jüdischer Siedlungen zu, als er nach der Vertreibung der Sefarden zu einem Auffangbecken für die Ausgewiesenen wurde. Es gab hier nur wenige Juden, die bereits im Mittelalter ansässig waren. Wichtigere jüdische Ansiedlungen bestanden im 16. Jh. in welfischen Städten wie Braunschweig, Einbeck, Göttingen, Goslar, Hannover, Hildesheim, Münden, Northeim und Wunstorf. Die Vertreibung der Juden aus den braunschweig-wolfenbüttelischen Landen 1590/91 führte indes auch hier zu einer drastischen Reduzierung. Nicht viel anders sah es am Niederrhein und in Westfalen aus. In Dortmund gab es immerhin bis 1596 und in Essen mit kurzer Unterbrechung kontinuierlich bestehende Gemeinden. Im kurkölnischen Herzogtum Westfalen einschließlich Soest wohnten seit Mitte des 17. Jh.s ca. 300 Juden (54 sog. „vergleitete" Familien). Auch in der Grafschaft Lippe, besonders in den Städten Lemgo und Lippstadt, lebte eine größere Anzahl. Die Juden des Herzogtums Kleve waren 1525 ausgewiesen worden; doch schon Ende des 16. Jh.s bestanden wieder jüdische Gemeinden in den Städten Emmerich und Wesel. Arnheim im Gelderland gehört noch in diese Reihe, auch das Kölner Umland mit Deutz und Mülheim, wo einige der 1424 aus Köln vertriebenen Juden Unterschlupf gefunden hatten. Eine neue Entwicklung begann in den aus spanischer Herrschaft befreiten Vereinigten Niederlanden, in den königlich-dänischen Herrschaften und in der Freien *Nordwesten und Norden*

Reichsstadt Hamburg. Unter den 19000 Kaufleuten, die 1585 Antwerpen verlassen mussten, waren zahlreiche *maranos*, die Amsterdam als neuen Wohnsitz wählten und bald den Kern der neuen sefardischen Gemeinde bildeten. Die 78 für die Jahre 1598 bis 1630 gezählten Heiraten von Maranen dieser Stadt geben einen Eindruck ihrer zahlenmäßigen Stärke. 1610 wurden 400 *sefardim* gezählt, und 1674 waren es bereits 3000. Aschkenasische Juden kamen erst 1620 in unerheblicher Anzahl hinzu. In Hamburg, als *refugium* der „Portugiesen" neben Amsterdam bedeutsam, wurden 1612 schon 125 gezählt. Die Bedeutung der Sefarden ging langsam zurück; Mitte des 17. Jh.s schlossen sie sich zu einer Einheitsgemeinde zusammen. Die um die gleiche Zeit in Hamburg ansässig gewordenen aschkenasischen Juden lebten 1649 in 40 Haushaltungen (wohl 240 Personen). Aschkenasen siedelten auch in den benachbarten, unter schauenburgischer bzw. rantzauischer Oberhoheit stehenden Kommunen Altona und Wandsbek, die in der 1. Hälfte des 17. Jh.s mit 30 bzw. 8 Familien nahezu die Hamburger Zahl erreichten. Kleinere jüdische Gemeinden gab es daneben in der ostfriesischen Hafenstadt Emden sowie den 1621 bzw. 1617 gegründeten Exulantenstädten Friedrichstadt und Glückstadt. Alles in allem aber dürften die Juden des Nordwestens die Anzahl von 3000 kaum überschritten haben.

der Mittlere Westen des Reichs

Die meisten Juden siedelten im 16./17. Jh. im mittleren Westen als der Kernregion des Kaisertums, das sich dort auf gräfliche und ritterschaftliche Geschlechter des Mittelrheins, Frankens und der Wetterau stützen konnte. Dieses relativ dicht besiedelte Gebiet, das sich aus einigen Reichsstädten, dem Kurfürstentum Mainz, der Landgrafschaft Hessen, den fränkischen Bistümern sowie gräflichen und reichsritterschaftlichen Herrschaften zusammensetzte, war insofern attraktiv für Juden, als es im Falle etwaiger Vertreibungen und Ansiedlungsverbote zahlreiche nahegelegene Ausweichmöglichkeiten und Schlupfwinkel ließ. Nur hier – wenn man von Wien und Prag absieht – hatte sich eine urbane Tradition jüdischer Gemeinden bewahren können. Dies gilt namentlich für Frankfurt, Friedberg, Fulda und Worms. Gab es in Frankfurt 1520 noch 250 Juden, so war um 1570 bereits eine Zahl von 1000 überschritten. Um 1600 zählte die Gemeinde 2200 Mitglieder, 10 Jahre später bereits 3000 (15% der Bevölkerung). Friedberg, das Mitte des 16. Jh.s noch etwa 200 Juden zählte, kam bald nach 1600 auf über 100 Haushalte (ca. 600 Köpfe, ¼ der Gesamteinwohnerschaft). In Worms wurden 1610 bzw. 1619 103 bzw. 110 Hausplätze im Getto gezählt (mehr als 600 Köpfe, 10% der Bevölkerung). In Fulda gab es 1633 75 jüdische Familien (ca. 450 Juden), vielleicht ¼ der Stadtbevölkerung. Zählt man noch die ca. 100 Juden der Reichsstadt Wetzlar und

2. Die Zeit bis zur Mitte des 17. Jahrhunderts

die 150–200 Juden der gräflichen Stadt Hanau hinzu, so kommt man für das frühe 17. Jh. zu einer urbanen Population des Mittelrheins von sicher mehr als 5000 Juden. Sehr viel schwerer zu bemessen sind die zahlreichen kleineren Schutzherren unterstehenden gräflichen und ritterschaftlichen Juden. Hinsichtlich der größeren Territorien sind für die 1640er Jahre ca. 1200 Landjuden des Oberfürstentums Hessen um die Stadt Gießen zu fassen. Ähnliche Dimensionen zeigen die hessische Ober- und Niedergrafschaft Katzenelnbogen, das Kurmainzer Ober- und Unterstift, die fränkischen Bistümer sowie die Grafschaften Hanau, Nassau, Isenburg und Solms auf. Die gesamte Region hat im frühen 17. Jh. mindestens 15 000 Juden beherbergt.

Große Schwierigkeiten bereitet es, die jüdische Bevölkerung im Südwesten links und rechts des Oberrheins unter Einschluss der Mosellande zu identifizieren. Ähnlich den mittleren Reichsgebieten war auch hier die kaiserliche Oberherrschaft als Sanktionsfaktor noch präsent. Zu einem Zentrum jüdischen Lebens konnte sich lediglich die unter französischem Einfluss stehende Reichsstadt Metz entwickeln, in der sich Ende des 16. Jh.s 120 Juden auf Dauer aufhielten, deren Zahl sich bis 1620 auf etwa 400 erhöhte. Um die gleiche Zeit (1600) wurden für das Elsass 120 jüdische Familien, wenig mehr als 700 Personen, gezählt, von denen etwa die Hälfte auf den Bereich der Reichslandvogtei Hagenau und die Herrschaft Hanau-Lichtenberg entfiel. Rechts des Rheins verteilten sich jüdische Siedlungen auf kleine und kleinste Herrschaften, nördlich des Bodensees etwa auf die Grafschaft Sulz, die Landgrafschaften Fürstenberg und Nellenburg, auch die Gebiete der Fürsten v. Schwarzenburg und der Reichsmarschälle v. Pappenheim. Württemberg war den Juden seit der Regimentsordnung von 1498 verschlossen. Aus Vorderösterreich wurden die Juden 1573/74 vertrieben. In den nellenburgischen Dörfern Bodman, Gailingen, Randegg, Singen, Wangen und Worblingen wurden Mitte des 17. Jh.s 19 jüdische Familien (mehr als 100 Juden) gezählt. Eine gewisse Bedeutung hatte die Gemeinde in der schwarzenburgischen Stadt Tiengen, in der 1559 eine hebräische Druckerei gegründet wurde. Eine bedeutende Gemeinde bestand lediglich in Günzburg, die aber 1617 mit dem Rückfall der Markgrafschaft Burgau an Österreich von der vorderösterreichischen Regierung aufgelöst wurde. Prekär war die Situation der Juden in den verstreuten Gebieten der Kurpfalz rechts und links des Rheins. Seit 1390 aus dem Kurfürstentum verbannt, konnten 1549 mit Erlaubnis Friedrichs II. wieder 27 Familien aufgenommen werden. Insgesamt ist im frühen 17. Jh. für den Südwesten des Reichs mit einer Anzahl von höchstens 3000 Juden zu rechnen.

der Südwesten des Reichs

2.2 Privilegien, Ordnungen und Schutzverbriefungen

Das die Juden des Reichs disziplinierende Gefüge von Privilegien und Normen hatte seinen letzten Bezugspunkt im Kaiser als dem Herrn über seine „Kammerknechte". Die Juden standen zu ihm in einem Verhältnis der Abhängigkeit, das gegen die Erbringung finanzieller Leistungen Schutz gegen Anfeindungen und Diskriminierungen bot. Indes hatte die „Territorialisierung" der Juden die „Kammerknechtschaft" zu einem Kontrollinstrument über Schutzrechte in anderen Händen gemindert. Die Reichspoliceyordnungen von 1548 und 1577 legten deshalb fest, dass es niemandem erlaubt sein solle, Juden in seinen Landen aufzunehmen, sofern er nicht über kaiserliche Regalien oder Privilegien verfügte. Die in die Hand regionaler Obrigkeiten geratenen Judenregalien erhielten so ihre Begrenzung in der kaiserlichen Oberhoheit, die im Kern erhalten blieb. Die Kaiser leiteten aus diesem Grundsatz das Recht ab, die Einhaltung von Schutzpflichten durch die Regalinhaber oder mittels kaiserlicher Gerichte überwachen zu können. Bei willkürlichen Vertreibungen nahmen sie ein Einspruchsrecht in Anspruch, da der Verweis ganzer Judenschaften aus einem Schutzbereich die Regalitätsverhältnisse in ihrer Substanz beeinträchtigte. Als 1626 der hessendarmstädtische Landgraf die Juden aus seinen Städten austreiben wollte, widersprach der Reichsfiskal – erfolglos, weil der Landesherr sich auf die fürstliche *superioritas* berief, die ein umfassendes *ius regalis recipiendi Iudaeos* beinhalte. Nur in den seiner Hoheit direkt unterstehenden Städten und Ritterschaften konnte der Kaiser Vertreibungen verhindern oder restituieren, weil er an der Erhaltung der Steuerkraft der auf kaiserlichem Domanialbesitz lebenden Juden interessiert war. Versuche wie die Ferdinands II. 1635, die aus der Zeit Kaiser Sigmunds stammende Krönungssteuer gegenüber den territorialen Regalinhabern zu reaktivieren, scheiterten am Widerstand der Landesherren.

Eine der Hauptbedeutungen der kaiserlichen Oberhoheit über die Juden des Reichs bestand darin, dass sie erheblich zur Verrechtlichung jüdischer Existenz beitrug. Eingeleitet wurde diese Entwicklung durch die Rechtslehre ebenso wie durch die Privilegienpraxis seit Karl V. Johannes Reuchlin, als württembergischer Rat und Richter des Schwäbischen Bundes mit der Rechtspraxis der Zeit vertraut, sollte in kaiserlichem Auftrag der Frage nachgehen, ob die von Johannes Pfefferkorn veranlasste Einziehung hebräischer Schriften rechtmäßig sei. In einem Gutachten (1511) sprach er sich für die Erhaltung der Schriften aus und billigte den Juden des Reichs die Rechte „römischer Bürger" zu. Obwohl sie wegen des Gottesmords eigentlich zu Sklaven erklärt worden

2. Die Zeit bis zur Mitte des 17. Jahrhunderts 15

seien, hätten sie mit den Christen Teil am allgemeinen Bürgerstand *(civilitas communis)*. Diese Bürgerschaft, die Reuchlin mit der Untertanenschaft unter die kaiserliche Gewalt gleichsetzte, sollte indes nur der Erleichterung des Rechtsverkehrs dienen, nicht den seit jeher bestehenden Makel der Ehrlosigkeit von den Juden nehmen.Dieser von den Reichsgerichten wie auch bald von territorialen Hofgerichten beachtete Grundsatz trug zu einer Objektivierung der Gerichtsverfahren bei, an denen Juden beteiligt waren, da der theologisch begründete Minderstatus – tendenziell – auf sie keine Auswirkungen mehr hatte.

Dem Betreiben Josels von Rosheim war es zuzuschreiben, dass Karl V. 1544 auf dem Reichstag zu Speyer den Juden des Reichs einen umfassenden Schutzbrief gewährte. Diesem zufolge sollte die *Gemaine Judischeit* bei ihren überkommenen Freiheiten bewahrt werden. Sie durfte nicht mehr ihrer Schulen und Synagogen entsetzt werden; niemand sollte sie entgegen den päpstlichen Schutzmandaten und den Privilegien Kaiser Friedrichs III. und nicht ohne glaubwürdige Zeugen eines Ritualmords beschuldigen. Auf allen Straßen des Reichs genoss sie freies Geleit und Schutz. Klagen gegen sie sollten an das Kaiserliche Kammergericht gebracht werden. – Viele spätere Kaiser bis hin zu Karl VI. 1712 erneuerten dieses Privileg. Die Juden ihrerseits präsentierten das Dokument in der jeweils geltenden aktuellen Fassung in allen Prozessen vor den Reichsgerichten, wenn sie sich in ihren Rechten beeinträchtigt sahen. Auch wenn der Kaiser selten in der Lage war, seine Schutzzusage effektiv zugunsten der Juden des Reichs wahrzunehmen, wirkte sich das Privileg doch als Legitimationsinstrument aus, das gegenüber Verfolgern und pflichtvergessenen Schutzherren ins Feld geführt werden konnte.

kaiserliche Privilegierungen

Das kaiserliche Vorrecht, die Bedingungen jüdischen Lebens durch Privilegien zu verbessern, verhinderte nicht, dass die territorialen Schutzherren seit Anfang des 16. Jh.s ihrerseits detaillierte Regeln für das Zusammenleben der Juden mit ihrer christlichen Umwelt statuierten. Obwohl die ihnen unterworfenen Schutzjuden an sich in die allgemeinen Landesordnungen eingebunden waren, wurden in einem „supplementären" Recht Einschränkungen normiert, die sich aus dem theologisch begründeten Minderstatus ergaben und eine Kontrolle sowie soziale Separierung jüdischer und christlicher Lebensbereiche bewirken sollten. Viele Schutzherren beschränkten sich auf Synchronisierungen der individuellen Schutzbriefe, Generalisierungen der Geleitbriefe sowie fallweise Regelungen jüdischer Angelegenheiten. Bedeutendere Landesherren und Stadtobrigkeiten schlossen jedoch die Juden mit Sonderregelungen in ihre Landesordnungen ein oder erließen beson-

regionale Judenordnungen

dere Judenordnungen. Vorbildlich für zahlreiche Ordnungen protestantischer Landesherren wurde die von dem Reformator Bucer konzipierte Judenordnung Philipps des Großmütigen von Hessen von 1539. Für katholische Territorien möge die markgräflich-burgauische Ordnung von 1534 und die kurkölnische Ordnung von 1599, für die Städte die sog. *Judenstättigkeit* Frankfurts von 1617 stehen. Trotz aller rechtlichen Beschränkungen brachten diese Statuten doch gewisse Rechtssicherheiten.

Unter den Reichspublizisten setzte sich bis Ende des 16. Jh.s die Ansicht durch, „dass die Juden, wenn sie ruhig und friedlich leben, zu dulden sind und nicht vertrieben werden dürfen", wie es der Gießener Jurist Reinkingk formulierte [185: GÜDE 33]. Obwohl Vertreibungen weiterhin vorkamen, gab es nun doch angesichts des fortgeschrittenen Prozesses der Verrechtlichung jüdischer Existenz im Rahmen des Judenregals neue Chancen des Rechtsschutzes, vor allem der Klage vor den Reichsgerichten sowie der Einschaltung des kaiserlichen Fiskalprokurators, der Verstöße gegen den Kernbereich des Regals als *crimen laesae maiestatis* ahndete.

neue Rechtsschutzmöglichkeiten

2.3 Antijüdische Traditionen der Kirchen und christlichen Obrigkeiten

Die antijüdische Tradition der Kirche erfuhr im Zeitalter der Konfessionalisierung keine grundsätzliche Änderung; sie wurde aber fortgesetzt und zur Stabilisierung der neuen theologischen Ordnungen und Dogmen sowie der landeskirchlichen Obrigkeiten mehr als bisher politisiert. Nach anfänglichen Schwankungen über die richtige „Judenpolitik" kam es in der alten Kirche wie in den beiden neuen Konfessionen zu Prozessen der Dogmatisierung, durch die die mittelalterliche Sichtweise der sozialen Segregation erneuert wurde.

Fortdauer des mittelalterlichen Antijudaismus

Die altkirchliche Reform ist eng mit dem Tridentiner Konzil verbunden, das eigentlich die Wiederherstellung der Kircheneinheit, eine Reform der Lehre und eine Wiederherstellung der christlichen Herrschaft in Palästina bringen sollte, schließlich aber die Spaltung zementierte. In drei Sessionsperioden – 1545–50, 1551/2 und 1562/3 – reagierte man auf die protestantische Herausforderung, vor allem das lutherische Prinzip der *sola scriptura*, der alleinigen Autorität der Heiligen Schrift. Im abschließenden Dekret Pius' IV. *Professio fidei Tridentina* von 1564 wurde festgelegt, dass die christliche Wahrheit „in den geschriebenen Büchern (der Bibel) wie in den ungeschriebenen Überlieferungen enthalten sei", wobei offen gelassen wurde, was unter der Tradition zu verstehen sei. Damit bekannte sich die Kirche zur Lehre

die altkirchliche Reform

2. Die Zeit bis zur Mitte des 17. Jahrhunderts 17

der Kirchenväter mit allen ihren antijüdischen Implikationen. Die dogmatisierte Lehre der Sakramente, die z. B. die Eucharistie als Mittel der substantiellen Vergegenwärtigung Christi begriff und damit den den Juden vorgeworfenen Missbrauch der Hostie ins Blickfeld rückte, gab der die Sakramente verwaltenden Geistlichkeit neues Gewicht; dies wurde durch die Festlegung der hierarchisch strukturierten Weihegrade zusätzlich unterstrichen. Die Bischöfe als „Ordinarien" und Abgesandte des Heiligen Stuhls *(ut delegatus Sanctae Sedis)* an der Spitze der Diözesen und die Pfarrer in ihren jeweiligen Gemeinden wurden zu den eigentlichen Säulen der Christenheit. Insgesamt brachte das Tridentinum durch Stärkung der pastoralen Funktion der Priester eine Erneuerung der Sorge um das Seelenheil der Gläubigen.

Bewirkten diese Lehren eine allmähliche Dogmatisierung des katholischen Standpunkts gegenüber den Juden, so hatte das autokratische Wirken der Päpste Paul IV. zwischen der zweiten und dritten Konzilsphase (1555–59) und Pius V. nach Abschluss des Konzils (1566–72) unmittelbare Auswirkungen. Beide hatten als Inquisitoren Erfahrungen in der Verfolgung von Juden und Maranen in ihr Amt mitgebracht. Die von ersterem im Juli 1555 verkündete Bulle *Cum nimis absurdum* erneuerte in Anknüpfung an Augustin und Thomas von Aquin die antijüdischen Bestimmungen des 4. Lateranums, mit denen eine soziale Segregation der Juden von den Christen bezweckt wurde. Vor allem wurden, um die abhängige Stellung der Juden zu demonstrieren, die Kennzeichnung der Kleidung, die Isolierung der Wohnbereiche, das Verbot der Synagogenerrichtung und die Verweigerung der Anrede als „Herr" normiert. Pius V. fügte in einer 1566 verkündeten Bulle das Verbot an Christen hinzu, jüdische Gettos zu betreten. Als er 1569 die Juden aus dem Kirchenstaat – mit Ausnahme von Rom und Ancona – vertreiben ließ, wurde die theologisch dogmatisierte Politik der Segregation des jüdischen Volkes, das – nach Auskunft der Bulle *Hebraeorum gens* - „treulos und undankbar seinen Erlöser ungläubig verwarf und einem unwürdigen Tod überlieferte", umgesetzt. Der Eifer einiger vom Geist altkirchlicher Erneuerung beseelter Amtsträger und Obrigkeiten des Reichs, sich der ihrer Herrschaft unterworfenen Juden zu entledigen, hat darin seine Ursache. Auf dieser Linie bewegte sich der Würzburger Bischof Julius Echter, als er 1575 den Aufenthalt von Juden in seinem Herrschaftsbereich untersagte.

<small>Folgen des Tridentinums für die Juden</small>

Die von Luther ausgehende Reformation schien anfangs einen anderen Weg zu nehmen. Abgesehen von der als Folge des *Sola-scriptura*-Prinzips neu formulierten Glaubenslehre, durch die die Tradi-

<small>die lutherische Reformation</small>

tionen der Papstkirche entwertet wurden, wurde namentlich die Aufhebung der Diskrepanz zwischen der die Heilsmittel verwahrenden, durch die Geistlichkeit repräsentierten Kirche und der Masse der Gläubigen zu einem neue Wege öffnenden Prinzip. Die Reduzierung der Sakramente, die Verlagerung der Heilsverantwortung auf das gesamte „Kirchenvolk", die Negierung einer verbindlichen Lehrautorität und die Heiligung des alltäglichen Lebens durch die allen im Beruf zuteil werdende *vocatio personalis* hatte zunächst eine Entspannung im Verhältnis zwischen Christen und Juden zur Folge. Reformatoren wie Wolfgang Capito, Justus Jonas, Philipp Melanchthon und Andreas Osiander, anfangs auch Luther selbst, schienen in diese Richtung zu gehen. Die wiederbelebte Idee der disziplinierenden Erziehung zur Vorbereitung auf ein bewusstes, der Schrift entsprechendes Leben schuf zudem eine gewisse Nähe zu dem auf ähnlichen Gedanken beruhenden *Cheder*-Erziehung jüdischer Kinder.

der Antijudaismus Luthers

Als sich indes der durch „freundlichere" Behandlung erhoffte Missionserfolg gegenüber den Juden nicht einstellte, kam es zu einer ideologischen Verhärtung der Standpunkte, die in Luthers 1543 publizierten Werk „Von den Juden und ihren Lügen" Programm wurde. Diese Wendung scheint insofern besonders auffällig, als der Reformator in seinen ersten Schriften für einen „freundlichen" Umgang mit den Juden geworben und so bei ihnen selbst Hoffnungen auf ein neues Zeitalter geweckt hatte. Beeinflusst war er namentlich von dem Regensburger Konvertiten und Hebraisten Antonius Margaritha, der in seinem Werk *Der gantz Jüdisch Glaub* (1530) das Judentum zu verunglimpfen versuchte. Unter Führung des Straßburger Reformators Martin Bucer wurde jetzt ein allgemeines Verbot der Laiendisputation zwischen Christen und Juden statuiert, um die Reinheit der christlichen Lehre zu schützen. Bald wurde auch das „kirchendemokratische" Prinzip des Priestertums aller Gläubigen ausgehöhlt, indem zwischen dem *status ecclesiasticus* der kirchlichen Amtsträger, dem *status politicus* der Fürsten und Magistrate und dem *status oeconomicus* der privaten Hausstände unterschieden wurde. Damit stärkte man die Obrigkeit der Landesherren und verband sie mit der zu neuer Macht gelangten Pfarrerschaft. Dies bewirkte zwar eine – trotz fortbestehender Bindung an die altkirchlichen Autoritäten – gegenüber der tridentinischen *ecclesia militans* größere Flexibilität im Verhältnis zu den Juden, zugleich aber auch eine stärkere antijüdische Radikalität, falls dies zum Schutze der neuen Lehre von Geistlichkeit und Obrigkeit für notwendig gehalten wurde. Der der altkirchlichen Tradtion entsprechende Gedanke des Judenschutzes wurde entwertet.

2. Die Zeit bis zur Mitte des 17. Jahrhunderts

In der Praxis zeigte es sich bald, dass die Obrigkeiten der neuen protestantischen Fürstentümer sich meist – teils aus fortdauernder Treue gegenüber dem Kaiser als oberstem Schutzherrn, teils aus ökonomischen Motiven heraus – dem Judenschutz verpflichtet fühlten, während der stets zu Rate gezogene Klerus die judenfeindliche Tradition eher intensivierte. Die Grundlage hierzu lieferte die lutherische Lehre von den zwei Reichen, von denen das eine, in dem allein Christus durch Wort und Sakrament herrscht, die Juden ausschloss, während das durch die weltliche Obrigkeit repräsentierte andere durch Zwangsmaßnahmen *vi, non verbo* (kraft Hoheitsgewalt, nicht durch „geistliches Wort") im Rahmen der Schöpfungsordnung die christliche Erlösung durchsetzen sollte. Gestützt auf den antijüdischen Diskurs volkstümlicher Traktate, Lieder und Spiele wurde das gesamte judenfeindliche Instrumentarium der alten Kirche unter Verzicht auf den alten Gedanken des Judenschutzes rezipiert.

<small>die Erneuerung judenfeindlicher Traditionen</small>

Das Schwanken zwischen Duldung und Vertreibung der Juden in den hessischen Landgrafschaften und die von der Geistlichkeit betriebene Ausweisung der Juden aus dem Herzogtum Braunschweig-Lüneburg Ende des 16. Jh.s nach wenigen Jahren der Wiederaufnahme mögen stellvertretend für die Haltung protestantischer Territorien dieser Zeit stehen. Die dogmatischen Unterschiede zwischen der alten und der neuen Kirche konvergierten so letztlich im Verhältnis zu den Juden. Der dogmatische Rigorismus des tridentinischen Katholizismus führte allerdings dazu, dass den immer wiederkehrenden Blutbeschuldigungen gegenüber Juden in katholischen Regionen eher Glauben geschenkt wurde als in denen protestantischer Fürsten. Diese Differenz hatte sich bereits in den unterschiedlichen Stellungnahmen des Ingolstädter Theologen Johann Eck und des Nürnberger Reformators Andreas Osiander zum angeblichen Ritualmordfall von Pösing (1529) angekündigt. Der im Augsburger Religionsfrieden normierte Grundsatz der landesherrlichen Kompetenz zur Religionsbestimmung wirkte sich als zusätzliches Mittel der Abgrenzung gegenüber Juden aus, da dem hier zugestandenen *ius reformandi* eine Tendenz zum Ausschluss aller abweichenden Glaubensformen innewohnte.

<small>zwischen Duldung und Vertreibung</small>

Auch wenn der Antijudaismus des 16./17. Jh.s noch regelmäßig religiös motiviert war, so schoben sich nun doch bald wirtschaftliche Motive in den Vordergrund. Das in den Städten vorherrschende gewerbliche Ordnungsprinzip der Bedarfsdeckung bot den Zünften die Chance, den Markt unter sich aufzuteilen und nichtzünftige „Störer" von der Teilhabe auszuschließen. Die Zünfte, und mit ihnen vielfach die städtischen Obrigkeiten und schließlich die städtischen Kurien auf den Landtagen wurden, da Juden (als Nichtchristen) nicht in Zünfte aufgenommen wurden, *ipso iure* zu deren Gegnern. Mit dem Vorwurf, die Juden nähmen der Bevölkerung durch Wucher und unzulässigen „Vorkauf" die bürgerliche Nahrung weg, versuchten sie die gewerbliche Betätigung jüdischer Händler zu unterbinden und sie vom städtischen Markt fernzuhalten. Die Agitationen der Zünfte oder anderer sich benachteiligt fühlender Kaufleute verliefen vor dem Hintergrund chronischer Ressourcenknappheit stets nach gleichem Muster. Die Unruhen in Frankfurt am Main und Worms 1612/17 machen dies deutlich.

In der Reichsstadt Frankfurt entzündete sich der Unmut der Zünfte an der Politik des Stadtrats, der es versäumt hatte, bei dem zu Wahl und Krönung in der Stadt anwesenden König Matthias Privilegienverbesserungen für die Zünfte zu erreichen. Da der patrizische Rat schwer angreifbar war, richtete sich der Unmut der unter dem Lebkuchenbäcker Vinzenz Fettmilch organisierten Bürgerschaft gegen die Juden als den vorgeblichen Helfershelfern des Rats. Diesen forderte er auf, die Juden als unnütz und verderblich für die Stadt zu vertreiben, da sie zu hohe Zinsen nähmen und die Handwerker an den Bettelstab brächten. Da es zu keiner Einigung zwischen Rat und Bürgern kam, brach 1614 ein Aufstand aus. Nach dem Überfall von Zunftangehörigen auf das Getto gelang es dem Pöbel, einen Teil der Judengasse zu erobern und die Juden zum Verlassen der Stadt zu zwingen. Doch einen Monat später konnten unter dem Druck des Kaisers, des Mainzer Kurfürsten und des darmstädtischen Landgrafen als Reichshofratskommissaren die Aufständischen zur Aufgabe genötigt werden. Die Drohung des Kaisers, der Stadt die Privilegien insgesamt zu entziehen, stellte die Autorität des Rats wieder her und ließ das Regiment der Zünfte zusammenbrechen. Die rückkehrwilligen Juden wurden feierlich in die Stadt zurückgeholt und in ihre alten Rechte wiedereingesetzt. Mit einem 1617 verkündeten Privileg bestätigte Kaiser Matthias die neue *Judenstättigkeit* und stabilisierte damit die Rechtssituation der Frankfurter Juden für die Zeit bis zum Ende des Reichs.

In der Reichsstadt Worms entstanden die Bürgerunruhen dieser Jahre ebenfalls aus einer Unzufriedenheit mit der autoritären Herrschaft des Rates, und zwar des patrizisch besetzten „Dreizehnerrats". Ähnlich wie in Frankfurt wurde die von den Zünften getragene Empörung auf die Judengemeinde projiziert, der man missbräuchliche Zusammenarbeit mit dem Patriziat vorwarf. Und auch hier beklagte man sich über Wucherzinsen. Nachdem ein Vermittlungsversuch des pfälzischen Kurfürsten Friedrich V. gescheitert war, kam es in dem seit 1613 schwelenden Konflikt am Ostermontag 1615 im Getto zu Ausschrei-

2. Die Zeit bis zur Mitte des 17. Jahrhunderts

tungen und Plünderungen. In deren Verlauf wurde die Judengasse verwüstet und die Juden über den Rhein vertrieben. Der als oberster Schutzherr der Juden angerufene Kaiser Matthias gebot wie in Frankfurt die Rückführung der Juden. Diese konnte Anfang 1616 unter Vermittlung des Kurfürsten durch einen notariellen Restitutionsakt unter Bestätigung der alten Rechte durchgeführt werden.

In beiden Städten war es nach Intervention des Kaisers zur Wiederherstellung der alten Verhältnisse gekommen. Die kaiserliche Sanktion bewirkte, dass bis zum Ende des Reichs an den bestehenden Verhältnissen nichts mehr geändert wurde und die Juden unbehelligt bleiben konnten. Die Vertreibungen waren Ausbrüche des christlichen Judenhasses einer ökonomisch benachteiligten Bürgerschaft, die sich durch die aus dem System der „Bürgerlichen Nahrung" verdrängten und daher zu wirtschaftlichen Innovationen gezwungenen Juden übervorteilt glaubten. Sie führten nicht zum Ziel, weil die patrizischen Magistrate vom Kaiser gestützt wurden, der die Schutzherrschaft über die Juden als Druckmittel und politisches Instrument einsetzen konnte. So blieb wenigstens der *status quo ante* erhalten.

_{die kaiserliche Garantie reichsstädtischer Judenschaft}

2.4 Organisationsstrukturen, Regionen und Zusammenschlüsse

Von Seiten christlicher Obrigkeiten gab es nicht erst seit dem 16. Jh. immer wieder Versuche, zur Erleichterung der Steuereintreibung die Juden eines bestimmten Bezirks zusammenzufassen und einem Juden- oder Hochmeister zu unterstellen. Diese Projekte nahmen auf gewachsene Eigenstrukturen jüdischer Gemeinden wenig Rücksicht und wurden deshalb von den Juden mit Skepsis verfolgt. Bisweilen gelang es, bestehende Organisationsformen zu instrumentalisieren und damit herrschaftlich zu sanktionieren.

_{Einsetzung von Judenhochmeistern}

Erste und lange Zeit einzige Struktureinheit der jüdischen Gesellschaft war der *kahal (kehila kedoscha)*, der heilige Gemeindeverband. Er wurde durch die über die Einhaltung der religiösen Pflichten wachenden Rabbiner *(rabbanim)* und die Gemeindevorsteher *(parnassim, raschim)* repräsentiert. Jene hatten die religionsgesezlichen Vorschriften *(halacha)* auszulegen und zu lehren. Als Autorität in rituellen und „zivilrechtlichen" Fragen hatten sie vor allem die Aufgabe, die Angelegenheiten von Ehe und Familie zu regeln, innergemeindliche Konflikte zu entscheiden oder auch sonstige, an sie herangetragene Rechtsfragen durch Responsen zu bescheiden, aber auch den jüdischen Bann *(cherem)* auszusprechen. Durch ihre Doppelfunktion als Vorsitzende des Gerichts *(bet din)* und des Lehrhauses *(jeschiwa)* – die durch das ihnen

_{Wandlungen der Gemeindestruktur}

zustehende Honorar von allen anderen Subsistenzpflichten abkömmlich gestellt wurden – kam ihnen die umfassende Autorität in den Gemeinden zu. Diese wurde noch gesteigert, als durch die im 15. Jh. praktizierte Gewohnheit der Ordination *(semicha)* und die Einführung des Titels eines *morenu* („Unser Lehrer") Tendenzen zur Professionalisierung sichtbar wurden. Die Gemeindevorsteher hatten eher administrative Aufgaben. Sie führten die laufenden Geschäfte, verwalteten die Einkünfte und Vermögen der Gemeinde, vertraten sie auch politisch und verteidigten sie als Fürsprecher *(schtadlanim)* vor den christlichen Obrigkeiten. Diese – im allgemeinen als „autonom" charakterisierte – Gemeindestruktur wurde im 16./17. Jh. von den Landesfürsten und anderen Schutzherren respektiert.

<small>Verländlichung jüdischer Siedlung</small>

Durch die Verländlichung der jüdischen Siedlung im 16. Jh. drohte der Gemeinde die Gefahr der Aushöhlung. Sie resultiert aus dem topographischen Siedlungszusammenhang eines Judenviertels um Synagoge und Mikwe. Der als Kern der Gemeinde geltende *minjan*, die zu einer Gebetsgemeinschaft erforderliche Anzahl von zehn religionsmündigen Männern, konnte hier ohne Schwierigkeit zusammengebracht werden. Dies änderte sich im 16. Jh. durch die Auflösung der Gemeinden und die Veränderung der Siedlungsstruktur. Sieht man von den wenigen überlebenden Stadtgemeinden ab, brach das gemeindliche Leben vielerorts zusammen. *Minjanim* waren nur von Fall zu Fall durch Zusammenkünfte von Juden benachbarter Orte zu erreichen. Allmählich schwand das Bewusstsein, einer Gemeinde zuzugehören. Rabbi Chajim Bezalel aus Friedberg sprach 1575 davon, dass die meisten Juden in Deutschland „fern von den Gemeinden" lebten. Ein anderer Rabbiner, Eljakim Gottschalk Rothenberg, beklagte sich um 1600 darüber, dass es Orte gebe, „an denen niemand eine halachische Entscheidung versteht" [ROHRBACHER, Schwaben, in 192: 142]. In den Quellen ist dementsprechend neben den *kehilot* nur noch der *jischuw* bezeugt, die bloße Ansiedlung ohne jede rechtliche Bedeutung, die man nicht einmal mehr als *chawura*, eine Gemeinschaft, ansehen konnte.

Wenn es dennoch nicht zu einer Auflösung der überkommenen Strukturen kam, so ist dies außer der Sogwirkung überregional wirkender Rabbiner einem familiären Netzwerk zuzuschreiben, das sich besonders in regionalen Zusammenhängen ausbildete und territoriale Grenzen überschritt. Die Zugehörigkeit zu einem Herrschaftsgebiet konnte allerdings zum Bewusstsein einer gemeinsamen Identität beitragen. Derartige, vielfach ältere, aber erst jetzt größere Bedeutung gewinnende und auch rechtlich sich konstituierende Regionen *(medinot*

<small>Ausbildung der *medinot*</small>

2. Die Zeit bis zur Mitte des 17. Jahrhunderts 23

familiären und mentalen Zusammenhalts waren etwa das landgräflich-hessische Oberfürstentum *(medinat Gieße)* und das vorderösterreichische Schwaben zwischen Augsburg und Ulm *(medinat Schwaben).* In Schwaben amtierte schon 1525 ein Landesrabbiner, Jona ben Jakob Weil mit Sitz in Günzburg. Einen Zuwachs an Autorität konnte der dortige Landrabbiner 1566 verzeichnen, als er – damals Josef Rainer aus Mantua – eine kaiserliche Approbation erhielt, ausdrücklich mit dem Zusatz, *doch dem Rabbi zu Wormbs an seinem Rabbi-Ambt über Gemeine Jüdischeit daselbst zu Wormbs unvergrifflich* [COHEN, Landesrabbinate, in: 56: 233]. Auch in den rheinischen Kurfürstentümern, die vergleichbaren *medinot* im Rheingau und am Niederrhein entsprachen, gab es gleichzeitig Ansätze zur Installierung landesweiter Oberrabbinate. Christliche Obrigkeiten nutzten diese Situation, indem sie durch Legitimierung neuer Landrabbinate für ihr Territorium Eingriffe „fremder" Rabbiner zurückdrängten. Im Laufe der Zeit gelang es diesen lockeren Verbünden, die Defizite der Gemeindeorganisation aufzufangen: Die Schwäche der Ortsrabbinate ermöglichte den Aufstieg der Landrabbinate. Gleichzeitig konnten sich regionale *minhagim* ausbilden, die zu einer Stärkung jüdischer Identität im jeweiligen geographischen Bereich beitrugen.

Parallel zu diesen Strukturveränderungen gab es seit Beginn des 16. Jh.s Bestrebungen zu einer reichsweiten Organisation der Judenschaft. Diese sind eng mit dem Wirken des Josel von Rosheim verbunden. Der aus Hagenau stammende und wohl mit dem kaiserlichen Leibarzt Jakob Jechiel Loans verwandte Josel genoss als Schüler des Jochanan Luria eine talmudische Ausbildung, erlangte aber trotz intimer Kenntnis kabbalistischer bzw. chassidischer Schriften kein Rabbinat und verdiente sich seinen Lebensunterhalt wie viele seiner Zeitgenossen im Geldleihgeschäft. Seine über Geschäfte und Verwandtschaft vermittelten guten Beziehungen zum kaiserlichen Hof ermöglichten es ihm, bei diesem ebenso wie zahlreichen anderen christlichen Obrigkeiten als *schtadlan* für seine Glaubensgenossen einzutreten. So konnte er 1507 etwa die geplante Vertreibung der Juden aus der elsässischen Reichsstadt Oberehnheim verhindern. Die Judenschaft der Landvogtei Unterelsass wählte ihn – wohl im Zusammenhang mit der von Kaiser Maximilian unterstützten Absicht einiger Juden des Reichs, zur Abwehr von Beschwerden *ain gemeyne besamlung im Reich zu halten* [215: ZIMMER 134] – 1510 zu ihrem Vorsteher. Ohne förmliche Bestallung wuchs er bald in die Stellung eines Vertreters der Judenschaft des Reichs hinein. Ein Auftrag hierzu wurde ihm auf einer Rabbinerversammlung in Günzburg 1529 erteilt. Seither nannte er sich *gemeiner*

Auftreten Josels von Rosheim

Jüdischeit Regierer im deutschen Land oder auch *Befehlshaber gemeiner Jüdischeit deutscher Nation* [97: BATTENBERG 425]. In einem vom kaiserlichen Fiskalprokurator gegen ihn geführten Prozess wurde ihm vorgeworfen, er maße sich damit ein öffentliches Amt an, das allein dem Kaiser zukomme *(quia titulum inconsuetum et incompetentem)* [104: FEILCHENFELD 14, 174]. Lediglich den Titel „Oberster der Judenschaft" übertrug ihm der Kaiser. Dies wurde von den Juristen der Zeit bestätigt: Reinkingk qualifizierte die Bezeichnung eines „Regierers" als ein einem Juden nicht zustehendes Amt *(nam vox Regierer publicum arguit officium cum iurisdictione et imperio quodammodo coniunctum, quod iudaeis tribui non debet, qui privati sunt)* [185: GÜDE 9].

Wirkung und Bedeutung Josels von Rosheim

Dass die Funktion eines Vorstehers und *schtadlan* der Juden des Reichs von Josel aktiv wahrgenommen wurde, wird durch zahlreiche Aufträge belegt, die ihm jüdische Gemeinden übertrugen. Er selbst führte zur Absicherung des landesherrlichen Judenschutzes zahlreiche Prozesses am Kammergericht in Speyer. Von Karl V. konnte er mehrere Schutzbriefe für die Judenheit des Reichs erlangen, u.a das Privileg von 1544. Den Angriffen des Straßburger Reformators Bucer begegnete er mit dem Traktat *Iggeret Nechama* (Trostschreiben), in dem er seine Glaubensgenossen in Schutz nahm. Zu seinem Ansehen trug bei, dass er dort, wo es sinnvoll war, den christlichen Obrigkeiten entgegenkam. So sorgte er zur Besänftigung der um ihre Rechte bangenden Obrigkeiten für eine Niederschlagung jüdischer Schuldklagen am kaiserlichen Hofgericht in Rottweil. Als er 1525 Rosheim vor dem drohenden Angriff eines Bauernheers warnte und die Heerführer für die entgangene Brandschatzung entschädigte, trug ihm dies dauerndes Wohnrecht in der Stadt ein. Im übrigen empfahl er, etwa in den von ihm am Rande des Augsburger Reichstags verfassten *takkanot* (Statuten) sowie seinem Traktat *Sefer ha-Mikneh* (Buch des Erwerbs) den Glaubensbrüdern für die Abwicklung ihrer Geschäfte mit Christen Zurückhaltung und Aufrichtigkeit. Mit seiner an Christen wie an Juden gerichteten Bitte um gegenseitige Achtung, *dan wir (sind) auch Menschen, von Gott dem Almechtigen auf der Erden ze wonen geschaffen, bei euch und mit euch zu wonen und (ze) handlen* (1530) [104: FEILCHENFELD 157], *obschon gleichwohl wir nit eines Glaubens sein* (1548) [128: STERN 194f.], war er seiner Zeit voraus. Als er 1554 nach 50jähriger „Reisediplomatie" für ein friedliches Miteinander von Juden und Christen verstarb, war das Gruppenbewusstsein der Judenschaft gestärkt. Der Zusammenhalt beruhte indes allein auf seinem Charisma und führte nicht zu einer organisatorischen Einigung der Gemeinden.

2. Die Zeit bis zur Mitte des 17. Jahrhunderts

Die Tradition reichsweiter Solidarisierung wurde von Rabbinerkollegien fortgesetzt, die sich seit jeher von Fall zu Fall informell trafen – ungeachtet des 1510 von Maximilian geforderten Genehmigungsvorbehalts. Der von Karl V. zum obersten Rabbiner im Reich bestellte Samuel ben Elieser Mise rief in dessen Auftrag 1523 eine solche Zusammenkunft nach Worms ein. Eine ähnliche Aufgabe kam dessen Nachfolger zu, dem „Reichsrabbiner" Jakob Chajim aus Worms, dessen Amt aber nach 1574 nicht mehr besetzt wurde. Das folgenreichste Treffen dieser Art, die sog. Frankfurter Rabbinerverschwörung, lässt die Grenzen solidarischen Handelns im Reich und zugleich den die Juden erfassenden, unumkehrbaren Prozess der Territorialisierung erkennen.

das „Reichsrabbinat"

1603 trat im Rahmen der Herbstmesse in Frankfurt am Main ein 24-köpfiger Rat von Delegierten einiger jüdischen Gemeinden im Reich zusammen, um *durch Gebot der Gelärten in Teutschlandt ein Einsehens zu haben, was die Gemeinde angehet, damit zu bewahren und zu verhüten, wie es die Zeit erfordert, damit nit unser Volck als ein Schaf ohne Hirten gehe* [215: ZIMMER 148]. Man versuchte die Kräfte zu konzentrieren, um den Folgen der Territorialisierung zu entgehen, eine reichsunmittelbare Stellung zu behaupten und Schaden von der Religion abzuwenden. Auf der Zusammenkunft wurde ein Statut zur Organisation und inneren Erneuerung der deutschen Judenschaft beschlossen. Geplant war die Einrichtung von fünf Rabbinatsgerichten zu Frankfurt am Main, Worms, Fulda, Friedberg und Günzburg, jeweils Sitzen älterer Rabbinate, die sich vorher schon eine gewisse Unabhängigkeit gegenüber den jeweiligen Territorien hatten erhalten können. Diese Gerichtshöfe sollten in bestimmten Sprengeln als Oberinstanz der lokalen Rabbinate in innerjüdischen Streitigkeiten für das gesamte Gebiet des Reichs zuständig sein. Gleichzeitig sollte die Autonomie der jüdischen Gemeinden und die Autorität der Rabbiner gestärkt werden. Hierzu wurden Steuern von 1 Pfg. pro 100 fl. eingeführt, die gemeindeweise erhoben und jeweils in einer der zu Frankfurt, Worms, Mainz, Bingen, Friedberg, Schnaittach, Wallerstein und Günzburg eingerichteten „Legstätten" abgeliefert werden sollten, um dadurch die Vorsteher der Judenschaft zu besserer Wahrnehmung ihrer Fürsprechrolle besolden zu können. Weitere Bestimmungen regelten die Geschäftspraktiken im Umgang mit den *gojim*, das Verbot der Münzverschlechterung, die Erteilung von Rabbinatsdiplomen, die Einhaltung der *kaschrut*-Gebote, das Verhalten jüdischer Frauen im Kontakt mit Christen, Einschränkungen des Luxusaufwands und die rabbinische Approbation des Drucks hebräischer Bücher *(haskama)*.

sog. Frankfurter Rabbinerverschwörung

Abgesehen von der reichsweiten Organisierung der Rechtspflege in zwei Instanzen und der Einführung eines „Gemeinen Pfennigs" enthielten die Beschlüsse nur solche Materien, die auch Gegenstand älterer *takkanot* waren. Dennoch konnten sie nicht mehr normiert werden, da die sich in ihren Rechten beeinträchtigt fühlenden Landesherren widersprachen. Kaiser Rudolf II. war zudem außerstande, die Juden als seine Schutzbefohlenen über die Territorialgrenzen hinweg an sich zu binden. Sie waren für ihn als politischer Faktor nicht wichtig genug, um ihnen einen reichsunmittelbaren Status zu verschaffen. Es war nicht möglich, die bestehenden Territorialgrenzen durch normative Festlegungen zu überschreiten. Spätere Anläufe zur Vereinheitlichung jüdischer Angelegenheiten auf Reichsebene, wie sie nochmals 1659 von einer nach Hanau einberufenen Rabbinerversammlung versucht wurden, wirkten sich auf die Verfassungsstruktur der Juden im Reich nicht mehr aus.

2.5 Jüdische Geisteselite und Kultur

Angesichts der bedrückenden Situation der Juden des Reichs in der Reformationszeit und der Emigration zahlreicher Gelehrtenfamilien nach Italien, Polen-Litauen und auch Palästina erstaunt es nicht, dass der noch im 15. Jh. hohe Standard rabbinischer Gelehrsamkeit im Reich nicht aufrechterhalten werden konnte. Am humanistischen Geistesleben Mitteleuropas konnten sich die verbliebenen Juden kaum beteiligen; der aus Neustadt/Aisch stammende Hebraist Elia Levita wanderte noch vor 1500 nach Italien aus, konnte aber immerhin noch zwischen 1540 und 1544 viele seiner sprachwissenschaftlichen Schriften in der Reichsstadt Isny drucken lassen. Mit den Hebraisten und Theologen Paulus Fabius in Straßburg, Sebastian Münster in Basel und Andreas Osiander in Nürnberg stand er in Kontakt, von denen die ersteren beide einige seiner Werke ins Lateinische übersetzten. Auch der in den 80er Jahren des 15. Jh.s aus dem Elsass vertriebene und um 1510 in Worms lehrende Rabbi Jochanan Luria, Lehrer des Josel von Rosheim, gehört in diesen Zusammenhang. In seinen Werken, u. a. dem *Sefer Meschiwat Nefesch* (Buch der Seelenerquickung), entwickelte er Ideen einer idealen Struktur der Judenschaft, die auf den Säulen des Rabbinats, der Vorsteherschaft und der christlichen Obrigkeit beruhen sollte. Andererseits wurden die verbliebenen Juden empfänglicher für messianische Bewegungen und „falsche Propheten", wie sich um 1500 beim Auftreten Ascher Lemleins in Istrien und des jemenitischen Juden David Reubeni 30 Jahre später zeigte, dessen Gesandter Schlomo Molcho vor dem

2. Die Zeit bis zur Mitte des 17. Jahrhunderts 27

Regensburger Reichstag von 1532 erschien. Ebenso war man mystischen (kabbalistischen) Gedanken gegenüber sehr aufgeschlossen, wie etwa bei dem in Frankfurt am Main als Vorsänger wirkenden Naftali Hirz Treves, dessen 1560 in Tiengen gedrucktes Gebetbuch *Dikduk Tefilla* (Gebetsgrammatik) Bedeutung erlangte.

Überblickt man die jüdische Gelehrtenwelt für die folgenden 100 Jahre, so fällt die herausragende Bedeutung des „Prager Kreises" mit seinen „Ablegern" am Mittelrhein sowie die säkularisierte Welt der portugiesischen Juden in Amsterdam und Hamburg auf. Neben diesen Zentren entwickelten sich in den fortbestehenden städtischen Gemeinden weitere Zentren rabbinischer Gelehrsamkeit wie namentlich Metz. Hinsichtlich der aschkenasischen Gemeinden ist eine Tendenz zur Zunahme der talmudischen Studien zu verzeichnen, die in – oft erst Jahrzehnte später gedruckten – gelehrten Traktaten zögernd verbreitet wurden. Die Sefarden hatten weitere Schwerpunkte in der Medizin und in der Hebraistik. Bedeutung des „Prager Kreises"

Verantwortlich für die Blüte des Prager Gelehrtenkreises Ende des 16. Jh.s war die Protektion durch Rudolf II., der seine Residenz in die böhmische Kapitale verlegt hatte. Die bekannteste Gestalt dieser Zeit wurde Juda ben Bezalel (Maharal) aus Worms, der als „der Hohe Rabbi Löw" bekannt wurde. Nach Studien in Polen wurde er mährischer Landesrabbiner in Nikolsburg, wohnte und lehrte ab 1573 in Prag. Sein Einfluss als Gelehrter war schon unter Zeitgenossen beträchtlich. In seinem Werk sind gleichermaßen mystische und philosophische Gedanken präsent. Bekannt wurde er durch seine Kritik an der tradierten talmudischen Gelehrsamkeit, die mit der *pilpul*-Methode, der spitzfindigen dialektischen Auseinandersetzung um die Interpretation von Lehrsätzen, zu selbstgefälligen, sophistischen Gedankenspielereien verkommen sei. Angeregt durch ihn wurden weitere talmudische Gelehrte wie Mordechai Jaffe, der Anfang des 17. Jh.s am Prager Lehrhaus tätig war und im Rahmen eines breiten kabbalistischen und philosophischen Wissens ebenfalls die Methode des *pilpul* bekämpfte. Wenig später wirkte in Prag Yomtov Lipmann Heller aus Wallerstein, der als Kenner des halachischen Rechts unter dem Einfluss seines Lehrers Maharal einen Mischna-Kommentar und zahlreiche weitere religiöse Traktate verfasste. Als bedeutendes Selbstzeugnis, vor allem über die Umstände seiner Gefangensetzung durch die kaiserliche Obrigkeit in Wien, hat sich sein um 1630 entstandenes autobiographisches Werk *Megilat Eiva* (Buch der Feindschaft) erhalten. Sein Zeitgenosse Schlomo Efraim Lunschitz machte sich als Prediger und Vorsitzender des Rabbinatsgerichts in Prag einen Namen. Ein anderer Gelehrter die- Ausstrahlung des Prager Rabbinats ses Kreises, David Gans aus Lippstadt, wurde durch chronographische und astronomische Werke berühmt; sein 1592 publiziertes Werk *Zemach David* (Spross Davids), noch 100 Jahre später von David Moses von Rheindorf aktualisiert, beinhaltet eine Weltchronik, die die jüdische wie die allgemeine Geschichte von den Anfängen bis zu seiner Gegenwart behandelt. Beeinflusst wurde er durch die zeitgenössische christliche Chronistik, u. a. die Sächsische Chronik des Cyriak Spangenberg aus Nordhausen. Für lange Zeit das einzige Werk dieser Art prägt es bis ins 18. Jh. hinein das historische Wissen über die nichtjüdische Umwelt. Genannt werden müssen auch Josef ben Isaak Aschkenasi und Mosche Cohen aus dem gleichen Gelehrtenkreis, die um 1620 bzw. 1627 nach Metz gingen und an der dortigen *jeschiwa* die Reihe bedeutender Rabbiner begründeten.

<small>Zentren rabbinischer Gelehrsamkeit am Mittelrhein</small>

Neben Prag konnten sich die in enger Verbindung stehenden Gemeinden in Frankfurt, Friedberg und Worms, auch Fulda und Hanau, zu Zentren rabbinischer Gelehrsamkeit entwickeln. Hingewiesen sei auf des Maharal älteren Bruder, den Friedberger Rabbiner Chajim ben Bezalel aus Posen. In zahlreichen Werken nahm er zu halachischen Streitfragen Stellung. Sein 1578 geschriebener *Sefer ha-Chajim* (Buch des Lebens) knüpfte an die chassidische Tradition der Moralschriften an. Berühmt war seine ein Jahr später publizierte hebräische Grammatik *Ez Chajim* (Baum des Lebens), mit der er Pionierarbeit für das aschkenasische Judentum leistete. Erwähnt sei weiter Josef Juspa Hahn aus Nördlingen, der als Rabbiner um 1600 das Frankfurter Lehrhaus leitete. Ganz in der Tradition der *chassidei Aschkenas* stellte er in seinem 1630 entstandenen, 1723 publizierten Handbuch *Josef Omez* (Josefs Stärke) die *minhagim* der Frankfurter Gemeinde als Handlungsanleitungen für religiöse Pflichterfüllung und Redlichkeit im Alltag zusammen. Gleichzeitig wirkte der in Frankfurt geborene bedeutende Fuldaer Rabbiner Meir ben Jakob Schiff (Maharam), der in Erläuterungen zum *Schulchan Aruch (Chiduschei Halachot*, Gesetzessammlungen, gedruckt 1739/41 in [Bad] Homburg) für eine gemäßigte Form der *pilpul*-Methode eintrat. Als überragende Autorität konnte er es sich leisten, Missstände seiner eigenen Gemeinde vehement zu geisseln. Sein Tod 1641 verhinderte, dass er einer Berufung zum Rabbiner in Prag folgen konnte. Als Kabbalist bekannt wurde Elia ben Mosche Loans aus Frankfurt, ein Enkel Josels von Rosheim und Schüler Maharals in Prag, der ab 1603 als Rabbiner in Fulda, später auch in Hanau, Friedberg und Worms wirkte. Als Gelehrter, Kabbalist und Dichter wurde er unter dem Titel eines *Baal Schem* hoch verehrt. Als Verfasser verbreiteter Werke zur *kabbala* wurden um die gleiche Zeit der später nach Safed in

Palästina ausgewanderte Jesaja Horowitz, Rabbiner in Frankfurt und Prag, und der in Frankfurt geborene Naftali Bacharach berühmt, der 1648 mit seinem *Emek ha-Melech* (Tal des Königs) die kabbalistische Lehre des Isaak Luria einem breiteren Publikum bekannt machte.

Dass auch die Juden in Elsass und Lothringen geistige Impulse vermittelten, beweist die um 1630 entstandene Autobiographie des in Metz aufgewachsenen, an verschiedenen *jeschiwot* in Böhmen und Mähren ausgebildeten Reichshofener Kaufmanns Ascher Levy. In ihr schildert er den gemeindlichen Alltag und die *minhagim* seiner elsässischen Umgebung, aber auch die täglichen Konflikte mit der christlichen Obrigkeit.

Ascher Levy in Reichshofen

Die in Amsterdam und Hamburg Ende des 17. Jh.s sich entwikkelnde jüdische Gelehrsamkeit hat ihre Wurzeln im stärker assimilierten sefardischen Judentum. Die dortigen „Portugiesen" begründeten eine von den Aschkenasen verpönte säkulare jüdische Kultur. Hinsichtlich der Stadt Hamburg ist zunächst Rodrigo de Castro zu nennen, der sich als Hofarzt für Adel und Geistlichkeit und durch medizinische Abhandlungen einen Namen machte. Etwas später wirkte hier Benjamin de Musafia, der, zeitweise Hofarzt Christians IV. von Dänemark, ebenfalls durch medizinische Schriften hervortrat. Nach seiner Übersiedlung nach Amsterdam 1648 schrieb er linguistische und theologische Werke, darunter einen Kommentar zum Jerusalemer Talmud. Auch Jakob Hebraeus y Rosales (Emanuel Bocarro Frances) aus Lissabon war Arzt, trat aber ebenso als Astrologe und Dichter hervor. Auf dem Umweg über Rom, wo er großen Einfluss auf das Werk des mit ihm befreundeten Galileo Galilei ausübte, übersiedelte er um 1630 nach Hamburg. Aufgrund seiner wissenschaftlichen Leistungen zeichnete ihn Kaiser Ferdinand III. 1641 *non obstante hebraismo* mit dem sog. kleinen Palatinat aus. Nur zeitweise in Hamburg – daneben auch in Padua und Frankfurt – wirkte der in Candia (Kreta) geborene und 1655 in Prag verstorbene Josef Salomon Delmedigo gen. Rofe Yaschar, der sich als Arzt, Philosoph, Mathematiker, Astronom und Dichter hervortat. Bedeutsam wurden seine kabbalistischen Abhandlungen, die 1629/31 von seinem Schüler Samuel Aschkenasi unter dem Titel *Ta'alumot Chochmah* (Geheimnisse der Weisheit) publiziert wurden. Seine Kenntnisse im Lateinischen, Griechischen, Spanischen und Italienischen verschafften ihm Zugang zur christlichen Gelehrtenwelt, u. a. zu Galileo. Bedeutender als rabbinische Autorität wurde David ben Isaak Cohen de Lara, ein Schüler Isaak Uziels aus Amsterdam. Er wirkte bis zu seinem Wegzug nach Amsterdam 1656 als Rabbiner der portugiesischen Gemeinde in Hamburg. Gut vertraut mit der klassischen Literatur wie der

Gelehrsamkeit in Amsterdam und Hamburg

Patristik schrieb er ab 1628 das – 1668 publizierte – Werk *Keter Kehunah* (Krone des Priestertums), in dem er den talmudischen Wortschatz analysierte. In den gleichen Zusammenhang gehört Isaak ben Abraham Chajim Jessurun, ebenfalls *chacham* der portugiesischen Gemeinde in Hamburg. Sein 1651 in Venedig gedruckes Werk *Panim Chadaschot* (Neue Aspekte) setzt sich mit dem Werk Josef Caros auseinander und lieferte damit zugleich eine Einführung in die halachischen Regeln des Talmud.

2.6 Berufsstruktur, Handel und Gewerbe

Die im 16. Jh. noch recht instabile Situation der Judenheit des Reichs lässt sich auch anhand der wirtschaftlichen Betätigung beobachten. Die zahlreichen Judenvertreibungen schnitten alte Marktzugänge ab und erschwerten den Aufbau von Geschäftskontakten. Bisweilen gelang die Ansiedlung im Stadtumland mit Marktzugang, stets unter einschränkenden Bedingungen und unter Benachteiligung gegenüber christlichen Konkurrenten. Eine Umstellung auf ländliche Gewerbe stieß auf Schwierigkeiten, weil es keine über den lokalen Rahmen hinausgehende Infrastruktur gab. Die bäuerliche Selbstversorgung und der ergänzende Tauschhandel standen im Vordergrund. Die Überschussproduktion wurde noch immer weitgehend von den Grundherrschaften absorbiert. Für Juden bot sich die Vermittlung von Kreditgeschäften zur Überwindung kurzfristiger Subsistenzkrisen an, auch die Förderung gewerblicher Investitionen, die Voraussetzung für Innovationen und Expansionen waren.

Aufbau des regionalen Kreditgeschäfts

Der im 16. Jh. reaktivierte überregionale Handel war eng mit den Messen Frankfurt am Main und Leipzig verbunden. In beiden Städten gab es durch kaiserliche Privilegien, Stapel- und Niederlagsrechte bevorzugte Märkte, die jeweils im Frühjahr und im Herbst – in Leipzig zeitweise neben Jubilate und Michaelis zusätzlich um die Jahreswende – stattfanden, und zu denen fremde Juden gegen Entrichtung des üblichen Geleits und eines Leibzolls zugelassen wurden. Um hier erfolgreiche Geschäfte tätigen zu können, musste der Umgang mit den im Reich geltenden Münzsorten ebenso beherrscht werden wie mit dem „bargeldlosen", auf Zahlungsanweisungen beruhenden Wechselgeschäft. Das unter dem Namen *mamrem* bekannt gewordene Inhaberpapier, das kraft rabbinischer Entscheidung Ende des 16. Jh.s in Polen-Litauen als rechtsgültige Urkunde zugelassen wurde, wurde zu einem der Motoren für den durch Indorsate (Rückvermerke) umlauffähig gemachten Wechsel. Auf diesen Messen, wie auf den regionalen Wochen- und

Handel und Messegeschäft in Frankfurt am Main und Leipzig

2. Die Zeit bis zur Mitte des 17. Jahrhunderts

Jahrmärkten des Nahbereichs, konnten die auf das Land gezogenen Juden agrarische und dörfliche Produkte anbieten und dafür Fertigwaren zum Vertrieb in den Dörfern erwerben. Die in Frankfurt ansässigen jüdischen Finanziers wurden zum Verbindungsglied in der Vermarktungskette der Agrarprodukte, zu deren Transport in die Stadt sie jüdische Mittelsleute wie christliche Fuhrleute und Dienstboten beschäftigten. Handelsobjekte der Juden waren insbesondere Pferde und sonstiges Vieh, Leder und Textilien, Viktualien wie Gewürze, Tabak und Bier, Metalle, Arzneien und Hausrat. Gehandelt wurde auch mit Pfändern, über die wegen Nichtrückzahlung von Darlehen nach gerichtlichem Aufgebot verfügt werden konnte. Die kurpfälzische Judenordnung von 1515 zeigt die Vielfalt, die der jüdische Handel mit Pferden, Federvieh, alten Kleidern, Gemälden, Venezianischem Glas und Kristall, Edelsteinen, Musikinstrumenten, Feldfrüchten, Seide und Bruchsilber bot.

Da die Bandbreite gewerblicher Tätigkeit gering blieb, stand die Geldleihe gegen Pfand im Vordergrund. Obwohl die Reichspoliceyordnungen von 1548 und 1577 durch den engen Zinsrahmen von 5% Verdienstspannen auf ein Minimum reduzierten, blieb das regionale Darlehens- und Pfandgeschäft attraktiv. Das verbliebene Risiko wurde in Reichsabschieden ab 1540 insofern anerkannt, als den Juden erlaubt wurde, höhere Kreditzinsen als christliche Geldleiher zu nehmen. Zudem spielte der offiziell zugelassene Satz im Geschäftsleben nur die Rolle einer legitimierenden Norm, da dessen Höhe von der Nachfrage nach Geld sowie dem Kreditrisiko abhängig war. Das von der Kirche weiterhin geforderte Zinsverbot wurde kaum beachtet. Die darauf abzielenden Agitationen der Jesuiten und ein Versuch Herzog Wilhelms IV. v. Bayern aus der 2. Hälfte des 16. Jh.s zur Wiedereinführung des Verbots blieben erfolglos. Die Rechtswissenschaft der Zeit – vor allem der Tübinger Jurist Christoph Besold 1598 und, auf ihm fußend, der Franzose Claude de Saumaise in seinem 1638 in Leiden gedruckten Werk *De Usuris* – beseitigte die bestehenden rechtlichen Hindernisse, sodass das Geldleihgeschäft der Juden zu einem auch in der christlichen Umwelt offiziell anerkannten Institut wurde. Selbst Gregor XIII. erkannte die bestehende Zinspraxis im Rahmen der Reichspoliceyordnungen als *Contractus Germanici* an. Das in Geldgeschäften zwischen Christen vielfach seit dem 15. Jh. vom Gläubiger ausbedungene Recht, bei Schuldnerverzug Geld von Juden *uff Schaden* (auf Kosten des Schuldners) aufzunehmen, ist ein Hinweis darauf, dass die Geldleihe bei Juden zu einer gängigen Praxis des alltäglichen Lebens geworden war.

Legalisierung des Zinsgeschäfts

Daneben war die Ausübung solcher Handwerke möglich, die – wie Schächten und Backen – für den kultischen Bedarf der Gemeinde benötigt wurden, oder auch solcher, die – wie die Goldschmiede, Glaserei und der Geldwechsel – von den Zünften nicht kontrolliert wurden, in geringerem Umfang auch Färberei, Würfelmacherei sowie Textilher-

<small>Handwerke und Medizin</small> stellung und -bearbeitung. Hinzu kamen akademisch – etwa in den Universtäten Padua und Orléans – ausgebildete Mediziner und eher „handwerklich" tätige Wundärzte, die sich bei christlichen Patienten wegen der vermuteten magischen Fähigkeiten großer Beliebtheit erfreuten.

Der entstehende Territorialstaat bot einer schmalen Schicht jüdischer Kaufleute und Händler seit dem 16. Jh. neue Aufstiegschancen

<small>Anfänge des Hofjudentums</small> durch das Hoflieferantentum, aus dem im merkantilistischen Fürstenstaat das Hofjudentum entstand. Schon im 16. Jh. gelang es Michel von Derenburg und nach ihm Münzmeister Lippold in Berlin, seit 1556 „Oberster aller Märkischen Juden", zu den wichtigsten Geldgebern und Beratern der brandenburgischen Markgrafen und anderer deutscher Fürsten aufzusteigen. Beide blieben noch Einzelgänger ohne Rückhalt in einem größeren familiären oder gemeindlichen Netzwerk und scheiterten schließlich. Frühe Ansätze des Hofjudensystems merkantilistischer Prägung bildeten sich im Prag Kaiser Rudolfs II. heraus. Erster Vertreter dieses Systems war Mordechai Meisel, 1593 vom Kaiser besonders privilegiert, ohne schon den Titel eines Hoffaktors zu erhalten. Diesen konnte nach ihm 1611 Jakob Bassevi von Treuenburg, Vorgänger *(Primator)* der böhmischen Judenschaft, erlangen, dessen Dienste für den Prager Hof damit von Kaiser Matthias anerkannt wurden. Als Hausfaktor Wallensteins, 1622 von Ferdinand II. erneut privilegiert, hatte er Anteil an der Finanzierung des Dreißigjährigen Krieges. Die gleichzeitig im Umkreis der kaiserlichen Residenz Wien ausgebildete Institution des „Privilegierten Hofjuden" brachte indes wieder eine Angleichung an das bisher übliche Schutzjudentum: Entsprechende Vorrechte wurden an zahlreiche Familien verliehen, wenn sie nur als Hoflieferanten tätig sein wollten.

3. Vom Dreißigjährigen Krieg bis zur Aufklärungszeit

3.1 Neue Gemeinden und Siedlungszentren, „Judendörfer"

Im allgemeinen geht die Forschung davon aus, dass Ende des Dreißigjährigen Krieges die Bevölkerung des Reichs um ein Drittel geschrumpft war. Erst um 1700 konnte die Zahl von 20 Millionen (mit

3. Vom Dreißigjährigen Krieg bis zur Aufklärungszeit

Böhmen und Mähren) wieder erreicht werden. Die jüdische Bevölkerung scheint sich nur in geringem Maße vermindert zu haben. Durch Zuwanderung aus Polen-Litauen und durch Erschließung neuer Wohngebiete im Rahmen der landesfürstlichen Peuplierung kam es noch vor der Jahrhundertwende zu einer erheblichen Erhöhung des jüdischen Bevölkerungsanteils im Reich. Die später unter dem Schutz des dänischen Königs stehende neue Gemeinde Moisling bei Lübeck rekrutierte sich aus jüdischen Exulanten, die vor dem Aufstand Chmelnieckis geflohen waren. Bald nach 1650 dürften im Reich etwa 60000 Juden gelebt haben.

<small>Zunahme jüdischer Bevölkerung</small>

Kennzeichnend ist eine gewisse Reurbanisierung durch Wiederzulassung in zahlreichen Städten des Reichs und die Neugründung in Exulanten- und Residenzstädten. Eine große Anzahl älterer Residenz-, vor allem die meisten der alten Reichsstädte, ließ weiterhin keine Juden zu, gestattete aber oft den Marktbesuch. Hierzu zählen Bamberg, Freiburg, Münster, Passau, Stuttgart, und Würzburg sowie die Reichsstädte Augsburg, Basel, Heilbronn, Köln, Konstanz, Lübeck, Nördlingen, Nürnberg, Regensburg, Rothenburg, Rottweil, Straßburg und Ulm. Daneben blieben ganze Territorien den Juden verschlossen, wie die Kurfürstentümer Bayern und Sachsen – mit Ausnahmen für Nebenländer – sowie die Herzogtümer Mecklenburg, Pommern und Württemberg, nach den Ausweisungen von 1670 auch Niederösterreich. Von den – nicht mehr zum Reich zählenden – Schweizer Kantonen ließ nur der Aargau Juden zu, so dass sich dort seit dem späten 17. Jh. in Lengnau und Endingen Gemeinden bildeten. Die besten Möglichkeiten zur Siedlung auf dem Lande entstanden in den stark zersplitterten mittleren und südwestdeutschen Herrschaften. Hier war es der ökonomische Nutzen, den sich die gräflichen und ritterschaftlichen Obrigkeiten von einer Ansiedlung versprachen, der zu einer weiteren Expansion der Kleinstgemeinden und zur Bildung von „Judendörfern" führte.

<small>Reurbanisierung und Wiederzulassung von Juden</small>

Im Südosten des Reichs blieben Prag, Nikolsburg und Wien diejenigen Städte mit dem bedeutendsten jüdischen Bevölkerungsanteil. In Prag vernichtete 1689 ein großer Brand alle 318 Häuser des Gettos. Doch schon 1702 wurden 11 517 Juden in der Stadt gezählt, ein Anteil von 30% der Gesamtbevölkerung. Die Zahl der jüdischen Familien im mährischen Nikolsburg stieg von 146 im Jahre 1657 auf 620 um 1724, also eine Seelenzahl von über 3700. In Wien lebten um 1670 500 jüdische Familien in 136 Häusern des Gettos, um die 3000. Es kam dann zur Vertreibung der niederösterreichischen Juden. Bis zum Ende des Reichs gab es hier keine offizielle Gemeinde mehr, nur noch die Gruppe der Familien und Hausdiener der Hofjuden. Von der Wiener

<small>der Südosten des Reichs</small>

gezera (Katastrophe) profitierten außer Nikolsburg die mährischen Gemeinden Kremsier und Prossnitz. Einen Anhaltspunkt für die Intensität jüdischer Besiedlung in Böhmen und Mähren gibt das Familiantengesetz Karls VI., das hier die Begrenzung auf 13 647 jüdische Familien (ca. 80 000 Personen) vorsah. Diese Zahl macht deutlich, welche Katastrophe die Vertreibung der Juden aus Böhmen durch Maria Theresia 1744 bedeutete.

Franken und Oberpfalz

In Franken und der Oberpfalz wuchs die jüdische Bevölkerung nach der Wiener *gezera* stark an. Die Gemeinde in Fürth stellte um 1720 mit mehr als 1500 Juden bereits 20% der Gesamtbevölkerung und wurde zur Metropole der Judenschaft dieser Region. In Baiersdorf in der Markgrafschaft Bayreuth verdoppelte sich die Anzahl der Juden von 300 um 1713 auf über 600 um 1771. Im oberpfälzischen Sulzbach wuchs die Gemeinde von 150 um 1720 auf das Doppelte um 1780. Ähnliche Zuwächse erreichte die jüdische Bevölkerung der Landgemeinden Ottensoos und Schnaittach. Als weiteres Beispiel sei das oberfränkische Zeckendorf, Sitz eines Landrabbinats, genannt, wo sich stets etwa 100 bis 150 Juden aufhielten. Im ganzen Gebiet gab in der 2. Hälfte des 18. Jh.s wohl weit mehr als 20 000 Juden [280: SCHOCHAT 35 f.].

Nordosten und Osten

Im Nordosten/Osten gab es ebenfalls erhebliche Zuwächse. In Glogau (Niederschlesien) wuchs die Zahl der Juden von 600 um 1673 auf über 1500 um 1725. In Zülz (Oberschlesien) gab es gleichzeitig 600, in den 1780er Jahren ca. 1100 Juden. In Breslau konnte sich erst spät eine Gemeinde bilden, die aber schon 1776 2000 Mitglieder hatte. Die größte Expansion im brandenburg-preußischen Staat wies die 1671 hauptsächlich von vertriebenen Wiener Familien gegründete Gemeinde in Berlin auf. Sie verdoppelte sich von 1700 bis 1750 auf über 2000 Mitglieder, um bis 1784 schon 3670 zu erreichen. Besondere Bedeutung gewann Halberstadt, wo sich bis Ende des 17. Jh.s 639 Juden ansiedelten. 1728 waren es bereits 128 Familien mit wohl etwa 800 Mitgliedern. Das anhaltinische Dessau, wo es seit 1672 eine Gemeinde gab, zählte 1759 bereits 214 Familien (über 1000 Juden). In bescheideneren Dimensionen mit je etwa 300 Juden wuchsen die benachbarten Zentren Halle und Magdeburg an. Die 1680 gegründete Gemeinde Königsberg hatte 1756 schon 300 und gegen 1800 an die 1000 Mitglieder. Weitere wichtige Gemeinden entstanden in Frankfurt an der Oder und in Landsberg an der Warthe. 1728 lebten in den gesamten preußischen Staaten 1173 jüdische Familien [31: STERN 2,2, 194 ff.].

der Nordwesen des Reiches

Für den Nordwesten (ohne Niederlande) steht neben der portugiesischen Gemeinde die 1671 vereinigte Dreigemeinde Hamburg-Altona-

Wandsbek. Hier gab es Mitte des 18. Jh.s bereits 858 aschkenasische und sefardische Familien; um 1800 waren es ca. 9000 Juden. Im Herzogtum Kleve wuchs die jüdische Bevölkerung von 50 Familien 1661 auf knapp 100 Familien 1761. Für das Hochstift Paderborn wurden 1719 158 und 1740 212 Familien gezählt, von denen viele in Beverungen lebten. Das seit 1744 preußische Fürstentum Ostfriesland wies um 1800 ca. 1300 Juden auf, die sich auf die Städte Emden, Norden, Leer und Aurich sowie einzelne „Herrlichkeiten" wie Neustadtgödens verteilten. Eine ansehnliche Gemeinde entstand im brandenburgischen Minden, die um 1700 etwa 100 Mitglieder umfasste. Im Hochstift Münster stieg die Zahl der Familien von 23 im Jahre 1661 bis 200 in den 1780er Jahren. Die meisten lebten in den Städten Ahlen, Beckum, Coesfeld, Dülmen und Telgte. Auch kleinere Territorien, wie die Fürstabtei Corvey mit um 1750 knapp 300 Juden, erlebten starke Zuwächse.

Auch die westliche Mitte des Reichs war weiterhin eine wichtige Siedlungslandschaft für Juden, zu verdanken vor allem der Peuplierungspolitik von Fürsten wie der Landgrafen von Hessen, der Kurfürsten von der Pfalz und von Mainz. Während die Zahl der Juden in Frankfurt mit ca. 3000 (bei 471 *Hausgesässen)* wegen der begrenzten Kapazität des Gettos stagnierte und diejenige von Friedberg (von 600 auf 420 um 1729 und schließlich 250 Ende des Jh.s) ähnlich wie in Worms (1744 ca. 500 Juden) zurückging, stieg die Zahl in den bessere wirtschaftliche Chancen bietenden Exulantenstädten. Hanau, 1659 Schauplatz einer Rabbinerkonferenz, hatte um 1700 bereits 700 jüdische Gemeindeglieder. Zur bedeutendsten Gemeinde des Raums entwickelte sich ab 1652 diejenige in der kurpfälzischen Residenz Mannheim. In den 60er Jahren noch kaum 100 Juden umfassend, waren es um 1700 schon 900, 1717 1200 und um 1770 etwa 1500. Als ritterschaftliche Gemeinde sei die Ganerbschaft Buseckertal bei Gießen in Oberhessen benannt, in der um 1766 an die 400 Juden lebten.

die westliche Mitte des Reiches

Ein eigenes Gepräge wies der Südwesten des Reichs auf, wo sich ein Großteil der Juden auf „Judendörfer" verteilte. Die bedeutendste Ausnahme bildete die Gemeinde in Metz. 1674 noch aus 665 Mitgliedern bestehend, hatte sie schon um 1700 mit über 1000 Gliedern einen Anteil von 5% an der Gesamtbevölkerung der Stadt. Nach über 2200 Juden im Jahre 1739 waren es von 1750/80 stets ca. 3000, zeitweise mehr als 10% der Gesamtbevölkerung. Rechtsrheinisch wies die vom Markgrafen von Baden-Durlach 1715 gegründete Residenz Karlsruhe eine überdurchschnittliche Wachstumsrate des jüdischen Bevölkerungsanteils auf.. Die Gemeinde wuchs von 50 Gliedern zu Beginn auf etwa 500 um 1770. 1790 gab es in der Markgrafschaft 2186 Juden.

der Südwesten des Reiches

Siedlungskonzentrationen finden sich in den ritterschaftlichen Herrschaften, im Bodenseegebiet und im Hochstift Augsburg, auch in den Grafschaften Hohenzollern und Oettingen um Nördlingen, in denen im 18. Jh. viele Gemeinden weit über 100 Mitglieder hatten. Die 1671 gegründete Gemeinde Harburg im Ries wuchs von knapp 50 Gliedern zu Beginn auf über 300 in den 1780er Jahren. In der Residenzstadt Oettingen war bei gleichem Ausgangspunkt 1785 bereits eine Zahl von 385 Juden erreicht. Erwähnt werden muss noch die Grafschaft Hohenems, in deren Residenz im 30jährigen Krieg über 200 Juden aus der Markgrafschaft Burgau Zuflucht fanden. Beim Übergang der Grafschaft an Österreich 1765 erreichten die 227 gezählten Juden 10% der Gesamtbevölkerung.

3.2 Christliche Nachbarschaft und antijüdische Tendenzen, Philosemitismus

Relativierung des Konfessionsstreits nach 1648

Die Intensität antijüdischer Tendenzen der christlichen Konfessionen ließ zwar in dem hier behandelten Zeitraum nicht nach. Das Ende der starren konfessionellen Konfrontation, die einem verfassungsrechtlich garantierten Nebeneinander der katholischen, der lutherischen und ab 1648 auch der calvinistischen Kirchen gewichen war, entspannte auch das Verhältnis zu den Juden. Die eigentlichen antijüdischen Impulse gingen jetzt eher von den die wirtschaftliche Konkurrenz der Juden fürchtenden Zünften aus, die sich religiöser Argumente zwar bedienten, diese jedoch eher zur Legitimation instrumentalisierten. Auch auf jüdischer Seite verschwand aufgrund der neuen Situation allmählich das Bedürfnis, das eigene Denken unter Widerlegung christlicher Argumente zu rechtfertigen. Dies trug zur Entspannung des jüdisch-christlichen Verhältnisses bei, auch wenn damit noch keineswegs eine Annäherung der gegensätzlichen Standpunkte verbunden war.

antijüdische Stereotype bei Eisenmenger

Ein von antijüdischen Stereotypen geprägtes Werk wie das *Entdeckte(s) Judenthum* des Heidelberger Orientalisten Johann Andreas Eisenmenger bildet eine Ausnahme. Motiviert war diese Schrift durch die persönliche Erfahrung des Übertritts dreier Christen zum Judentum in Amsterdam 1681, die das christliche Bewusstsein des Autors tief verletzte. Zunächst wenig Resonanz findend, wurde das Buch auf Betreiben des Hofjuden Samuel Oppenheimer durch Kaiser Leopold I. konfisziert. Der von König Friedrich I. von Preußen 1711 genehmigte Druck verhalf dem Werk doch noch zu einem Erfolg, zumal mit ihm behauptet wurde, es sei dies ein *wahrhafter Bericht, welchergestalt die verstockten Juden die hochheilige Dreyeinigkeit, Gottvater, Sohn und*

3. Vom Dreißigjährigen Krieg bis zur Aufklärungszeit

Heiligen Geist erschrecklicherweise lästern und verunehren, die Heilige Mutter Christi verschmähen, das Neue Testament, die Evangelisten und Aposteln, die Christliche Religion spöttich durchziehen und die gantze Christenheit auff das äußerste verachten und verfluchen. Da es Zugang zu rabbinischen Quellen verschaffte, lieferte es für lange Zeit die Substanz für antijüdische Argumente.

Die freundlichere Stimmung der Zeit spiegelt die 1714 gedruckte Kompilation *Jüdische Merckwürdigkeiten* des Frankfurter Rektors Johann Jacob Schudt. Obwohl auch diese nicht frei von antijüdischen Grundströmungen war, enthielt sie doch viele Beobachtungen, die auf ein neues christliches Interesse am Judentum hindeuten. In einer anderen Schrift, 1704 unter dem Titel *Judaeus Christicida* veröffentlicht, versuchte Schudt sogar den Nachweis, dass die Juden ihre Schuld an der Kreuzigung Jesu längst abgetragen hätten. Weniger wirksam, aber für die Zeit doch aufschlussreich, war die 1715 verfasste Schrift des Helmstedter Hebraisten Hermann von der Hardt *Paraenesis ad doctores Judaeos* (Aufruf an die jüdischen Gelehrten), in der die Sammlung des zerstreuten Geschlechts der Hebräer erhofft wird. Die Juden seien im unangetasteten Besitz der Gnadengaben und der Berufung Gottes, und sie hätten ihr leidvolles Schicksal vermeiden können, wenn sie Jesus als ihren Messias anerkannt hätten.

<small>das Werk Johann Jakob Schudts</small>

<small>die Hoffnungen Hermanns von der Hardt</small>

In diesem Werk wie in vielen anderen theologischen Schriften wird deutlich, dass das Interesse an jüdischen Traditionen keineswegs auf einem neuen Geist der Toleranz beruhte, sondern von der Hoffnung beseelt war, durch ein Kennenlernen des Judentums Missionserfolge erzielen zu können. Aus der Überzeugung von einer in der Endzeit zu erwartenden Bekehrung aller Juden folgerte man die schon jetzt bestehende Pflicht zur Missionierung. Bezeichnend hierfür ist der Theologe und Orientalist Esdras Edzardi, der für ein größeres Verständnis rabbinischer Texte warb, ohne seiner Überzeugung von der Überlegenheit des Christentums und dem Irrweg des Judentums untreu zu werden. Seine Erfolge bei der Bekehrung von Juden – zwischen 1671 und 1708 konnte er 150 Taufen in der Hamburger Hauptkirche St. Michaelis vollziehen –, die er mit der Einrichtung einer „Proselytenkasse" finanziell und sozial absicherte, schienen ihm recht zu geben. Deutlich wird dies auch bei dem pietistischen Theologen Philipp Jakob Spener. In seiner 1675 publizierten Programmschrift *Pia Desideria* verband er die Pflicht zur Judenmission mit der Hoffnung auf eine Verbesserung des Zustands der Kirche, ohne damit den Lehrsatz von der „Verwerfung" der gegenüber der Wahrheit der christlichen Lehre verstockten Juden infrage zu stellen. Der Hallenser Theologe und Pietist Johann Heinrich

<small>die „Judenmission" Esdras Edzardis</small>

<small>der Pietismus Speners und Callenbergs</small>

Callenberg errichtete 1728 im *Institutum Judaicum* eine Anstalt mit dem Ziel der Judenmission. Seit 1650 wurden in vielen Territorien christliche Missionspredigten für Juden eingerichtet. Herzog Georg Wilhelm v. Braunschweig-Lüneburg verordnete 1689, dass alle Schutzjuden seines Landes jährlich an solchen teilzunehmen hätten. In den hessischen Landgrafschaften wurden die Judenlandtage als Forum derartiger Zwangspredigten genutzt.

<small>das Konzept Johann Christoph Wagenseils</small>
Genannt werden muss hier auch der Altdorfer Orientalist Johann Christoph Wagenseil, der sich um eine Widerlegung alter Vorurteile (namentlich der Ritualmordlegende) und ein besseres Verständnis des Judentums bemühte. Sein 1707 postum publiziertes Werk macht die Motivation im Titel deutlich: *Hoffnung der Erlösung Israelis, oder klarer Beweiß der annoch bevorstehenden und wie es scheint allgemach herannahenden großen Jüdenbekehrung*. Lange hatte er in Wien das jüdische Alltagsleben beobachtet und ein freundschaftliches Verhältnis mit dem dortigen Rabbiner Henoch Fränkel gepflegt. Ein Dialog ist daraus nicht entstanden, wohl aber der Versuch einer Auseinandersetzung durch Kennenlernen der jüdischen Traditionen.

Träger der neuen Richtung war weniger die lutherische Orthodoxie, die weiterhin dem Verdikt Luthers über die Juden verpflichtet blieb, als die nonkonformistischen Richtungen innerhalb und außerhalb der protestantischen Amtskirche, wie vor allem der von Spener ausgehende Pietismus und der gleichzeitige mystische, von Endzeiterwartun<small>der Spiritualismus Kempes und Petersons</small>gen geprägte Spiritualismus. Hier ist der aus Schweden stammende und ab 1684 in Buxtehude und Hamburg als Stadtphysikus tätige Anders Pederson Kempe zu nennen, der in dem Residenten Manuel Texeira in Hamburg gewidmeten Schrift *Israels freundliche Botschaft* (1688) für ein „neues Jerusalem" im Geiste des Propheten Elias warb und dafür aus der Hansestadt verbannt wurde. Hierfür mag auch die Spener-Schülerin Johanna Eleonora Petersen aus dem oberhessischen Adelsgeschlecht v. Merlau stehen, die in ihrer *Anleitung zu gründlicher Verständnis der Heiligen Offenbarung Jesu* (1696) die Überzeugung vertrat, dass sowohl die allgemeine Bekehrung der Juden als auch die Wiederherstellung ihres Königreichs in Palästina die Vollendung der Geschichte einleite. In einem „neuen Jerusalem" würden beide, Juden und Christen, „herrlich" unter Jesus Christus vereint sein.

<small>der Philosemitismus Felgenhauers und Späths</small>
Die „Philosemiten", die die Juden wieder zu Gottes bevorzugtem Volk machen wollten, an dem sich das Heil der Menschheit vollenden würde, radikalisierten diesen Weg. Wichtigster Vertreter dieser Richtung war der in Norddeutschland (zuletzt in Hamburg) tätige Theologe Paul Felgenhauer, der seine Thesen programmatisch in seiner Schrift

Bonum nuncium Israeli (Gute Botschaft für Israel) in Amsterdam publizierte (1655). Er wollte der Kontroverse um den rechten Messias die Schärfe dadurch nehmen, dass er den wiederkehrenden Christus mit dem jüdischen Messias gleichsetzte. Juden wie Nichtjuden sollten beide in Geist, Glaube und Gehorsam Abrahams vereinigt sein. Schon für die nahe Zukunft erwartete Felgenhauer die Entstehung dieses neuen Gottesvolkes. Einzelne nach ihm gingen sogar soweit, auch das noch unbekehrte Judentum über das Christentum zu stellen. Der mystische, dem Katholizismus entstammende Spiritualist Johann Peter Späth, der sich diese Auffassung zu eigen machte, zog 1697 durch Übertritt zum Judentum die Konsequenz, um unter dem Namen Moses Germanus in Amsterdam jüdische Kinder zu unterrichten.

Letzlich hat die Bereitschaft protestantischer Theologen, sich in der Hoffnung auf eine baldige Judenbekehrung um eine bessere Kenntnis der jüdischen Lehre zu bemühen, der Aufklärung der Boden bereitet. Die katholische Dogmatik wie weite Teile der lutherischen Orthodoxie beharrten allerdings auf den christozentrischen Traditionen der Alten Kirche und trugen damit den religiös begründeten antijüdischen Geist in das 19. Jh. hinein.

<small>Judenbekehrung und christozentrische Traditionen</small>

3.3 Landjudenschaftliche Organisationen

Obwohl älteren Ursprungs, werden die Konturen einer strukturierten Landesverfassung der Judenschaft erst nach dem 30jährigen Krieg sichtbar. Maßgebend für die Verfestigung landjudenschaftlicher Organisationen wurden das Interesse der Landesfürsten an besserer Kontrolle über die territorialisierte Judenschaft und die Hoffnung der weit verstreut im Lande wohnenden Juden, einen Ersatz für die kaum noch handlungsfähige Gemeindeorganisation und ein Organ zur Vertretung ihrer Interessen zu gewinnen. Man konnte so die Unterordnung unter größere Gemeinden vermeiden. Reichsstädtische Gemeinden wie Frankfurt, Worms und Friedberg blieben außerhalb, da sie ihre Anliegen dem Kaiser als ihrem Schutzherrn unmittelbar oder unter Einschaltung von Hofjuden zutragen konnten. Die Landjudenschaft, die meist als „Judenlandtag" etikettiert wurde, sich auch selbst als „Judenkonvent" *(jom ha-waad)* verstand, gewann so ein doppeltes Gesicht. Sie trug dem Territorialisierungsprozess Rechnung, hatte aber auch in der autochthonen Region der Juden des Reichs, der *medina*, eine Grundlage.

<small>doppeltes Gesicht der Landjudenschaften</small>

Die ca. 30 Landjudenschaften waren periodisch, meist jedes dritte Jahr zusammentretende Versammlungen aller Schutzjuden eines Landes(-Teils). In der Regel waren nicht die jüdischen Gemeinden vertreten, selbst wenn sie – wie Mannheim oder Fürth – eine Sonderrolle spielen konnten. Die judenschaftlichen Vertreter trafen sich, um über gemeindliche Steuern, die Unterhaltung der Friedhöfe, Bauangelegenheiten, das Rabbinatsgehalt und den Erlass von *takkanot* zu beraten. Es waren dies Funktionen, die früher die Gemeinden und ihre für die weitere Umgebung zuständigen Rabbiner ausgefüllt hatten. Trotz Ähnlichkeit mit ihnen waren sie keine Landtage, da sie nicht als Vertretung des Landes gegenüber dem Hof fungierten; sie konnten nur über ihre eigenen oder die vom Landesherrn oktroyierten Angelegenheiten beschließen. Es waren Selbstverwaltungsorgane, in denen die in einem Gebiet wohnenden Schutzjuden zusammenkamen. Oft standen die Zusammenkünfte, gerne am Rande von Markttagen organisiert, unter dem Vorbehalt der Genehmigung des Landesherrn, der bisweilen „Judenkommissare" bestellte, um den Tagungsablauf verfolgen und eingreifen zu können.

<small>Funktionen der Landjudenschaften</small>

Die Leitung der Landjudenschaft lag in Händen eines Vorsteherkollegiums, dem „Kleinen Rat". An seiner Spitze amtierten der Land- bzw. Oberrabbiner, dem die eigentlich gerichtlichen Aufgaben zufielen, und der (Ober-)Vorsteher. Beiden standen je nach Größe und Struktur der Territorien Bedienstete zur Seite, wie Beisitzer und Baumeister, Wahlmänner und Statutenverfasser, Steuereinschätzer und Kollektoren. Abgesehen von den Rabbinern waren lediglich die – auch zwischen den Sessionen aktiven – für die Protokollierung und notwendige Kommunikationen zuständigen Landschreiber (Landsekretäre) und Landboten gegen ein festes Entgelt tätig. Das einflussreichste Amt hatte zweifellos der Vorsteher der Landjudenschaft inne, der als *schtadlan* gegenüber dem Landesherrn fungierte. Dieses wurde vielfach auf Druck des Hofes von Hofjuden ausgeübt, die über ein besonderes Ansehen beim Fürsten verfügten. Sie vor allem regelten das religiöse, soziale und wirtschaftliche Leben und erließen die dazu notwendigen Verordnungen. Ihr wichtigstes Machtmittel war ein Mitspracherecht bei Gewährung und Entzug des Aufenthaltsrechts durch die christliche Obrigkeit.

<small>landjudenschaftliche Organe und Ämter</small>

Der Landrabbiner war nur z.T. in die landjudenschaftliche Organisation eingebunden. Er war das einzige Organ mit teilweise überterritorialer Zuständigkeit. Er fungierte als Haupt des Gerichtshofs *(aw bet-din)* für alle innerjüdischen Konflikte des Landes, auch wenn er unter dem Druck des Landesherrn zumeist auf Bagatellfälle und Angelegenheiten des religiösen Kultus („Zeremonien") beschränkt wurde. Meist erhielt er sein Amt aufgrund einer Ernennung durch den Landesfürsten.

<small>das Landrabbinat</small>

Im Laufe der Zeit wurde er als Unterinstanz in das Gerichtswesen des Landes eingebunden und verfügte – wie neben ihm der Judenschaftsvorsteher – über eine besondere Vertrauensstellung am Hofe. Einige Hofjuden – wie in Wien Samson Wertheimer und Bernhard Eskeles als ungarische Landesrabbiner – übten das zentrale Rabbinat selbst aus; die meisten beschränkten sich darauf, ihren Einfluss auf die Ernennung geeigneter Personen durch den Landesherren auszuüben. Entscheidend für ihre Wirksamkeit waren charismatische Ausstrahlung und persönliche Qualifikation. Deshalb wurden häufig auswärtige Rabbiner angerufen, und viele der neu ernannten Landrabbiner konnten ihre frühere Wirkungsstätte beibehalten. Dies gilt für den als Leiter einer Frankfurter *klaus* (Stiftungssynagoge) amtierenden, 1685 zum Landrabbinat nach Darmstadt berufenen Samuel Schott oder auch für die genannten ungarischen Landesrabbiner, die ihre Wohnung in Wien beibehielten. Ihre Autorität beruhte auf der Kompetenz zur verbindlichen Auslegung des halachischen Rechts in Responsen. Sie, evtl. auch weitere Landesrichter *(dajanej medina)*, waren verantwortlich für die Beachtung der Religionsgesetze innerhalb der Gemeinden. Sie hatten darüber zu wachen, dass die Mindestzahl von zehn volljährigen Betern *(minjan)* zustandekam. Unbeschadet der Kompetenz des Ortsrabbinats konnten sie bei Verstößen gegen Religionsgesetze den kleinen Bann *(hachrasa*, Ausrufen) oder den Gemeinschaftsausschluss *(cherem ha-jischuw)* verfügen.

Landjudenschaft und Rabbinat wuchsen fast überall in denjenigen Territorien, in denen Juden in größerer Zahl ansässig waren, zu administrativen Netzwerken zusammen, die an der Entwicklung zur Bürokratisierung Anteil hatten. Dass sie bis zuletzt nicht in den Strukturen der Territorien aufgingen und nie ganz von den Landesherren instrumentalisiert werden konnten, erklärt sich daraus, dass die Bereitschaft zur Kooperation mit den Obrigkeiten durch Bestätigung autonomer Rechte belohnt wurde, mit denen die Landesadministration zugleich entlastet wurde. Dieser Rahmen ermöglichte eine Fortbildung der Tradition und einen Schutz der durch dispersive Siedlung gefährdeten Gemeindeorganisation.

<small>Herrschaftliche Instrumentalisierung der jüdischen Selbstverwaltung</small>

3.4 Die institutionalisierte Hofjudenschaft

Herausgehoben aus der landjudenschaftlichen Organisation waren die Hoffaktoren als für die europäischen Fürstenhöfe tätige Juden. Neu für die Zeit war ihre Institutionalisierung und damit ihre weitgehende rechtliche und soziale Lösung aus der Masse der Schutzjuden. Diese

<small>Entstehung und Verbreitung der institutionalisierten Hofjudenschaft</small>

Hofjuden, die erst aufgrund der Erfahrungen des 30jährigen Krieges und der wirtschaftlichen Engpässe der danach neu organisierten Fürstenstaaten Kontur erhielten, legten weiterhin auf enge Verbindungen zu ihren Heimatgemeinden und Landjudenschaften großen Wert. Sie waren Inhaber der einflussreichsten Ämter, kontrollierten den Zu- oder Abzug der Schutzjuden einer Region, organisierten die Rabbinatsbesetzung und kümmerten sich um die judenschaftlichen Vermögenssachen. Durch Stiftungen förderten sie den Bau der Synagogen und Lehrhäuser, die Ausstattung der *chewra kadischa* („Heilige Bruderschaft") als der sozialen Einrichtung der Gemeinde, die Unterstützung von Lehre und Erziehung und den Druck religiöser Schriften. Dennoch schienen die alten Bindungen gelockert, und es kam für viele der Hoffaktoren mehr auf die stabilen Beziehungen zum fürstlichen Herrn und zu wechselnden Geschäftspartnern als auf die Verankerung in der Gemeinde an. Wenn es das Geschäft erforderte, war ein schneller Wechsel von einer Wohnstätte zur anderen notwendig. Der Ausbau neuer Residenzen wie Berlin, Dresden, Hannover, Karlsruhe, Kassel, Mannheim, München und Stuttgart gewann auch dann, wenn keine Gemeinde zugelassen war, für viele als Hoflieferanten tätige Juden eine Sogwirkung, aufgrund derer sie nun ihre wirtschaftlich marginalisierten Gemeinden verließen.

der merkantilistische Fürstenstaat

Die Ursachen für diese Entwicklung liegen in der Entstehung des merkantilistischen Fürstenstaats, dem es, um die durch den 30jährigen Krieg ausgelöste Krise zu überwinden, darauf ankam, die bestehenden ökonomischen Machtmittel zu konzentrieren und auszubauen, um auf ihrer Grundlage eine positive Handelsbilanz und eine Verdichtung der Gewerbestruktur zu erreichen. Hatte schon die kriegsbedingte Konzentration der ökonomischen Kräfte zu einer administrativen Rationalisierung des Landes geführt, so brachten die Nachkriegserfahrungen mit dem Wiederaufbau der zerstörten Infrastrukturen neue Anstöße. Insgesamt sorgten sich die Fürsten um die Sicherung der Nahrung, den Ausbau des Steuervolumens, die Ausschöpfung und Erweiterung der gewerblichen Ressourcen und die Effektivierung der Administration. Seit den 1660er Jahren ersetzten in den deutschen Staaten die Kategorien von Einwohnerzahl und Ausdehnung des Landes die bisher herrschenden Prinzipien von Kaisernähe und Konfession.

Angesichts des Fehlens leistungsfähiger bürokratischer Strukturen, geringer eigener Ressourcen und auch der Abhängigkeit von ständischen Interessen boten einzelne Juden ihre Mitwirkung an, da sie sich kraft eines familiären und geschäftlichen Beziehungsnetzes zur Beschaffung größerer Geldmengen und zur Lieferung von Naturalien an

3. Vom Dreißigjährigen Krieg bis zur Aufklärungszeit 43

den Hof und das Heer in der Lage fühlten. Viele der Hofjuden erhandelten sich im Gegenzug Einflusschancen und Machtpositionen im Interesse der Judenschaft selbst. Dies gilt für den 1663 vom Großen Kurfürsten nach Berlin geholten Hofjuden Israel Aron aus Landsberg an der Warthe. Als Gegenleistung für seine Dienste erhielt er 1665 eine Befreiung von städtischer Gerichtsbarkeit und 1671 das Widerspruchsrecht bei der Aufnahme neuer Schutzjuden. Leffmann Behrens, der seit 1668 als Hoflieferant, ab 1698 als Hofagent des Herzogs von Braunschweig-Lüneburg in der Neustadt Hannover tätig war, ließ 1687 mit dem Argument, dass durch das Wirken fremder Rabbiner Geld ins Ausland fließe, die Errichtung eines hannoverischen Landrabbinats genehmigen, das durch konkrete Kompetenzbestimmungen und die Pflicht zur hälftigen Abführung der Strafgelder in die staatliche Administration eingebunden wurde.

Einflussnahme der Hofjuden am Fürstenhof

Die Hoffaktoren waren es seit dem späten 17. Jh. vor allem, die den Landesherrn bei Schaffung, Ausbau und Erhaltung seiner Machtmittel unterstützten. Obwohl nicht eigentlich Hofdiener, waren sie doch dem Hof zugeordnet, der durch Hofmeister, Oberstthofmarschall oder ähnliche Beamte ausgeübten unmittelbaren Gerichtsbarkeit des Fürsten unterstellt und gleichzeitig aus der städtischen Gerichtsbarkeit ausgenommen. Sie standen meist in einem dauerhaften vertraglichen Verhältnis zum Dienstherrn, das sie vor Anfeindungen christlicher Konkurrenten schützte, sie aber auch von seiner Gnade abhängig machte. Angesichts ihrer sozialen Isolierung konnten sie dem auf sie ausgeübten Druck kaum ausweichen und mussten selbst solche Liefer- und Finanzierungsaufträge übernehmen, die keinen Gewinn abwarfen.

Sonderstellung der Hoffaktoren am Fürstenhof

Ein ganzes System fürstlicher Privilegierungen mit Titulaturen, Zoll- und Steuerrechten, Befreiungen von Einquartierungs- und Kontributionslasten, Schutz- und Abzugsfreiheiten, Wohnrechten und religiösen Sonderregelungen formte die titulierten Hofjuden ebenso wie weitere Hoflieferanten zu einer besonderen Gruppe. Sie bildeten eine neue wirtschaftliche Elite, die aristokratische Lebensformen annahm. Aus dem noch untitulierten Faktor des 16./17. Jh.s wurde vor dem Hintergrund einer inflationären Ausweitung der Titulaturen der Hoffaktor, Oberfaktor und Oberhoffaktor, daneben der Miliz-, der Münz- und der Kabinettsfaktor, je nachdem, wo die Schwerpunkte der Hofbeziehungen lagen. Aus dem bloßen Agenten wurde der Hof- Kammer- oder Oberhofagent. So entstand eine mit dem Hof verbundene, nicht in ihn integrierte Binnenhierarchie höfischer Ämter, die für die Akkumulation von Vermögen und sozialen Kapitals in der christlichen Umwelt entscheidend wurde.

Privilegien und Titulaturen

Bedeutende Hoffaktoren und Residenten

Im 18. Jh. gab es im Bereich des Reichs kaum einen Fürsten, der nicht über dauerhafte Beziehungen zu Hoffaktoren verfügte. Viele blieben in den Handels- und Gewerbemetropolen Frankfurt und Hamburg ansässig, nahmen aber Exklusivbeziehungen zu unterschiedlichen Fürstenhöfen auf. Zu nennen sind für das frühere 18. Jh. neben den Wiener Hoffaktoren Samuel Oppenheimer, Samson und Wolf Wertheimer der schon erwähnte Leffmann Behrens, der die Wege zur hannoverischen Kurwürde ebnete, und der in Halberstadt ansässige, vor allem für August den Starken in Sachsen tätige Hofagent Behrend Lehmann, der wesentlichen Anteil an der Erlangung der polnischen Königskrone für seinen Herrn hatte. Samuel Simon Pressburger konnte im Gefolge des Wiener Hofes Kaiser Karls VI. an verschiedenen Fürstenhöfen, u. a. als Kammeragent der russischen Zarin Anna Iwanowna, diplomatischen Einfluss gewinnen. Hinzu kommen die Sefarden Manuel Texeira in Hamburg, der als Resident der Schwedenkönigin Christine Hoffaktorengeschäfte im Reich tätigte, und der aus Lissabon über London nach Wien gekommene Diego d'Aguilar, der für Karl VI. das österreichische Tabakmonopol verwaltete. All diese Hoffaktoren und Residenten waren untereinander verwandt oder verschwägert. Durch Konsortien und Filialbeziehungen konnten sie an einem Netzwerk partizipieren, das eine kurzfristige Aufbringung größerer Kreditvolumen ermöglichte.

Wandlungen des Hoffaktorensystems

Etwa Mitte des 18. Jh.s machte das Hoffaktorensystem einen Wandlungsprozess durch, der mit den gefestigten Lebensbedingungen der Judenheit wie mit den leistungsfähiger werdenden Administrationen in Zusammenhang zu bringen ist. Die bisher meist üblichen Naturalgeschäfte wurden von geregelten Kreditbeziehungen abgelöst. Der von Fall zu Fall zur Finanzierung von Einzelprojekten erbetene und gewährte Kredit machte einer langfristigen, kalkulierbaren Geschäftsbeziehung Platz, deren eigentliche Partner weniger der Fürst persönlich als dessen Hofkammer und die Regierungen wurden. Hof- und Münzfaktoren wie Veitel Ephraim, Moses Isaac und Daniel Itzig in Brandenburg-Preußen mutierten zu Unternehmern *(Entrepreneurs)*, zu Bankinhabern und zu Fabrikanten. Meyer Amschel Rothschild, Begründer des späteren Bankhauses und Stammvater einer weitverzweigten Familie, seit 1769 hessen-hanauischer Hoffaktor, sah in seinem Titel nur noch den Werbeeffekt für sein Geschäft. In persönlichem Lebensstil und gesellschaftlichem Auftreten unterschieden sich diese Hofjuden neueren Stils kaum noch von ihren christlichen Partnern. Einige der in der kaiserlichen Residenz Wien tätigen Hofjuden und späteren Großhandelskaufleute, wie die Tabakpächter Karl Abraham Wetzlar und Israel Hönig, konnten in den 1770er Jahren in den Adel aufsteigen, auch wenn anfangs noch der Übertritt zum Christentum erwartet wurde.

3.5 Armut und Betteljudentum

In Armut geratene jüdische Gemeindeglieder konnten zumeist vom sozialen Netz einer durch die Vorschriften *(mizwot)* der Tora gestützten Solidargemeinschaft aufgefangen werden. Wohltätigkeit *(zedaka)* im Sinne einer Unterstützung der sozial Schwachen und Bedürftigen galt als einer der höchsten religiösen Werte (Deut. 15, 7 ff.), und so gab es schon frühzeitig organisierte Fürsorge. Die bedeutendste soziale Einrichtung der Gemeinde war die *chewra kadischa*, die als Beerdigungsgemeinschaft ursprünglich nur für das Begräbnis ihrer Mitglieder zu sorgen hatte. Sie wurde bald zu einer Versicherungsgemeinschaft auf Gegenseitigkeit, die allen Mitgliedern die medizinische Betreuung im Krankheitsfall, die Brautausstattung, die Unterstützung im Falle einer Notlage und die Beihilfe zur Veranstaltung religiöser Feiern garantierte. Gemeindeglieder oder durchreisende fremde Juden, die an ihren Segnungen nicht partizipieren konnten, hatten dennoch Anspruch auf Unterstützung. Sie wurden üblicherweise vom Gemeindevorstand in einem Armenhaus untergebracht oder erhielten gegen eine *Plette* (Billett, Berechtigungsschein) für eine begrenzte Zeit die Erlaubnis zur Übernachtung und Verpflegung bei einem Gemeindeglied. Es war dies eine gut organisierte Wohlfahrtsmaßnahme, die die Auswirkungen sozialer Notlagen milderte. Von der Gemeinde Schnaittach ist bekannt, dass sie im 18. Jh. ca. 10000 Pletten ausgab, was bedeutete, dass alle Gemeindeglieder fast ständig im Jahr Übernachtungsgäste unentgeltlich verpflegten.

Jüdische Solidargemeinschaft und Wohltätigkeit

Dieses System wurde brüchig, als die christlichen Schutzherren stärkeren Einfluss auf die Ansiedlung der Juden in ihren Ländern nahmen. Da sie nur diejenigen Juden aufnahmen, die Vermögen mitbrachten und zur Zahlung eines festen Schutzgeldes in der Lage waren – das preußische Generalreglement von 1750 mit seinem ausgefeilten System von Schutzklassen belegt dies drastisch –, blieb ein großes Heer von „unvergleiteten", schutzbrieflosen Juden übrig, die zur dauernden Wanderung gezwungen waren. Die oft rigorosen Maßnahmen der Obrigkeit, die durch immer neue Zwangsmaßnahmen den Zugang zu den Städten verweigerte und den jüdischen Gemeinden gebot, umherziehende Arme nicht mehr bei sich aufzunehmen, führten dazu, dass diese vom sozialen Netzwerk der *kehilot* abgeschnitten wurden. Gewiss gab

Dimensionen des Betteljudentums

es auch schon im Mittelalter vagierende Juden, die als *Schalantjuden* (Landstreicher) schon um 1500 von christlichen Agitatoren wie Johannes Pfefferkorn und Viktor von Carben als lästig wahrgenommen wurden. Doch machte erst der Druck des merkantilistischen Systems, das die Wertigkeit der Untertanen nach ihrer Funktion für Hof und Staat beurteilte, das Randproblem der „Vertreibungszeit" zu einem sozialen Problem. Der Verarmungsprozess innerhalb der jüdischen Gesellschaft schritt weit schneller voran als in der christlichen. Wenn berichtet wird, dass 1740 ein Viertel der Halberstädter Juden nicht mehr in der Lage war, die von ihnen geforderten Abgaben zu entrichten, und wenn die Landesfürsten gleichzeitig in großem Umfang gezwungen waren, auf die Einforderung von Schutzgeldern zu verzichten, so spiegeln sich darin schlaglichtartig die Konturen einer Krise, die bis zur Emanzipation nicht mehr überwunden werden sollte. Die Einrichtung einer jüdischen Waisenanstalt In Fürth 1763, die erste ihrer Art in Deutschland, ist ein Indiz für eine veränderte soziale Wahrnehmung.

<small>Herkunft und Auftreten der Betteljuden</small>

Als Folge der landesfürstlichen Peuplierungspolitik, die sich an Werten wie Vermögen, Grundbesitz und gewerblichem *knowhow* orientierte, spaltete sich ein zunehmendes Heer von vagierenden „Betteljuden" von den Gemeinden ab, die kaum noch an den Wohltaten ihrer vermögenderen Glaubensbrüder partizipieren konnten. Sie wurden in der Gemeinde ungern gesehen, weil ihre Verpflegung das Pro-Kopf-Vermögen der Gemeindeglieder verminderte und so die Ausweisung der solidarisch haftenden gesamten Gemeinde zur Folge haben konnte. Hinzu kam die große Gruppe der nach den polnisch-ukrainischen Pogromen 1648/49 in das Reich geflüchteten Juden, deren Anzahl man auf 10–15 000 schätzt. Auch sie fanden, wenn sie nicht als Lehrer *(melamedim)* oder Gemeindediener tätig werden konnten, keine feste Bleibe. Für die Zeit um 1780 bildeten die Betteljuden bereits 10% der jüdischen Bevölkerung.

Kennzeichnend für diese Gruppe, die als neue Unterschicht am Ende der sozialen Skala rangierte, war die enge Verbindung, die ihre Mitglieder mit anderen Vaganten einzugehen gezwungen waren; auch Gaunerbanden bedienten sich ihrer zur Lösung logistischer Probleme. Betteljuden wurden gerne als Kundschafter und Informanten genutzt, die zur Beschaffung der zum Lebensunterhalt notwendigen Beute Dienste leisten konnten. Bezeichnenderweise bestand das *Rotwelsch*, die Geheimsprache der Gauner, zu einem Teil aus jiddischen Ausdrücken. Die Regionen um Amsterdam, Hamburg und Altona wurden zu ersten Zentren der Betteljuden, bis sich im 18. Jh. Thüringen und Hessen, vor allem das Land der „Rotenburger Quart" – *heisset unter den Juden der Diebsthiergarten* [156: GLANZ 107] – zum Sammelbecken jüdischen Gaunertums herausbildete. Es bildete sich ein *chawruse*-System, das von wirtschaftlichen Notwendigkeiten und zwingenden Regeln der Taktik bestimmt war. Im allgemeinen hielt man sich, wie bei der Heiligung des *schabbat*, an die religiösen Vorschriften, schreckte aber vor einer Täuschung nicht zurück. Den Glaubensbrüdern gegenüber gab man sich vielfach als polnischer Jude aus, der auf Unterstützung hoffen konnte, den Christen gegenüber hoffte man, als Jude unerkannt zu bleiben. Als beliebter Trick diente die Vortäuschung der Bereitschaft zur Taufe, um sich dabei Taufgaben zu erschwindeln. Der gut dokumentierte Fall des Michel Abrahams aus Wittmund alias Christian Treu (1728) bildet eines dieser Vagantenschicksale.

Seit dem späteren 18. Jh. hatte das Problem der Betteljuden eine derartige politische Brisanz angenommen, dass dessen Lösung die Leistungsfähigkeit der Territorien überstieg. Die mit den regelmäßigen „Bettlerschüben" von Land zu Land geschickten verarmten Juden wurden so in die Kriminalität gedrängt. Als der Oberrheinische Kreis – ähnlich wie die übrigen Reichskreise – 1788 in einer Policeyverordnung die Kontrolle über die *sich einschleichenden* Betteljuden zu gewinnen versuchte, war es zu spät. Das von Christian Wilhelm von Dohm ausgehende Konzept der „Bürgerlichen Verbesserung" setzte deshalb auf soziale Integration statt auf die bisher übliche Marginalisierung der pauperisierten jüdischen Bevölkerung. Die 1791 in Nürnberg gedruckte Aufklärungsschrift des Gochsheimer Buchhändlers Joseph Isaak (*Unmaßgebliche Gedanken über Betteljuden*) machte hierzu konkrete Vorschläge.

Spätzeit des Betteljudentums

3.6 Die sabbatianische Bewegung und ihre Folgen

Der sozialen Auffächerung der jüdischen Gesellschaft nach dem 30jährigen Krieg entsprach eine Aufweichung der rabbinischen Traditionen. Hatte die ältere chassidische Bewegung noch zu einer Vertiefung der Frömmigkeit geführt, und hatte die von Isaak Luria im 16. Jh. in Safed gelehrte kabbalistische Mystik, die im 17. Jh. als „Lurianische Kabbalah" Verbreitung fand, noch eine Zunahme persönlicher Glaubenserfahrung bewirkt, so führte die kurze Zeit später entstandene sabbatianische Bewegung zu einer Verunsicherung und Spaltung des jüdischen *jischuw*. Die im Krieg unter Christen wie Juden wieder aufgelebten Endzeiterwartungen bereiteten den Boden für „falsche" Propheten und Heilsverkünder, die mit einer leichtgläubigen Anhängerschaft rechnen konnten.

Endzeiterwartungen und „falsche" Propheten

Auftreten des Schabtai Zwi	Einer unter diesen war der 1626 in Smyrna (Izmir) als Kaufmannssohn geborene Schabtai (Sabbatai) Zwi. Unter Hinweis auf den ukrainischen Aufstand und dessen verheerende Wirkung auf die Judenheit versuchte er für eine Erneuerung des jüdischen Lebens zu werben. Da seine erfolglosen Agitationen zu seiner Verbannung führten, war er zum Wanderleben im Bereich der Gemeinden von Konstantinopel, Saloniki und Jerusalem gezwungen. Erst durch seine Fixierung auf das in der Tradition als endzeitlich geltende Jahr 1666 gewann er eine wachsende Anhängerschaft. Ab 1664 ließ er sich als „Messias des Gottes Jakobs" proklamieren und umgab sich mit 12 Jüngern gemäß der Zahl der Stämme Israels. Sein „Prophet" Nathan aus Gaza kündigte für ihn in einer Flut von Sendschreiben mithilfe von apokalyptischen Visionen den Anbruch des messianischen Zeitalters an. Damit stieß er auf fruchtbaren Boden und konnte in den jüdischen Gemeinden des Reichs ein erstaunliches Echo erzielen. Man war dankbar für die befreiende Kraft, die aus der Getto-Situation hinauszuführen schien. Glikl Hameln berichtet über die Reaktionen nach Verlesung der Sendschreiben in den Synagogen: *Einige haben nebbich all das ihrige verkauft, Haus und Hof, und haben als gehofft, dass sie jeden Tag sollen erlöst werden* [24: PAPPENHEIM 75]. Auch in Gemeinden wie Frankfurt, Wien und Prag fand Schabtai Zwi rasch Anhänger. In Mainz versammelte sich *der guten Botschaft wegen* eine Gruppe um Rabbi Jair Chajim Bacharach aus Worms. Den Juden in Brandenburg-Ansbach musste der Markgraf verbieten, ihr Vermögen außer Landes zu bringen. Nur wenige, wie der halachische Gelehrte Jakob Sasportas, blieben skeptisch.
Ende der sabbatianischen Bewegung	Schon 1666 brach die Bewegung zusammen, als Schabtai Zwi in Gallipoli zum Islam übertrat, um sein Leben zu retten. Die Begeisterung schlug in Erbitterung über das vergebliche Fasten und Beten um. Überstürzt wurden alle Spuren der Bewegung getilgt. Messianische Bewegungen waren nun auf lange Zeit diskreditiert. Die erhoffte *damnatio memoriae* gelang aber nur vordergründig, und im Untergrund lebte die Stimme Schabteis weiter. Viele sahen im Abfall des Messias einen tieferen Sinn. Der Litauer Juda Chassid propagierte für 1706 eine Wiederkunft Schabtais und gründete hierzu eine *chewra kadischa*. Über Nikolsburg zog er durch viele Gemeinden des Reichs, konnte zahlreiche Anhänger zur Auswanderung nach Erez Israel bewegen, starb aber auf der Überfahrt nach Palästina. Reste seiner Gruppe fanden in der Mannheimer *klaus* eine Bleibe, von wo aus sie weiter für den Sabbatianismus
die Frankisten	warben. Größere Bedeutung gewann die von Jakob Frank aus Podolien ausgehende Bewegung, die in ihm eine Wiedergeburt Schabtais verehrten. Frank, der von dem in Brody tagenden *Waad* gebannt wurde, trat

1759 mit vielen Anhängern zum Christentum über, ohne seine messianischen Ideen aufzugeben. Seine Apostasie hinderte ihn nicht daran, ab 1773 in Brünn und nach 1786 unter dem Schutz der Grafen von Isenburg in Offenbach für den Sabbatianismus zu agitieren.

Obwohl die Frankisten eine Splittergruppe blieben, trug sie durch ihre Opposition gegen das Rabbinat zu einer allmählichen Aufweichung der Grundlagen jüdischer Tradition bei. Zugleich entstand unter den Rabbinern und Gemeindevorstehern eine traumatische Angst vor einer Erneuerung sabbatianischer Gedanken. Die Tabuisierung des Messianismus erfasste auch die Lurianische Kabbalah, die dem Verdikt des Rabbinats anheimfiel. Die um eine Erneuerung der Tradition bemühte „Orthodoxie" konnte jedoch die Entwicklung nicht mehr aufhalten und musste feststellen, dass die Glaubwürdigkeit der gesamten Führung der Gemeinden auf dem Spiele stand. Die Emden/Eybeschütz-Kontroverse belegt dies.

Tabuisierung des Messianismus

Jonathan Eybeschütz aus Krakau war Rabbiner der jüdischen Gemeinde in Prag, 1741 von Metz und schließlich 1750 Inhaber des Oberrabbinats der Dreigemeinde Altona-Hamburg-Wandsbek. Da ihn einige seiner Anhänger in Prag als Wiedergeburt Schabtais ansahen, und er selbst auch große Sympathien für die Lurianische Kabbalah hegte, kam er in den Verdacht, ein heimlicher Anhänger des Sabbatianismus zu sein. Sein Kontrahent, der in Altona geborene Jakob Herschel, nach Aufgabe seines Emdener Rabbinats 1733 in seiner neuen Wohnstätte Altona nach Emden benannt, galt als kompromissloser Kämpfer gegen den Sabbatianismus. Er warf Eybeschütz vor, er habe in der Dreigemeinde heilkräftige Amulette verteilt, die auf der Rückseite den Namen Schabtai Zwis enthalten hätten. Der in seiner Hoffnung auf das Altonaer Rabbinat enttäuschte Jakob Emden, der sich als geistiger Nachfolger seines Vaters Zwi Hirsch Aschkenasi, eines bedeutenden mährischen Talmudisten und zeitweiligen Rabbiners der Altonaer Gemeinde, fühlte, bezweifelte damit die Qualifikation seines Gegners. Da seit 1725 alle Sabbatianer in der Dreigemeinde *ipso iure* als Gebannte galten, verkündete Emden 1751 den Bann *(cherem)* über Eybeschütz und denunzierte ihn bei zahlreichen jüdischen Gemeinden, besonders in Amsterdam, Metz und Frankfurt am Main. Dieser verhängte daraufhin seinerseits über Emden den Bann. Es kam zu einem alle größeren Gemeinden erfassenden Disput, der mit der Rehabilitierung Eybeschütz' durch den *Waad* von Jaroslaw und rabbinische Gerichte in Krakau und Lemberg endete. Seiner 1755 verfassten Verteidigungsschrift *Luchot Edut* (Tafeln des Zeugnisses), die auch auf christliche Gelehrte Eindruck gemacht hatte und ihm den Ruf eines Kryptochristen ein-

die Emden-Eybeschütz-Kontroverse

brachte, war es zu verdanken, dass er Unterstützung bei der christlichen Obrigkeit fand, u. a. beim Altonaer Landesherrn, König Friedrich V. von Dänemark.

Der unter den Rabbinern und Gemeinden erbittert ausgetragene „Amuletten-Streit" hatte eine Erneuerung der jüdischen Tradition und eine Solidarisierung gegen kabbalistische Strömungen nicht erreichen können. Wohl aber hatte er eine Legitimitätskrise des Rabbinats bewirkt, zugleich eine Diskreditierung des *cherems* als eines – kaum noch anerkannten – Mittels zur Sicherung der reinen Lehre.

Legitimitätskrise des Rabbinats

3.7 Jüdischer Alltag: Familie, Gemeinde, Minhagim

Christliches Interesse an jüdischen Gebräuchen

Christliche Gelehrte entwickelten seit dem späteren 17. Jh. neues Interesse an jüdischen Gebräuchen und Ordnungen. Dem ist es zuzuschreiben, dass das gegenseitige Verstehen und die Bereitschaft zur argumentativen Auseinandersetzung wuchs, auch wenn bei Theologen antijüdische Motive bestimmend blieben. Dies gilt für Schudt ebenso wie für den Nürnberger Andreas Würfel, der 1754 in seiner *Historische[n] Nachricht von der Judengemeinde in dem Hofmarkt Fürth* die Fürther *takkanot* einem größeren Publikum bekannt machte. Auch der ebenfalls in Nürnberg wirkende, konvertierte Jude Paul Christian Kirchner vermittelte in seinem 1714 erschienenen Werk *Jüdisches Ceremoniel* Einblicke in den jüdischen Alltag. Bekannter wurde das Werk *Kirchliche Verfassung der heutigen Juden, sonderlich derer in Deutschland* des Baiersdorfer Orientalisten und Superintendenten Johann Christoph Georg Bodenschatz von 1748. Genannt sei auch Carl Antons *Kurzer Entwurf der Erklärung Jüdischer Gebräuche*, 1751 in Helmstedt gedruckt. Mehr für eine Kenntnis der jüdischen Rechte unter christlicher Obrigkeit warb der Nürnberger Ratskonsulent Johann Jodocus Beck in seinem 1731 erstmals gedruckten Werk *Tractatus de Juribus Judaeorum*.

Minhagbücher und Responsen

Der Alltag jüdischer Gemeinden kann indes unmittelbarer aus den Minhagbüchern und rabbinischen Responsen ermittelt werden. Am bedeutendsten unter den ersteren ist die unter dem Namen *Josef Omez* 1723 gedruckte Sammlung des Frankfurter Rabbiners Josef Juspa Hahn aus Nördlingen, die auch auf kabbalistische Gebräuche aus der Tradition des Isaak Luria eingeht. Zu nennen ist daneben die im späten 17. Jh. entstandene *minhag*-Sammlung des Josef (Juspa) Schammes aus Worms über die dortigen Sitten. Eine ähnliche Sammlung über die *minhagim* der Gemeinde in Fürth wurde im Jahre 1767 gedruckt. Neben vielen weiteren Moral- und Sittenbüchern bedarf der in jiddischer Sprache verfasste, ungedruckte *Libes-Brif* des Kaufmanns Isaak

Wetzlar aus Celle von 1749 der Erwähnung. Dieser ist deshalb als Quelle so bedeutsam, weil er die Missstände der Gemeinden, besonders die Vernachlässigung der Erziehung und der Rechtsprechung, anprangert. Vor allem plädiert er für eine Öffnung der hebräischen Schulen für Frauen, die ebenso zur Einhaltung der religiösen Gebote verpflichtet seien wie die Männer und deshalb nicht unwissend bleiben sollten. Von der Responsenliteratur ist die 1675 gedruckte Sammlung *Zemach Zedek* (Pflanze der Gerechtigkeit) des 1661 in Nikolsburg gestorbenen mährischen Landesrabbiners Menachem Mendel Krochmal aus Krakau zu nennen, die zu den verbreitetsten Werken dieser Art zählte. Das 1699 entstandene Werk *Chawat Jair* (Gut Jairs) des Jair Chaijm Bacharach aus Worms gelangte ebenfalls zu großer Bedeutung. In die gleiche Reihe zu stellen sind die von dem mährischen Landesrabbiner David Oppenheimer um 1700 hinterlassenen Responsen. Als Neffe des Wiener Hofjuden Samuel Oppenheimer und über seine Ehefrau Gnendel zugleich Schwiegersohn des Hannoverschen Hoffaktors Leffmann Behrens verfügte er über weitreichenden Einfluss. Für das spätere 18. Jh. erreichten daneben die Responsen Jakob Emdens, die unter dem Titel *Sche'ilat Jawez* (Problem-Ratgeber) bekannt wurden, und die 860 Fälle umfassenden Rechtsgutachten *(Noda bi-Jehuda)* des Prager Rabbiners Ezechiel Landau große Autorität. Als Parteigänger des Jonathan Eybeschütz war er neueren Entwicklungen gegenüber aufgeschlossen, ohne die unabdingbareAutorität der Halachah aufzugeben.

 Grundlage der jüdischen Gesellschaft war die aus den Eltern und Kindern bestehende Kleinfamilie. Da es keinen voneinander abgetrennten Wohn- und Geschäftsbereich gab und ein Großteil der religiösen Pflichten *(mizwot)* in familiärem Rahmen erfüllt wurde, zählten zum Kernbereich der Familie auch Bediente. Es waren dies vor allem die Hauslehrer *(melamedim)*, von denen viele nach den ukrainischen Aufständen 1648/49 aus Polen-Litauen kamen; sie waren für die erste Erziehung der Kinder im Rahmen der *cheder* (Stube), einer Art häuslichen Grundschule, verantwortlich. Knechte und Mägde gab es in gleicher Weise wie in christlichen Familien, die im Falle von Kaufmannsfamilien auch als Buchhalter eingestellt wurden. Hinzu kamen vielfach die Schwiegersöhne und -töchter, solange sie keinen eigenen Hausstand gegründet hatten. Nicht zur Familie zählte der *schabbesgoj*, der gegen Entgelt an Schabbat die den Juden verbotenen Dienste leistete. Meist war die jüdische Familie größer als die christliche, auch dank eines niedrigeren Heiratsalters (16 Jahre für Mädchen, 18 für Jungen).

 Wie in der vormodernen christlichen Gesellschaft war die Ehefrau und Mutter dem Hausvater untergeordnet, hatte nur einen begrenzten

die jüdische Kleinfamilie

Stellung der jüdischen Frau

Anteil am Erwerb religiösen Wissens und einen minderen Platz im Zyklus der häuslichen Feste. Es gab indes signifikante Unterschiede: Die Frau hatte in Haushalt und Familie fest umrissene religiöse Pflichten, die sich vor allem auf die Einhaltung und Vermittlung der *kaschrut*-Gebote bezogen. Daneben hatte sie in anderer Weise als christliche Frauen die Pflicht, zur Entlastung des Mannes im Geschäft mitzuarbeiten. Die christlichen Obrigkeiten zogen daraus die Konsequenz, dass sie Jüdinnen die *beneficia muliebria* (Weibliche Rechtswohltaten) verweigerten und sie als mitarbeitende Hausangehörige in die Haftung für Schulden des Ehemanns einbezogen. Unter den Hofjudenfamilien sind Fälle bekannt, in denen die Ehefrau die eigentlichen Geschäfte führte und auch gegenüber den christlichen Kunden als die Trägerin des Kredits galt. Hingewiesen sei auf Esther Schulhoff in Berlin, die in der Zeit Friedrichs I. von Preußen für ihre beiden Ehemänner – Israel Aron, nach dessen Tod Jost Liebmann – den Juwelenhandel betrieb und auch als Witwe beider eine dominierende Stelle am Berliner Hof behielt. Ein weiteres berühmtes Beispiel ist „Madame Kaulla", die Tochter des Buchauer Judenvorstehers und hohenzollerischen Hofjuden Raphael Isaak. Seit 1768 Inhaberin eines Hofjudenpatents hatte sie einen derart dominierenden Einfluss auf das Familiengeschäft, dass ihr eigener Name *Cheile* (= Kaulla) zum prägenden Beinamen ihrer Brüder und Nachkommen wurde. Mirjam Gumpertz in Kleve, Cecilia Hinrichsen in Mecklenburg, Blümchen Hertz in Kassel, Blümle Homburg in Mainz, und Rosina Mändle in München sind weitere Beispiele.

die Hausgemeinschaft und Großfamilie

Daneben gab es als Folge der beengten Wohnverhältnisse sowie des rechtlichen Drucks der Obrigkeit die Hausgemeinschaft, die mehrere Kleinfamilien umfassen konnte. Da vielfach nur ein mietweiser Besitz an Grund und Boden möglich war und Wohnraum meist nur in einem geschlossenen Areal zur Verfügung stand, war die Zahl der bewohnten Häuser selten identisch mit der Anzahl der Familien. 3–4 Familien pro Haus waren zumindest in den großen Städten die Regel. Dies hatte den Vorteil, dass die „Hausfamilie" sich die Dienerschaft teilen konnte. Für das ländliche Judentum kam hinzu, dass nur eine begrenzte Anzahl von Schutz- oder Geleitsstellen verfügbar war. So konnte die zwei Generationen umfassende Kleinfamilie durch räumliche Angliederung weiterer Familien der zweiten oder dritten Generation, auch aus der Seitenverwandtschaft, zur Großfamilie werden, die sich dem Inhaber des Schutzbriefs als der gegenüber der Obrigkeit legitimierten Person unterstellte. Auch diese Haus- oder Großfamilie war einer stärkeren Fluktuation unterworfen, zumal durch die hohe

Sterblichkeit der Frauen im Kindbett vielfach „Familienfragmente" sich nachträglich zusammenfanden.

Über diese Formen der Familie schob sich eine weitere soziale Gruppierung, die für die jüdische Kultur dieser Zeit von erheblicher Bedeutung wurde: Die „Verwandtschafts-Familie", die außer der Kernfamilie auch die Blutsverwandten und die Angeheirateten umfasste. Ein *conubium* gab es indes nur innerhalb der gleichen sozialen Schicht, und auch dann in der Regel nicht zwischen Sefarden und Aschkenasen. Ansonsten gab es keine räumlichen Grenzen, und auch Heiratsbeschränkungen, wie sie in der christlichen Gesellschaft üblich waren, stellten kein Hindernis dar. Die von den Obrigkeiten erzwungene hohe Mobilität der Juden hatte zur Folge, dass viele von ihnen über große Distanzen hinweg in Kontakt kamen, um geschäftliche und familiäre Verbindungen zustandezubringen. Der Zwang für Mitglieder kleiner Gemeinden, Heiratskandidaten aus anderen Gemeinden suchen zu müssen, führte so allmählich zu einem familiären Netzwerk, das Solidaritäten überregional verstärkte. Dies gilt besonders für die der Oberschicht angehörigen Hoffaktorenfamilien, die stets untereinander heirateten: Samuel Oppenheimer, Samson und Wolf Wertheimer, Leffmann Behrens und Behrend Lehmann verfügten über enge verwandtschaftliche Beziehungen untereinander. Diese erleichterten nicht nur die Aufbringung großer Kapitalien für Geschäfte mit den Fürstenhöfen, sondern auch solidarische Aktionen zum Schutz gefährdeter jüdischer Gemeinden. Das gleiche Netzwerk ermöglichte auch die Besetzung der Rabbinatsstellen durch Vermittlung von Gelehrten, auf die man „Zugriff" hatte. Schließlich konnte man so Studium und Lehre gleichsam systemimmanent fördern, durch Empfehlungsschreiben bedürftige *bachurim* (Schüler) unterstützen und auf spätere Rabbinate vorbereiten. Der weitgereiste Simon van Geldern aus einer berühmten Hofjudenfamilie des Niederrheins war einer derjenigen, der davon profitierte.

Netzwerke der Verwandtschaft

Die eigentliche Keimzelle jüdischen Lebens war die Gemeinde *(kehila)*. Dort, wo sich mangels *minjan* eine solche nicht bildete, konnten ihre Funktionen von den Landjudenschaften wahrgenommen werden. Seltener gab es auch Zusammenschlüsse zwischen verschiedenen Gemeinden. Auf diesen Ebenen konnte der Schutz gegenüber der christlichen Obrigkeit und die zur Disziplinierung der Einzelnen notwendige soziale Kontrolle wahrgenommen werden. Die Vorsteher der Gemeinde bzw. der Landjudenschaft *(parnassim)*, der Orts- bzw. Landrabbiner und die *chewra kadischa* waren die wesentlichen Motoren zur Regulierung der Gemeinde- bzw. Landesangelegenheiten. Es waren dies nicht demokratisch gewählte Organe, sondern oligarchische Gre-

Struktur und Leitung der Gemeinden

mien, deren Mitglieder nach Kriterien der Abkömmlichkeit und des Vermögens rekrutiert wurden. Da das passive Wahlrecht in den Vorsteherschaften meist an Vermögensnachweise gebunden war, gerieten die wichtigsten Führungsämter – und mit ihnen auch das Rabbinat, auf dessen Besetzung die Vorsteher den maßgebenden Einfluss hatten – in die Hand weniger vermögender Familien. In Frankfurt am Main dominierten im späteren 17. Jh. und 18. Jh. die Familien Kann und Kulp. Beide waren zugleich überregional verflochten und suchten Rückendeckung bei der christlichen Obrigkeit. Moses Kann, zugleich Rabbiner der *klaus* in Frankfurt und hessischer Landrabbiner, mit einer Tochter des Hofjuden Samson Wertheimer verheiratet, verfügte über den Titel eines kurmainzischen Hoffaktors, ebenso wie nach ihm Juda Kulp ein kaiserliches Hoffaktorenpatent erwerben konnte.

Leben in den Landgemeinden

Zwischen dem Leben im städtischen Getto und in der ländlichen Gemeinde gab es große Unterschiede. Während in der Stadt die Synagoge als religiöse Versammlungsstätte, der Friedhof als weiterer „Heiliger Ort", vielfach noch ein Lehrhaus *(jeschiwa)* und weitere gemeindliche *(mikwe* als rituelle Badestätte, ein Backhaus) oder auf Stiftungen beruhende Einrichtungen *(klaus* als „private" Synagoge und Lehrstätte) zur Verfügung standen, waren die auf dem Lande wohnenden Familien auf sich gestellt. Um zum Friedhof oder zur Synagoge zu gelangen, mussten sie – unter Entrichtung schutzherrlicher Abgaben wie Begräbnisgeld und Leibzoll – große Distanzen überwinden. Sie befanden sich in einer christlichen Umgebung, die einen anderen Wochen- bzw. Festtagszyklus kannte, mit deren Nachbarschaft man aber ständig zu tun hatte. Während man im städtischen Getto innerhalb des *eruw* (Schabbat-Umgrenzung) unter sich war und daher den nach der Tora vorgeschriebenen Geboten ohne Schwierigkeiten nachkommen konnte, musste man auf dem Lande Kompromisse schließen. In der Grafschaft Erbach im Odenwald war es im 18. Jh. üblich, dass an Sonntagen in christlichen Häusern Viehhandelsgeschäfte mit den Juden geschlossen wurden. Koschere Schlachtungen mussten bei christlichen Metzgern durchgeführt werden. Bei Viehhandelsmärkten wurde bei der Festlegung von Markttagen auf die Fest- und Bußtage der Juden Rücksicht genommen. Hinsichtlich der Kleidung orientierte man sich in Stadt und Land gleichermaßen am Vorbild der christlichen Umgebung. Responsen, Moralschriften und gemeindliche *takkanot* beklagten regelmäßig,

Adaption christlicher Gewohnheiten

dass die Adaption christlicher Gewohnheiten nicht nur in äußerlichen Angleichungen bestanden, sondern zu einem Identitätsverlust führten. Die Statuten der Fürther Gemeinde von 1728 verboten wohl deshalb das Tabakrauchen, das Kaffee- oder Teetrinken während oder nach den

3. Vom Dreißigjährigen Krieg bis zur Aufklärungszeit   55

Mahlzeiten, um deren rituellen Charakter nicht zu stören. Die *takkanot* der Dreigemeinde Hamburg-Altona-Wandsbek von 1715 untersagten den Tabakgenuss innerhalb der Synagoge. Statuten von 1726 warnten vor dem Aufsuchen öffentlicher Gaststätten, der Teilnahme an Ballspielen sowie dem Besuch von (christlichen) Fechtschulen und Komödien. Frauen durften unter keinen Umständen die Oper besuchen. Juda Leib ben Moses aus Selichow beklagte sich in seinen 1697 in Amsterdam gedruckten *schireh Yehuda* (Judas Lieder), dass viele Juden sich an den Gesängen, dem Wein und dem Bier der *gojim* erfreuten und ihre Zeit mit Scherzen verschwendeten. Der Frankfurter Rabbiner Zwi Hirsch Kojdanover beklagte sich um die gleiche Zeit in seinem Sittenbuch *Kaw ha-jaschar* (gerade Linie), dass Frauen der Gemeinde sich in nichtjüdischer Weise kleideten. In einem 1745 gedruckten *siddur* stellte Jakob Emden bedauernd fest, dass seine jüdischen Zeitgenossen sich nicht mehr darum bekümmerten, dass sie in der Fremde *(galut)* seien und dass sie Gewohnheiten der *gojim* annähmen. Damit mische sich der „heilige Same mit den Völkern der Erde".

All diese Äußerungen lassen erkennen, dass sich im 17./18. Jh. der Alltag der jüdischen Gemeinde nicht mehr in einer gettoisierten Isoliertheit abspielte, auch wenn in vielen Städten noch immer eine relative Geschlossenheit der sozialen Beziehungen innerhalb des *eruw* bestand. Das Interesse der christlichen Theologen an den jüdischen *minhagim* hatte hierin seinen realen Hintergrund. Die unübersehbaren, von christlichen und rabbinischen Autoritäten wahrgenommenen Kontakte konnten auf beiden Seiten Identitätsverluste eintreten lassen.   Tendenzen der Integration

3.8 Aufklärung und Haskala

Hatten die alltäglichen nachbarschaftlichen Kontakte, das zunehmende Interesse der Juden an ihrer christlichen Umwelt und auch die Revision der orthodoxen theologischen Haltung gegenüber den Juden *de facto* schon seit dem frühen 18. Jh. zu einer Relativierung der Gettoexistenz der Juden geführt, so kamen seit Mitte des Jh.s weitere Faktoren hinzu, durch die die Bereitschaft zum Eintritt der Juden in die entstehende Bürgerliche Gesellschaft geweckt wurde. Es kann nur das Auseinanderbrechen der alten jüdischen Welt charakterisiert werden, das sich schon mit dem Ende des „jüdischen Mittelalters" im 17. Jh. angekündigt hatte.   Ende der alten jüdischen Welt

Dass die europäische Aufklärungsbewegung in der deutschen Judenheit Eingang finden und sogar unter dem Begriff der *haskala* einen eigenständigen Weg gehen konnte, hatte damit zu tun, dass in einer   die *haskala* und ihre Träger

geistigen Elite das Unbehagen an der Tradition gewachsen und ein neues Bedürfnis nach Anpassung des Lebensstils an die Gewohnheiten der christlichen Umwelt entstanden war. Voraussetzung für diesen mentalen Wandlungsprozess war die Umwandlung der obrigkeitlichen Gesellschaft der Vormoderne in eine tendenziell nach Gleichberechtigung aller Stände und Gruppen strebende Bürgerliche Gesellschaft. Die alten Kontroll- und Repressionsmechanismen mussten von neuen Formen kultureller Selbstkontrolle, etwa der bürgerlichen Öffentlichkeit, abgelöst werden. Erst vor diesem Hintergrund konnten die zunächst zaghaften Neuerungsversuche Bedeutung gewinnen. Zu nennen sind der Dessauer Oberrabbiner David Fränkel, der durch seinen Talmudkommentar *Korban ha-eda* („Opfer der Gemeinde") Mitte des 18. Jh.s trotz fortwirkender Bindung an die Tradition neue Wege öffnete, und der Breslauer Rabbiner Jesaja Berlin, der für die Talmudkommentierung neue Methoden der Quellenkritik beschritt, neben ihnen die beiden Hamburger Gelehrten Jonathan Eybeschütz und Jakob Emden. Der eigentlich „revolutionäre" Schwung ging indes nicht von ihnen, sondern von den eher im häuslich-familiären Rahmen wirkenden Hauslehrern aus, die nicht in gleicher Weise Verantwortung trugen, dafür näher an den Problemen der jüngeren Generation standen. Diejenigen, die in den Familien aufgeschlossener Hofjuden Anstellung gefunden hatten, konnten ihre Ideen publizistisch verbreiten und als *maskilim* (Aufklärer) bewusstseinsbildend auf die Gemeinden selbst einwirken.

das Wirken Moses Mendelssohns

Die prägende Kraft der *haskala*-Bewegung war Moses Mendelssohn, 1729 als Sohn eines Toraschreibers in Dessau geboren. 1743 folgte er seinem Lehrer David Fränkel nach Berlin. Nicht minder bedeutsam wurde für Mendelssohn die Bekanntschaft mit dem Arzt Aron Salomon Gumpertz aus einer niederrheinischen Hofjudenfamilie. Über ihn kam er in Kontakt zu den naturrechtlichen Systemen der Philosophen Christian Wolff und Gottfried Wilhelm Leibniz. Die von ihm vermittelte Bekanntschaft mit Gotthold Ephraim Lessing führte zu einer dauerhaften Freundschaft und Kooperation. Wie viele andere musste sich Mendelssohn zunächst mit einer Hauslehrerstelle begnügen, konnte aber dort, bei dem Seidenfabrikanten Isaak Bernhard, bald zum Geschäftsführer aufsteigen und sich so einen finanziellen Freiraum für wissenschaftliche Studien schaffen. Dass er, obwohl der Tradition eng verbunden, nicht den üblichen Weg zu einem Rabbinat ging, sondern publizistisch in die Breite wirken wollte, hat wesentlich damit zu tun, dass er sich anders als die meisten seiner gelehrten Zeitgenossen und Lehrer schon frühzeitig mit dem Wissen und der Philosophie der christlichen Welt auseinandersetzen konnte. Er war bestrebt, das in seiner

Substanz unverändert belassene Judentum aus der geistig-kulturellen Getto-Situation herauszuführen, indem er aber zugleich den Bestand der jüdischen Tradition mit Mitteln der aufklärerischen Philosophie umdeutete. Adressat für ihn waren die eigenen Glaubensgenossen, denen er die christliche Kultur nahezubringen bestrebt war.

Dass die Ideen Mendelssohns auf fruchtbaren Boden fielen, hat damit zu tun, dass er bald begeisterte Anhänger und Mitstreiter fand. Zu nennen ist an erster Stelle Naftali Herz Wessely (Hartwig Weisel), erfolgreicher Kaufmann und Hoffaktor des dänischen Königs, noch ganz traditionell in der *jeschiwa* des Jonathan Eybeschütz in Hamburg erzogen, der sich aber gleich Mendelssohn frühzeitig fremdsprachliche Kenntnisse aneignete. Unter dem Einfluss seines Hauslehrers Salomon Hanau gelang auch ihm eine geistige Öffnung zur christlichen Welt, ohne dass er die von ihm souverän beherrschte jüdische Tradition beiseiteschob. Mit seinem ersten philosophischen Werk *ha-Lewanon* („Der Libanon") warb er für eine rational-wissenschaftliche Interpretation der eigenen Glaubenswelt. Neben ihm ist auf Salomon Dubno aus Lemberg hinzuweisen, der wesentliche Anstöße für seine Hinwendung zur Aufklärung aus Amsterdam erhalten hatte. Sein Lehrer Salomon Chelm aus Zamosch, der als einer der ersten *maskilim* überhaupt für ein rationales Verständnis des Judentums geworben hatte, hatte ihn schon vorher für die neuen Gedanken empfänglich gemacht. Der dritte in diesem Kreis war Naftali Herz Homberg aus Lieben bei Prag, der bei dem dortigen Rabbiner Ezechiel Landau eingehende Talmudstudien betrieben hatte. Auch er eignete sich neben dem traditionellen Wissen Kenntnisse der säkularen Kultur an, so besonders in der deutschen und lateinischen Sprache sowie der Mathematik. Alle drei fanden den Weg nach Berlin, Dubno als Lehrer der Kinder Mendelssohns. Zusammen mit ihnen nahm Mendelssohn das Projekt einer Übersetzung der hebräischen Bibel auf und konnte 1778/79 die deutsche Fassung des Pentateuch und der Psalmen vorlegen. Es ging ihm dabei weniger um die Erhaltung der Originalität der Texte, als um einen dichterisch schönen Textes literarischer Qualität, der bewusstseinsbildend zu Erziehungszwecken eingesetzt werden konnte.

Der „Berliner Kreis" der *maskilim* um Moses Mendelssohn, zu dem auch der Arzt und Philosoph Marcus Herz, der Dichter Isaak Satanov und zuletzt der durch seine Autobiographie bekannt gewordene Philosoph Salomon Maimon gestoßen waren, wurde von Hofjuden und Fabrikanten wie David Friedländer, Veitel Ephraim, Daniel Itzig, Isaak und David Riess unterstützt. Kennzeichnend für ihn war das weitgehende Festhalten an den rabbinischen Traditionen, die lediglich unter

Naftali Herz Wessely, Salomon Dubno und Naftali Herz Homberg

der „Berliner Kreis" der maskilim

Zuhilfenahme eines rationalen Wissenschaftsverständnisses neu interpretiert und an die Erfordernisse der sich wandelnden Gesellschaft angepasst wurden.

<small>die Abkehr von jüdischen Werten, Simon von Geldern</small>

Erst eine Generation später vollzog sich eine weitergehende Abkehr von traditionellen jüdischen Werten, da sich die von den ersten *maskilim* erträumte Synthese zwischen jüdischer Religion und weltlicher Kultur unter Beibehaltung der alten Tradition nicht hat verwirklichen lassen. Nur einer schmalen Schicht einer geistigen und ökonomischen Elite gelang bereits in der Vormoderne die Verbindung beider Kulturen. Einer aus ihr war der „Abenteurer" Simon van Geldern, der 1783 nur deshalb in München bereitwillig und ohne die Entrichtung von Leibzoll aufgenommen wurde, weil er *zwar kein Arzt, wohl aber ein Liebhaber der schönen Wissenschaften und sogenannten belles lettres, auch in den Orientalischen Sprachen absonders bewandert seye, mithin sich lediglich mit den Wissenschaften und nicht mit dem Handl oder sonst verdächtigen Geschäften abgebe* [215: BATTENBERG 65]. Mit dem von Mendelssohn selbst angestoßenen und von seinem Freund Christian Wilhelm von Dohm formulierten Konzept der „Bürgerlichen Verbesserung der Juden" reagierte die christliche Umwelt aus einem veränderten Verständnis der Gesellschaft heraus auf die innerjüdischen Impulse zur Reform des anachronistisch gewordenen Schutzjudentums. Am Ende der Entwicklung sollte eine integrierte Gesellschaft entstehen, in der das Judentum nur noch die Rolle einer Konfession spielen sollte.

II. Grundprobleme und Tendenzen der Forschung

1. Grundfragen und Rahmenbedingungen

Anders als für die Geschichte des Mittelalters [EdG 44: TOCH] und des 19. Jh.s [EdG 16: VOLKOV] lassen sich die Erkenntnisse und Defizite der Forschung im Hinblick auf die jüdisch-deutsche Geschichte im Ganzen kaum noch überblicken [vgl. den das letzte Jahrzehnt behandelnden Forschungsüberblick verwiesen 39/2: BATTENBERG 363–371]. Im folgenden wird die Diskussion anhand von Einzelthemen verfolgt, die sich aus der vorstehenden Überblicksdarstellung ergeben.

Erkenntnisse und Defizite der Forschung

1.1 Mittelalter und Vormoderne, Innen- und Außenperspektive

Eines der wichtigsten Probleme zur jüdischen Geschichte in der Vormoderne ist die Ungleichzeitigkeit der Modernisierung innerhalb der Judenheit des Reichs im Vergleich zur christlichen Umwelt. Dies gilt insbesondere für die Zeit vom 16. bis zum 18. Jh., da sich in dieser Periode nach den großen Vertreibungen und Migrationen jüdisches Leben auf der Grundlage demographischer Zergliederung neu zu konstituieren begann.

Ungleichzeitigkeit von Schritten der Modernisierung

Versteht man den Übergang vom Mittelalter zur Vormoderne als eine nach qualitativen Merkmalen definierte Zäsur, so kann ein solcher Einschnitt für zwei nebeneinanderlebende Personengemeinschaften unterschiedlich angesetzt werden. Soweit diese Frage diskutiert wird – zumeist wird nur auf die Diskrepanz hingewiesen [40/3: ETTINGER 9] –, bietet die Literatur unterschiedliche Lösungen [M. GRAETZ, Zur Zäsur, in 52: 1ff.]. Lange Zeit war herrschende Meinung die These eines langsamen Verfalls der jüdischen Kultur im Reich, die auf DUBNOW zurückgeht. Er sah die Zeit von 1650 bis zur Aufklärung als „Übergangszeit", nachdem seit der Neuzeit „die Judenheit der deutschen Staaten in einem Zustande völliger Zerrüttung" war [45/7: 264; 45/6: 181]. „Das Bedürfnis nach einer Erneuerung der morsch gewordenen Lebensformen" [45/7: 357] sei erst mit Mendelssohn gestillt worden. KATZ, der

ältere Periodisierungsversuche

den bisher bedeutendsten Beitrag zum Judentum der Vormoderne geleistet hat, lässt mit Dubnow das „rabbinische" Mittelalter („Ghetto-Periode") [343: 134] für die aschkenasische Gesellschaft Mitteleuropas im späten 18. Jh. enden [161: XIII; auch 92: SHMUELI 14]. Erst in dieser Zeit seien Sprünge im System erkennbar geworden [143: KATZ, 238]. Dies ist die Konsequenz seiner These, dass Juden eine separate Subgruppe bildeten, die gegenüber den Ereignissen und Einflüssen der Umwelt indifferent blieb, soweit nicht die eigenen existentiellen Grundlagen betroffen waren [161: 26 ff.]. Es habe keine inhaltlich-geistige Auseinandersetzung mit den *gojim* gegeben, und zur Erklärung gleichzeitiger Ereignisse habe man sich an halachischen Interpretationsmustern orientiert [343: 154]. Entsprechend nimmt ROHRBACHER ein Aufbrechen der „Abkapselung und Erstarrung" erst für die Aufklärungszeit an [368: 38]. Ähnlich argumentiert STERN-TÄUBLER, die den Übergang vom Mittelalter zur Moderne ins späte 18. Jh. verlegt. Der Jude dieser Zeit „represents a transitory type, a connecting link between ghetto dweller and emancipated Jew" [149: 110].

Betont man demgegenüber stärker die integrativen Elemente zwischen jüdischer und christlicher Kultur, könnte man den Übergang in die Vormoderne im Hinblick auf die Juden vorverlegen. Auf dieser Grundlage hat BREUER den Einschnitt auf die Zeit um 1600 gesetzt, da sich „die sich [jetzt] durchsetzende absolutistische Staatsidee und Staatsform" im Hinblick auf die Juden existenzverändernd ausgewirkt habe [42: 85 f.; auch GRAETZ, Zur Zäsur, in 52: 8 f.]; er begrenzt diesen Einschnitt aber folgerichtig auf Mitteleuropa. ISRAEL sieht in

Trendwenden und Epochengrenzen

der Zeit um 1570 eine Trendwende, wenngleich keine Epochengrenze [62: 35 ff., 53 ff.; ähnlich 91: RIES]. Schon vorher hatte, von der deutschen Forschung unbemerkt, SCHOCHAT die entscheidende Zäsur in die Zeit um 1700 verlegt [280: 19 ff., 309ff; auch 270: RÖMER, 11], was er u. a. durch die enorme Zunahme von Konversionen belegt [Diskussion 335: HERTZ 90]. Dagegen wandte sich KATZ, der lediglich eine Traditionsänderung zugesteht [192: 45 f.]. AWERBUCH hat mit ihrer These, dass „Merkantilismus und Aufklärung [...] die beiden Hauptelemente [waren], die für die Juden Deutschlands die Neuzeit einleiteten" [309: 99] deutlich gemacht, dass die Neuzeit für Juden nicht erst Ende des 18. Jh.s begann.

Umbruch jüdischer Geschichte um 1650

Gegenüber all diesen Thesen sollte man bedenken, dass die Periodisierung zwischen Mittelalter und Vormoderne eine heuristische Interpretationshilfe zur Erläuterung historischer Veränderungen bieten soll, nicht eine diese eher verdeckende „dogmatische" Abgrenzung. Dass mit der Zeit der Aufklärung und mit der Entstehung der Bürgerlichen Gesellschaft – in deren Konstitution die Juden nach und nach einbezogen wurden, um diese zu einem guten Teil selbst zu repräsentieren – Anschluss an die Entwicklung der bisher christlichen Gesellschaft gefunden wurde, ist unbestritten [89: MEYER; 211: SORKIN 5 ff.; 198: LOWENSTEIN 3 ff.]. Es geht nicht um die Vorverlegung des „Eintritts der Juden in das deutsche Bürgertum" [J. TOURY, nach 361: POPPEL 102], sondern um eine Entwicklungszäsur, die ihm vorausging und die bisherige Kontinuität der Tradition unterbrach. Dabei kommt es auf die Wahrnehmung der Juden selbst an. Die wirtschaftshistorisch orientierte Analyse ISRAELS hat ergeben, dass dieser Zeitpunkt um 1650 anzusetzen ist. Deshalb verlegt er auch – wie viele andere Autoren – den Höhepunkt jüdischer Geschichte in Europa in die Zeit ab 1650 [62: 1 f., 123 ff., 145 ff.; auch 73: SACHAR 18; 60: HERZIG 114; 39/2: BATTENBERG 6 f.; 89: MEYER, 336 f.; 40/2: BEN-SASSON 405], zumal gerade der im früheren 17. Jh. einsetzende Schub der jüdischen Bevölkerung und das neue merkantilistische Denken der deutschen Landesfürsten ein neues Verhältnis der Juden zum Fürstenstaat als einer Orientierungsmarke mit sich brachte [38/9: BARON, V; ETTINGER, zit. in 89: 333]. Auch die Landesherren begannen erst in dieser Zeit mit der systematischen Instrumentalisierung der Juden zum Nutzen der fürstlichen Kammer [161: KATZ 46]. Dieser Umbruch war um 1600 erst zaghaft vorhanden, erhielt aber durch das wirtschaftlich potente Hofjudentum [219: BATTENBERG 53 ff.; 218: DERS. 302 ff.], neue Gemeinden [244: STERN 208 ff.] und die Stabilisierung des Landjudentums seit 1650 [168: ULLMANN, 44; 6/1: COHEN XVI] die entscheidenden Impulse. Auch wenn es nicht zu einer Abkehr von der Tradition kam, so orientierte man sich im Alltag doch stärker als bisher an christlichen Modellen der Lebensführung. Diese Ambivalenz ist am deutlichsten bei den Sefarden des 17. Jh.s zu erkennen [299: KAPLAN 314 ff.]. Nach BEN-SASSON endete 1650 „das jüdische Mittelalter [...] in einer Intensivierung seiner spezifischen Glaubensformen und Hoffnungen, die einen Punkt erreichte, an dem sie zur Realität im Widerspruch stand", ohne dass die Kontinuität des Judentums erschüttert worden sei [40/2, 411]. GLANZ nimmt für 1650 einen „Krisenpunkt in der neuzeitlichen jüdischen Geschichte" an, durch den die Bildung von „Klassenscheidungen" vorangetrieben worden sei [159: 86].

Abkehr von Traditionen/sefardische Erfahrungen

Wenn aber die Juden des Reichs seit ca. 1650 aus ihrer Getto-Existenz heraustraten, so fragt sich nun, inwieweit die jüdische Kultur durch die bloße Kenntnis ihrer inneren Strukturen und Traditionen für das 16.–18. Jh. noch hinreichend erklärt werden kann. Konnte man für die ältere Zeit das Nebeneinander zweier Kulturen annehmen [343:

KATZ 146 ff.], deren separate Erforschung möglich war, so kam es nun, in Anfängen schon im 16. Jh., zu einer stärkeren sozialen Vernetzung und gegenseitigen Einflussnahme [S. ROHRBACHER, Schwaben, in 193: 101 f.]. Für Landgemeinden wurde das Bild einer von integrierenden und segregierenden Momenten bestimmten Koexistenz mit der christlichen Umwelt aufgezeigt [167: ULBRICH 264 ff.; 168: ULLMANN 16 ff.]. Nicht nur die Juden achteten jetzt auf Veränderungen der christlichen Gesellschaft, auf die sie z.T. große Erwartungen setzten [324: FRIEDMAN]; auch Christen beobachteten nun die *minhagim* und deren Umsetzung in der jüdischen Subkultur [R. PO-CHIA HSIA, Minderheit, in 339: 300; 369: SAPERSTEIN 239; 321: ETTINGER 196; 7: EIDELBERG 39 ff.; M. FRIEDRICH, Theologie, in 339: 241 f.; 370: J. SCHOEPS 67]. All dies lässt darauf schließen, dass Erfahrungen in der Auseinandersetzung mit der Umwelt mental verarbeitet wurden und zu einer allmählichen Veränderung der eigenen Kultur führten.

Folgerichtig hat sich seit den 1970er Jahren unter deutschen Historikern eine Methode herausgebildet, die in Ablehnung apologetischer Tendenzen der jüdischen Historie [87: HERZIG 212] den analytischen Zugriff auf die jüdische Geschichte der Vormoderne aus der Perspektive der christlichen Umwelt betrieb. Da vielen von ihnen der Zugang zur hebräischen und jüdisch-deutschen, meist nur zufällig erhaltenen Überlieferung der Gemeinden versperrt war [S. ROHRBACHER, Schwaben, in 193: 109], beschränkten sie sich auf die Beschreibung rechtlicher, sozialer und wirtschaftlicher Entwicklungen der jüdischen Gesellschaft anhand der Sichtweise der christlichen Obrigkeiten, der Gerichte, der Geistlichkeit sowie nichtjüdischer Vertragspartner und Kontrahenten. Es entstanden einschlägige Editionen [1: BATTENBERG; 3: BLINN; 8: FAASSEN; 23: MARWEDEL; 28: SCHRECKENBERG; 30: SIMONSOHN; 31: STERN] und darauf beruhende Quellenanalysen [171, 173, 174, 175: BATTENBERG; 181: DEVENTER; 183: FREY; 185: GÜDE; 195: KÖNIG; 199: MARZI; 205: POST; 68: RIES; 30/6: SIMONSOHN]. All diese Analysen, die mit lokalen und regionalen Fallstudien ergänzt werden können, haben die zunehmende territoriale bzw. landschaftliche Verankerung jüdischer Existenz in Deutschland, teilweise auch Probleme des Alltags, soweit dieser von der christlichen Umwelt wahrgenommen wurde, hervortreten lassen. Es wurde deutlich, dass die Erforschung jüdischer Geschichte der Vormoderne einen Beitrag zur allgemeinen Geschichte leistet. Trotz der Erkenntnisgewinne wurde aber auf der anderen Seite bewusst, dass damit nur einige Aspekte erfasst werden, der Weg zu einer „integrative[n] Sozialgeschichte der Juden in Deutschland" [86: HERZIG 126] aber noch nicht beschritten wurde.

1. Grundfragen und Rahmenbedingungen 63

Vor allem angestoßen von den auch die innerjüdische Perspektive berücksichtigenden Arbeiten von KATZ [143; 343] und ROHRBACHER [166; 209; DERS., Organisationsformen, in 64: 137ff:, DERS., Schwaben, in 193: 80ff.; DERS., Ungleiche Partnerschaft, in 162: 192ff.] wurden in zunehmendem Umfang auch jüdische Selbstzeugnisse herangezogen [4: BREUER, David Gans; 9: FRAENKEL-GOLDSCHMIDT, Joseph of Rosheim; 11: GINSBURGER, Ascher Levy; 12: GRAF, Judaeus conversus; 17: HOLM, Denkwürdigkeiten; 18: JOST, Familien-Megillah; 19: LANDAU/WACHSTEIN, Privatbriefe; 21: LIEBEN, Briefe; 24: PAPPENHEIM, Memoiren; 26: ROEST, Het verhaal; 27: RUBIN, Memoiren; 32: TAGLICHT, Nachlässe] und innergemeindliche Akten [6: COHEN, Landjudenschaften; 7: EIDELBERG, R. Juspa; 13: GRAUPE, Statuten; 15: HALLER, Protokollbuch; 215: ZIMMER, Jewish Synods, 107ff.]. Eine der wichtigsten Quellengruppen für das Verständnis des innerjüdischen Alltags, die rabbinischen Responsen [93: WEINRYB; 139: FREEHOF; M. BREUER, Responsenliteratur, in 79: 29ff.] ist bisher erst teilweise durch eine CD-Rom-Edition der Bar-Ilan-University in Ramat Gan/Israel zu überblikken. Deren Interpretation stößt auf erhebliche sprachliche und methodische Probleme, die erst in Ansätzen gelöst wurden [93: WEINRYB 406ff.]. Auf der Basis dieser innerjüdischen Quellen entstanden Einzelfallstudien [247: BERGER; 135: E. BREUER, Politics; 142: JACOBS; 266: NEHER; 147: SADEK; 278: SCHECHTER; 152: ZIMMELS] und Gesamtdarstellungen [40: BEN-SASSON/ETTINGER; 42: BREUER/GRAETZ; 280: SCHOCHAT]. Viele unter ihnen betonen die Innenperspektive und knüpfen an ältere apologetische Darstellungen an. Das Desiderat einer integrativen, die inner- und außerjüdische Perspektive gleichermaßen bewertenden Sozial- und Kulturgeschichte der Juden im Rahmen des Reichs besteht weiter [Vgl. S. ROHRBACHER, Schwaben, in 193: 80]. Das seit 1993 in zwei Pilotprojekten vorbereitete und 1998 installierte deutsch-israelische Projekt „Germania Judaica IV", das die Erfassung von Quellen zur Gemeindegeschichte für die Zeit von 1520 bis 1650 zum Gegenstand hat, wird die notwendige Grundlagenarbeit leisten.

Einbeziehung innerjüdischer Perspektiven

1.2 Mobilität, regionale Identität und Bindung zu Erez Israel

Die Ausweisung der Juden aus Spanien und Portugal, aus den meisten deutschen Frei- und Reichsstädten sowie aus zahlreichen Territorien des Reichs haben zu einer umfangreichen Migrationswelle geführt, die als „Exodus" bezeichnet worden ist [62: ISRAEL 5]. Es war dies eine Epoche, die christlicherseits zur Vorstellung des Juden als des „Archetyps des Exilierten", jüdischerseits zu der eines Exils im Exil führte,

existentielle Folgen der Vertreibungen

einer durch Vertreibung *(gerusch)* verschärften Lage der Knechtschaft unter fremden Nationen *(schi'abud malchujot)* [94: YERUSHALMI 21, 26, 34]. Insofern zählt die Frage nach den Begleitumständen und Folgen der Vertreibungen in Europa zu den grundlegenden Problemen jüdisch-nichtjüdischer Geschichte.

Die Binnenwanderung zu Städten und Märkten, in denen eine gewerbliche Betätigung noch möglich erschien, ist von einer Bewegung der Auswanderung nach Polen-Litauen, Oberitalien und in Regionen islamischer Herrschaft, darunter auch nach Palästina [regionale Zahlen 69: RIES 512 ff.], zu unterscheiden. Seit dem späten 16. Jh. kam eine Einwanderung sefardischer und ca. 1650 eine solche aschkenasischer Juden aus Ostmitteleuropa hinzu, die einen „Richtungswechsel" bewirkte [40/3: ETTINGER 9 f.; 321: DERS. 196]. Über Verlauf der Migrationswege und Ausmaß der Schwerpunktverlagerungen bestehen unklare Vorstellungen, da das im Rahmen des Projekts „Germania Judaica III" (1350/1520) gesammelte Datenmaterial noch nicht vorliegt und die für das Folgeprojekt zusammengetragenen Informationen kaum ausreichen. Darüber hinaus ist in der Forschung bislang offen, welche Folgen dieser Prozess für die Mentalität und das Identitätsbewusstsein der deutschen Judenheit hatte, ob dadurch die Bindung an Erez Israel und gleichzeitig das Bewusstsein der *galut*-Existenz intensiviert wurde.

Migrationswege und Schwerpunktverlagerungen

Allgemein wird angenommen, dass die Vertreibungen dieser Zeit die horizontale Mobilität der jüdischen Bevölkerung im Reich erhöht habe [M. TOCH, Siedlungsstruktur, in 57: 38 f.; 192: KATZ 32 f. ; 83: BATTENBERG 93; 90: PO-CHIA HSIA 213; 69: RIES 499]. Wie eine Äußerung Chajim Bezalels (1578) belegt, waren z. B. die Toragelehrten gezwungen, von Ort zu Ort zu ziehen [S. ROHRBACHER, Stadt und Land, in 165: 45]. Auch der Zwang zur Sicherung des Lebensunterhalts durch Handelsreisen, der im Falle eines hessischen Juden für 1571 beschrieben wurde [22/2: LÖWENSTEIN, 173 ff.; M. TOCH, Population, in 67: 86 ff.; DERS., Wirtschaftstätigkeit, in 165: 63 ff.] und über Geleitsregister der Frankfurter und Leipziger Messen nachgewiesen ist [10: FREUDENTHAL; 2: BATTENBERG 622, ad „Geleit"], trug zu einer vergleichsweise hohen Mobilität bei. Es kam zu einem „tiefgreifenden Wandlungsprozess in der Siedlungsstruktur" [69: RIES 288], zur Fragmentierung und folgend Auflösung der mittelalterlichen Gemeinden als identitätsbildender Faktoren.

horizontale Mobilität und Siedlungswandel

Noch ungeklärt ist, ob die ältere Gemeindestruktur seit dem späten 17. Jh. durch Neugründungen wiederbelebt oder durch die Regionen *(medinot)* und Landjudenschaften ersetzt wurde. Zweifellos gab es bereits im Spätmittelalter regionale Rechtskreise, die durch normierte

1. Grundfragen und Rahmenbedingungen 65

minhagim als Niederschlag von Sitten und Gebräuchen [15: HALLER 368f.], *takkanot* und die Responsen angesehener Rabbiner an Kontur gewannen. Im 17./18. Jh. scheinen die Juden diese Einheiten als einheitliche Räume verstanden zu haben [207: PURIN 125]. Es waren dies freilich wohl nicht von Anfang an festgefügte Regionen im Sinne von Siedlungseinheiten [so aber 207: PURIN 124], sondern zusammenfassende Bezeichnungen für benachbarte Landgemeinden, auch Schwerpunkte mit Kern- und Sanktionsbereichen im Umkreis eines „Zentralorts" mit anerkanntem Lehrhaus [166: ROHRBACHER 39], die an ihren Rändern an Legitimationskraft einbüßten. Anknüpfungspunkte regionaler Identität waren die *minhagim* wohl kaum, da sie in erster Linie auf die Gemeinde selbst bezogen waren. Sie als Kern der im 16. Jh. auftauchenden *medinot* zu nehmen, wie es S. ROHRBACHER annimmt [Schwaben, in 193: 82ff.; 207: PURIN 124ff.], bedürfte einer Überprüfung. Auch wenn die Wurzeln der *medinot* wohl ins 15. Jh. zurückgehen [180: COHEN 210], waren sie doch eine neue Einrichtung, die spät und nur ganz allmählich ins Bewusstsein der Juden kam [161: KATZ 109]. Erst die Erfahrung der Vereinzelung und der durch erzwungene Migration gelockerten Bindung an die Gemeinde hat die ursprünglich auf diese bezogene Identität auf die landschaftlich größere Einheit der *medina* übertragen. Allerdings wurde diese sehr bald durch die territorial begrenzte Landjudenschaft überlagert [207: PURIN 123f.].

<small>Bedeutungswandel der Regionen *(medinot)*</small>

Um 1600 gab es derartige „Länder" im Südwesten bereits unter den Bezeichnungen Neckar, Tauber, Grabfeld, Altmühl, *„Aschpah"* (hebr. Akronym für Ottensoos, Schnaittach, Forth und Hüttenbach im oberpfälzischen Bezirk Rothenberg) [S. ROHRBACHER, Organisationsformen, in 64: 146]. Die beiden *medinot* der Landgrafschaft Hessen-Darmstadt, Darmstadt und Gießen, waren mit der Obergrafschaft und dem Oberfürstentum Hessen identisch [D. COHEN, Landjudenschaften, in 58: 154]. Als „Supra-Kehilot" haben diese die Gemeinden ersetzt und deren geschlossenes Rechtssystem aufgebrochen und regionalisiert [161: KATZ, 110f.]. Wohl führte die existentielle Vereinzelung zur Wertschätzung regionaler *minhagim* [M. BREUER, Jüdische Religion, in 165: 75], wie aus einer Äußerung des Bamberger Rabbiners Samuel Halevy aus Meseritz aus dem 17. Jh. belegbar ist.

<small>medinot als „Supra-Kehilot"</small>

Die schon seit dem Spätmittelalter bekannten Versuche einer reichsweiten Organisation der Judenheit [39/1: BATTENBERG 150ff.], die meist an der Reichweite der gemeindlichen Autonomie scheiterten, besaßen im 16. Jh. keine Chance mehr, identitätsbegründend an die Stelle der alten Gemeinden zu treten. Die Bemühungen Josels von Rosheim, als „Befehlshaber" der Judenheit politischen Einfluss zu gewin-

<small>Versuche reichsweiter Organisation</small>

nen [98: BATTENBERG 425 f.; 128: STERN 75 ff.], galten mehr der Verteidigung regionaler und lokaler Judenschaften bei den jeweiligen Obrigkeiten und sind damit in den Rahmen des überkommenen *schtadlan*-Amtes zu stellen. Die noch von STERN geäußerte These, er habe „die voneinander abgesonderten, ihr Eigenleben sorgfältig hütenden Gemeinden des Südens und Westens zu einem jüdischen Reichsbund, einer Art jüdischer ‚Reichsliga'" zusammengeschlossen [128: 12], kann ebenso als überholt gelten wie diejenige FEILCHENFELDs, der eine auf Dauer angelegte allgemeine „Vorgängerschaft" Josels bezweifelt und nur dessen fallweise Beauftragung annimmt [104: 19 ff.]. Der Prozess Josels vor dem Reichskammergericht um seine Titulatur zeigt vielmehr, dass er durchaus eine Führungsrolle unter der Judenheit anstrebte, um als legitimierter Verhandlungspartner der jeweiligen Obrigkeiten auftreten zu können. Die bisweilen überschätzten [215: ZIMMER 32 ff.] Bemühungen der Könige und Kaiser seit Ruprecht, wiederaufgegriffen von Maximilian I. und Karl V., die Juden des Reichs einer einheitlichen Spitze zu unterstellen, hatten in der Zeit Josels keine Chance mehr. Insofern ist die Existenz einer deutsch-jüdischen Subkultur, wie sie in der Forschung behauptet wird [211: SORKIN 6] für die Zeit der Vormoderne abzulehnen, da die Juden dieser Zeit ihre Identität von den Regionen und Gemeinden, nicht aber vom (deutschen) Reich herleiteten. Anderes gilt allenfalls für die Juden in Frankfurt und Worms, die wie diese Reichsstädte selbst auf den Kaiser hin orientiert waren [E. WOLGAST, Frankfurt, in 52: 97 ff.].

Ausbildung neuer Solidarität

Viele aus Zeugenaussagen bekannte Schicksale [Nachweise 2: BATTENBERG; 8: FAASSEN; 22: LÖWENSTEIN] und Selbstzeugnisse wie die Ascher Levys aus Reichshofen und der Glikl Hameln [11: GINSBURGER; 24: PAPPENHEIM] lassen erkennen, dass der Zwang zur Migration das Gefühl der gegenseitigen Solidarität im Rahmen einer Region oder auch darüber hinaus beförderte. An die Stelle der sozialen Kohärenz der Gemeinde war diejenige eines übergreifenden, in den *medinot* verwurzelten verwandtschaftlichen oder geschäftlichen Netzwerks getreten, das einen neuen Rahmen für die jüdische Gesellschaft bildete [192: KATZ 33; 90: PO-CHIA HSIA 213]. Zu Recht spricht deshalb LÖWENSTEIN für diese Zeit von „Mediene communities" [88: 347]. Sieht man von den wenigen großen städtischen Gemeinden ab, so war nunmehr der gemeinsam genutzte Friedhof auf dem Lande, nicht mehr die Synagoge, die Mikwe oder das Lehrhaus, das Symbol der Verbundenheit [84: BATTENBERG 281 f.]. Um ihn herum, in kleinräumigen Bindungen [S. ROHRBACHER, Stadt und Land, in 165: 58], konnte sich neues jüdisches Leben bilden.

1. Grundfragen und Rahmenbedingungen 67

Bisher nicht diskutiert wurde, ob sich das gestiegene Migrationspotential der deutschen Juden auf die Emigration nach *Erez Israel* auswirkte. Dies hat damit zu tun, dass dieses Land seit eh und je als das jüdische Heimatland angesehen wurde, wohingegen das Siedlungsgebiet Europa als Fremde galt. Folglich galten neuzeitliche Auswanderungen dorthin nicht als erklärungsbedürftig. Verbindungen zwischen europäischen Ereignissen und dem Anschwellen der Einwanderung in dem seit 1516 unter osmanischer Herrschaft stehenden Palästina wurden bisher nur für die Zeiten um 1500 (sefardische Juden aus Spanien und Portugal) und um 1700 (Scheitern der Sabbatianischen Bewegung) hergestellt [40/2: BEN-SASSON 300 ff.; 170: BARNAI 34, 41 ff., 54; 152: ZIMMELS 42 ff.]. Der eindringliche Aufruf Isaak Zarfatis Ende des 15. Jh.s an die Aschkenasen, sich im Osmanischen Reich niederzulassen [94: YERUSHALMI 90; 152: ZIMMELS 41], könnte auf das Einsetzen einer späteren Migrationswelle deuten. Der bekannte, in Frankfurt und Prag lehrende Halachist und Kabbalist Jesaja Horowitz, der 1621 nach Safed auswanderte und in Tiberias verstarb, ist einer von vielen Emigranten dieser Zeit [146: NEWMAN 49 ff.; weitere bei S. ROHRBACHER, Schwaben, in 193: 87, 93, der Pilgerfahrt und Auswanderung nur als „besonders fromme Übung" charakterisiert]. Das Aufblühen der *jeschiwot* in den Zentren Safed und Tiberias für das 16. Jh. wie der Niedergang der Gemeinden Palästinas im 17. Jh. [170: BARNAI 54 f., 170; 273: ROZEN 10] könnte immerhin mit der umgekehrt verlaufenden Entwicklung der Gemeinden des Reichs im 16/17. Jh. konfrontiert werden. Im späteren 16. Jh. verdoppelte sich die Einwohnerzahl Safeds etwa auf über 20 000 Juden, von denen ein großer Teil aschkenasischer Herkunft war [40/2: BEN-SASSON 305]. Ähnliches gilt für die in *aschkenasim* und *sefardim* gespaltene Jerusalemer Gemeinde dieser Zeit [273: ROZEN 12 f.]. Zusammenhänge mit den europäischen Migrationen, die nicht nur den Austausch von Gelehrten und die finanzielle Unterstützung der Siedlung im Heiligen Land *(jischuv)* betrafen [170: BARNAI 62 ff.], müssten noch untersucht werden.

Emigrationen nach Erez Israel

1.3 Aschkenasische und Sefardische Sonderentwicklungen

Überall dort, wo es im Reich aschkenasische und sefardische Gemeinden nebeneinander gab, waren innerjüdische Konflikte angelegt, die auf unterschiedlichen Lebensstilen, religiösen Traditionen und Verbindungen zur christlichen Kultur beruhten. Der „kulturelle Code" beider Gruppen, der sich von dem der Umwelt unterschied [85: FUNKENSTEIN 198], wich auch im Verhältnis „Portugiesen/Deutsche" voneinander ab.

Differenz zwischen „Portugiesen" und „Deutschen"

Das soziale Gefälle zwischen beiden Gruppen konnte, wie bei den Hamburger Gemeinden, zu einem Verhältnis der Überordnung des *mahamad* (Vorstand der sefardischen Gemeinde) über die aschkenasische *kehila* führen [214: WALLENBORN 137, 145]. Die unterschiedliche Umgangssprache, der weitere Radius der sefardischen Handelsaktivitäten in einer kosmopolitischeren Atmosphäre [149: STERN-TÄUBLER 102] und die Trennung der Wohnbereiche, wie sie erstmals in Venedig hinsichtlich der *nazione Tedesca* und der *nazione Levantina* durchgeführt wurde [179: CALIMANI 60 ff., 79 ff., 83; 213: STEINBACH 81 ff.], förderte die Entfremdung zwischen beiden.

ökonomische und geistige Potenz der Sefarden

Ob die sefardischen Gemeinden die aschkenasischen beeinflussten, wie LOWENSTEIN behauptet [88: 348; auch 161: KATZ 68; 312: BEN-SASSON 371], oder ob doch eher ein von *aschkenas* unabhängiges, übergreifendes verwandtschaftliches und geschäftliches Netzwerk der „Portugiesen" bestand [94: YERUSHALMI 49; 281: STUDEMUND-HALÉVY 392; „mit der Hanse zu vergleichen", nach 40/3: ETTINGER 10], ist ungeklärt. Dass „deutsche" Gelehrte bisweilen *jeschiwot* der Sefarden aufsuchten [152: ZIMMELS 64], weist auf das Ansehen ihrer Lehrhäuser hin, nicht aber auf die Rezeption ihrer Lehrinhalte im aschkenasischen Rabbinat. Die regelmäßig besseren Kontakte der Sefarden zur christlichen Umwelt, die zu ihrer guten sozialen und rechtlichen Situation beitrugen [60: HERZIG 101; 190: HUUSSEN 24 ff.], aber auch den Neid und die Missgunst der Obrigkeit provozierten [214: WALLENBORN 127], veranlassten diese zu einer unnachgiebigen Haltung gegenüber den aschkenasischen Juden, die nicht den gleichen sozialen Standard aufwiesen wie sie [Y. KAPLAN, Herem, in 282: 67]. Der Versuch des Fürsten Carl v. Liechtenstein, die Hamburger Sefarden 1625 durch vorteilhafte Privilegien zur Ansiedlung ins Fürstentum Jägerndorf zu bewegen, die aschkenasischen Juden aber auszuschließen [60: HERZIG 100 ff.], kann als Hinweis darauf gewertet werden, dass auch die christliche Umwelt die größere ökonomische Potenz der „Portugiesen" wahrnahm.

Das Verhältnis der Sefarden zu den Aschkenasen im Reich wurde davon beeinflusst, dass sich der Schwerpunkt aschkenasischen Lebens im 16. Jh. nach Ostmitteleuropa verlagerte [39/1: BATTENBERG 208; 152: ZIMMELS 42]. Die Vertreibung der sefardischen Juden aus der Iberischen Halbinsel führte dazu, dass einige von ihnen als *conversos* in das entstandene ökonomische Vakuum eintraten. Sie gründeten – nach ihrer Rückkehr zum Judentum – seit dem späten 16. Jh. neue Gemeinden wie Antwerpen, Amsterdam, Hamburg, Emden, Friedrichstadt, Glückstadt und Stade, deren Bindung zur Tradition gelockert schien

[233: KELLENBENZ]. Dies veranlasste KAPLAN zu der These, dass „die sefardische (portugiesische) Gemeinportugiesischen Exilgründungen [...] sich nicht auf Wissen und Werte degründungen
[stützten], die direkt aus der Vergangenheit ererbt waren". Sie hätten sich nicht kontinuierlich entwickelt, vielmehr „eine erfundene Tradition" gepflegt, die, aus dem „Nichts" entstanden, „mit Begriffen aus dem Umfeld des iberischen Christentums" gefüllt worden sei [299: 304f.]. BREUER ergänzt, dass so der „Glaubensgrund" vieler aus dem Christentum zurückgekehrter Portugiesen „erschüttert" worden sei, was schwere Konflikte zur Folge gehabt habe [42: 232]. Zweifel an dieser Ansicht bestehen, da sefardische Gemeinden ebenso wie einzelne „portugiesische" Kaufleute auf enge persönliche Bindungen zu ihren Heimatländern großen Wert legten [94: YERUSHALMI 48; H. WALLENBORN, in 221; 191: ISRAEL]; dies führte trotz einzelner Adaptionen aus der christlichen Umwelt zu bewusster Traditionserneuerung, förderte aber auch die Modernisierung [Y. KAPLAN, Impact, in 52: 62].

Fest steht, dass nur in dieser geistigen Atmosphäre nonkonformistische Denksysteme wie die Uriels da Costa und Baruch Spinozas [97: BARTUSCHAT] entstehen konnten, auch wenn beide von der Amsterdamer sefardischen Gemeinde gebannt wurden [308: AWERBUCH 85ff.; 39/2: BATTENBERG 53ff.]. In diesen Zusammenhang gehört auch die – am Beispiel Hamburgs ablesbare – ausgefeilt hierarchische Gemeinde- sefardische Gemeinstruktur, die viele Einrichtungen der christlichen Obrigkeit übernahm destrukturen
[O. PINKUS, Portugiesische Gemeinde, in 282: 3ff.]. Für das späte 18. Jh. wurde für Sefarden sogar die Übernahme christlicher Amtsfunktionen möglich [248: BRADEN 508ff.]. Ebenso auffällig ist, dass dort, wo weder *aschkenasim* noch *sefardim* in fremder Umgebung als Neusiedler an eigene Traditionen anknüpfen konnten, aufgrund der von ökonomischen Zwängen bestimmten Beziehungen zur Obrigkeit vergleichbare soziale Standards entstanden. Dies gilt für die am Rande des Reichs stehenden beiden Gemeinden in Venedig, die sich nur durch verschiedene Funktionen in Gewerbe und Handel unterschieden [179: CALIMANI 83; 213: STEINBACH 83f.], doch auf gleicher Stufe in der Sozialhierarchie standen und einem Nivellierungsdruck unterworfen waren [213: STEINBACH 119, 176ff.].

Zur sozialen Differenz zwischen Sefarden und Aschkenasen sefardische und traten Unterschiede der beiderseitigen *minhagim*. Nach A. D. CORRÉ aschkenasische *minhagim* wiesen diejenigen der *sefardim* aufgrund ihrer historischen Erfahrungen eine größere Offenheit gegenüber der christlichen Umwelt auf [Sephardim, in 49/14: 1170]. Abweichungen gab es insbesondere in der synagogalen Liturgie [„M.", Ritus, in 282: 153ff.]. Festgeschrieben wurden die besonderen sefardischen Sichtweisen der halachischen Tradition im *Schulchan Aruch* Josef Caros. Aschkenasischerseits als zu lax beurteilt [125: SHERWIN 43], wurden sie von Moses Isserles ergänzt. Dies hat ZIMMELS zur These veranlasst, damit seien zwei Rechtssysteme entstanden, durch die die Teilung der aschkenasischen und sefardischen Judenschaften zementiert worden sei. Es sei in Zukunft kein ernsthafter Versuch mehr gemacht worden, die beiden Teile wieder zu vereinigen [152: 59]. Dem widerspricht, dass Caros Kompendium von Sefarden wie von Aschkenasen genutzt wurde, da in ihm die für beide verbindlichen halachischen Vorschriften enthalten waren [161: KATZ 68]. Die für die letzteren geltenden Zusätze Isserles' sollten nur den Tendenzen der Aufweichung durch eine strengere Interpretation Rechnung tragen [CORRÉ, Sephardim, in 49/14: 1170], nicht aber neues Recht schaffen, was auch dem rabbinischen Denken fremd gewesen wäre [85: FUNKENSTEIN 193; 140: GOTZMANN 6 f.]. Gleichwohl wurde so die schon bestehende soziale Trennung verrechtlicht.

Erst im 18. Jh. scheint es, wie das Beispiel Hamburg zeigt, zu einer Verwischung der sozialen Unterschied zwischen Sefarden und Erstarken aschkena- Aschkenasen gekommen zu sein [60: HERZIG 102]. Dies war aber nicht sischer Gemeinden Folge einer geistigen Annäherung und verstärkten Kommunikation zwischen beiden Gruppen, sondern beruhte auf der Zunahme wirtschaftlicher Potenz der aschkenasischen Gemeinden und auch der quantitativen Marginalisierung ihrer sefardischen Pendants [214: WALLENBORN 145]. Dass die Nivellierung nicht allgemein galt, beweist das weiterhin fehlende *conubium* zwischen beiden Gruppen.

1.4 Gemeindliche Autonomie, Kaisernähe und territoriale Untertanenschaft

Während die Entwicklung von der jüdischen Gemeinde zur größeren regionalen Einheit zwar durch demographische Faktoren und einen obrigkeitlichen „Politikwechsel" angestoßen, im Grunde aber einen in-
Einschränkung der nerjüdischen Prozess der Schwerpunktsverlagerung markiert, war die
Gemeindeautonomie Beschränkung des autonomen Status der Gemeinden Folge einer reglementierenden Politik der Schutzherren. Ob angesichts der vielen Eingriffe der Landesfürsten, adeligen und städtischen Obrigkeiten die ehemals autonome Gemeinde überhaupt noch Bestand hatte [„Entmündigung der Gemeinde", 90: PO-CHIA HSIA 217; 168: ULLMANN 225], ist noch kaum diskutiert worden. Die These, die Autonomie sei bis zum Ende des Ancien Régime nicht angetastet worden [186: HAARSCHER 257, bzgl. Hanau-Lichtenberg], lässt sich kaum aufrechterhalten. Anzeichen für eine Einschränkung autonomer Rechte waren der Genehmi-

gungsvorbehalt für Vorsteherwahlen [42: BREUER 162], die Beschränkung der Rabbinats-Jurisdiktion auf Zeremonialsachen und geringe Streitwerte, zugleich eine Anbindung an nichtjüdische Gerichte mittels Rechtszugs [280: SCHOCHAT 135 ff.; D. COHEN, Landesrabbinate, in 57: 237 ff.; F. BATTENBERG, Jews, in 67: 260; 199: MARZI 230 f.] und die exzessive Besteuerung durch die Obrigkeiten, die durch Umlage von Gemeindegliedern realisiert wurde [144: KOCHAN 54 f.]. Die bereits vorhandenen „Einbruchstellen gemeindlicher Autonomie" wurden von den Schutzherren dazu genutzt, innerjüdische Bereiche zu reglementieren [270: RÖMER 19].

Traditionelle Selbstverwaltungsrechte wurden außerdem durch die Gründung neuer Gemeinden im Rahmen merkantilistischer Staatszwecke entwertet, in vielen Fällen vermittelt durch die jeweils bereits ansässigen Hofjuden. Den an der Peuplierung der nach dem 30jährigen Krieg verödeten Lande interessierten Obrigkeiten ging es um eine Funktionalisierung der Gemeinden für Zwecke des Staates, besonders um den Einsatz der Juden als Instrument gegen das noch nicht disziplinierte städtische Patriziat [40/3: ETTINGER 36]. Hinsichtlich der neuen jüdischen Gemeinde Berlin hat JERSCH-WENZEL von einem „importierten Ersatzbürgertum" gesprochen, das ein Pendant zum bestehenden städtischen Bürgertum gebildet habe [231: 21, 37]. Die durch Ansiedlungskontrakte ähnlich wie bei den Réfugiés festgelegten Bedingungen der Neugründung wurden hier wie andernorts – Altona, Emden, Friedrichstadt, Glückstadt, Halberstadt, Hamburg, Hanau, Karlsruhe, Mannheim u. a. – an den Staatszweck gebunden. Die zunehmende Konzentration von Schutzrechten in den Händen des Landesherrn führte zu einer Erhöhung des Herrschaftsdrucks [197: LOKERS 59 ff.].Von einer gemeindlichen Autonomie konnte in diesen Fällen mitnichten die Rede sein, auch wenn die Kohärenz der *kehila* durch die landesfürstliche Reglementierung eher gestärkt als geschwächt wurde [161: KATZ 76]. Die These STERNs, die neuen Gemeinden hätten sich nicht von den älteren unterschieden [244: 219], muss überprüft werden. Dass die hinter den Gründungen stehenden Hoffaktoren eine Reform der Gemeindeverfassung nicht anstrebten, ist dabei kein Kriterium. Bedacht werden muss auch, dass viele Landesherren in ihren Residenzen nur einzelnen privilegierten jüdischen Familien Wohnrecht gewährten, nicht aber rechtlich konstituierte Gemeinden zuließen, so in München, Stuttgart und Wien. Hier entwickelten sich „Quasi-Gemeinden" – die nach jüdischem Recht Gemeindestatus haben konnten, auch wenn sie christlicherseits nicht anerkannt waren –, die in ein fast lückenloses fürstliches System der Überwachung und Kontrolle eingebunden wurden [215: BATTEN-

obrigkeitliche Funktionalisierung der Gemeinden

BERG 318 ff.]. Garanten dieses Systems waren die Hofjuden selbst, von deren Kreditwürdigkeit der Bestand einer solchen *kehila* abhängig war.
Die Frage nach der Verlagerung jüdischer Identität durch die Auflösung traditioneller Gemeindestrukturen muss hinsichtlich der Außenperspektive durch diejenige ergänzt werden, inwieweit es dem Kaiser bzw. sonstigen Schutzobrigkeiten gelang, die Juden in ihre jeweilige Administration einzubinden. Die Territorialisierung der Judenheit ist ein in der Forschung häufig angesprochenes Problem [90: PO-CHIA HSIA 213;173: BATTENBERG 170; 172: DERS. 569 ff.; DERS., Rahmenbedingungen, in 193: 57 ff.; 60: HERZIG 97 ff.; 69: RIES 206 ff.]. Neu für das 16. Jh. ist, dass durch die juristische Ausformung des landesherrlichen Judenregals im Rahmen der *iura superioritatis* und die Konzentration von Schutzrechten in der Hand der Herrschaftsberechtigten eine ältere Entwicklung zum Abschluss kam [185: GÜDE 44 ff.]. Es fehlt jedoch eine systematische Analyse darüber, welchen Stellenwert das Judenregal für die Ausbildung der Landeshoheit und den frühneuzeitlichen Staat hatte [BATTENBERG, Rahmenbedingungen, in 193: 69 ff.; DERS., Judenpogrome, in 58: 141 f.; 168: ULLMANN 53, 65, 69, 113 ff.]. Die These, dass dieses nur eine „Verdinglichung" der alten *servitus imperialis iudaeorum* gewesen sei [FREY, 21 ff.; vgl. 175: BATTENBERG 139], wird der Bedeutung dieses Instituts im Rahmen der Verfassungsordnung des Reichs nicht gerecht. Bei der weiteren Diskussion dieser Frage ist zu bedenken, dass der Kaiser einen Kernbestand des Judenregals zurückbehielt, um bei missbräuchlicher Ausübung der Regalität durch Klagen des Reichsfiskals vor dem Kammergericht oder politische Interventionen einzuschreiten [BATTENBERG, Rahmenbedingungen, in 193: 71; 194: KIESSLING, 236; 183: FREY 99 f.].
Wichtiger als die Frage nach der normativen Ausgestaltung erscheint diejenige nach der Funktion der Juden für die Herrschaft. Unumstritten ist, dass das wesentlichste Motiv für die Ansiedlung und Rezeption die Chance der Abschöpfung von Kapital war: „Judenpolitik" der Landesfürsten war im 18. Jh. „vor allem Fiskalpolitik" [181: DEVENTER 158; ähnlich 195: KÖNIG 313]. Die kameralistische Doktrin kam dem entgegen, sodass es nur noch darum ging, eine möglichst effektive Besteuerung der Juden zu organisieren [218: BATTENBERG 302 ff.]. Insofern erschien es konsequent, wenn einzelne Landesherren kapitalkräftige Hofjuden ihres Landes beauftragten, die geschuldeten Steuern einzutreiben und für das Gesamtaufkommen zu haften. Beispiele sind der 1651 in Münster beauftragte Nini Levi [BATTENBERG, Jews, in 67: 268 f.] und der 1700 zum Oberrezeptor des Herzogtums Kleve bestellte Ruben Elias Gumpertz [112: KAUFMANN/FREUDENTHAL

116ff.]. Die These, damit sei einem Juden ein „Staatsamt" übertragen worden [ebd. 117], ist anachronistisch. Es ging hier nur um die unternehmerische Erschließung und Verpachtung einer Einnahmequelle, wie sie bei der Übertragung *(admodiation)* von Tabakmonopolen an Hofjuden üblich war [Fall von 1719 in 1: BATTENBERG 12, 142f.; Fall von 1764 in 243: SCHUBERT 29f.]. Die Übertragung „staatlicher" Titel an Hoffaktoren darf nicht als Verbeamtung charakterisiert werden [anders 241: SCHNEE 19; 242/3: DERS. 17ff; R. BUSCH, Alexander David, in 236: 60]. Die jeweils verliehenen Titel dürfen nicht überbewertet werden [120: SCHEDLITZ 30; 244: STERN 127], auch wenn sie dazu genutzt wurden, den Lebensstil eines Staatsbeamten nachzuahmen [ebd. 101] und staatliche Amtsgewalt zu beanspruchen [107: GERBER 111]. Es ging stets darum, dass einzelne, mit herausragendem Kredit versehene Juden im Sinne der merkantilistischen Ideen zur Vermehrung des Staatshaushalts instrumentalisiert wurden. Dies hatte eine weitere Einbindung der – vielfach dem Hoffaktor als „Vorgänger" unterstehenden – Schutzjudenschaft in das Territorium zur Folge [F. BATTENBERG, Rahmenbedingungen, in 193: 72ff.], nicht aber ein Hereinwachsen der judenschaftlichen Elite in die staatliche Administration [als gute Analyse hierzu, betr. die Juden der Grafschaft Hanau-Lichtenberg 186: HAARSCHER]

Die Beobachtung, dass sich der Kaiser judenschaftliche Rechte vorbehalten hatte, hat die Forschung veranlasst, von einer „reichsunmittelbaren" Stellung der Juden zu sprechen [183: FREY 136]. Sie seien eine „königsnahe" Gruppe gewesen, da „ihre Existenz wenigstens z.T. auf kaiserlichen Privilegien und dem Schutz des Reichsoberhaupts" beruht habe [V. PRESS, Rudolf II., in 56: 245]. Auch wenn die Annahme der Königsnähe zutrifft, würde doch die Zuerkennung der Reichsunmittelbarkeit bedeuten, dass man die Juden auf die gleiche Stufe mit den Reichsrittern heben würde, die sich seit den 1540er Jahren reichsweit organisiert haben. Die Juden bildeten anders als der Niederadel keinen Herrschaftsstand, so dass die „Kosten" für die Anerkennung der (organisierten) Reichsunmittelbarkeit zu hoch gewesen wären [ebd. 258]. *Kaisernähe und Reichsunmittelbarkeit?*

Erhebliche Bedeutung für die Juden gewannen einige Reichsabschiede (besonders von 1530, 1548, 1551 und 1577) [BATTENBERG, Judenordnungen, in 58: 88ff.; 175: DERS. 163ff.; 199: MARZI 240ff.] durch Transformation vieler ihrer Artikel in Landesordnungen und konkrete Bezugnahme auf sie in Einzelverfügungen [195: KÖNIG 138, 311; 168: ULLMANN 70, 114; anders 183: FREY 37]. Offensichtlich ist, dass die Kaiser seit jeher stets die unmittelbare Herrschaft über die *Juden in Reichsabschieden*

Juden des Reichs beanspruchten [BATTENBERG, Rahmenbedingungen, in 193: 57 ff.]. Seitens der Juden ist das Bemühen erkennbar, die Reichsgerichte (Hofgericht Rottweil, Kammergericht und Reichshofrat) zur Durchsetzung eigener Rechte zu nutzen [359: PO-CHIA HSIA 227 f.; 176: BATTENBERG 5 ff.; 194: KIESSLING 234 f.], selbst unter Umgehung der Rabbinate [280: SCHOCHAT 132; ROHRBACHER, Ungleiche Partnerschaft, in 162: 216 f.]. Zugleich ist deutlich, dass der Status der Reichsunmittelbarkeit bloßer Anspruch blieb [188: HERZIG 128 f.]. Von dem ursprünglich gewährten Gerichtsstand unmittelbar vor dem Kaiser und seinen Gerichten wurden Juden wie andere Untertanen des Reichs befreit [171: BATTENBERG 566 f.], sodass sich die relativ häufige Inanspruchnahme der Reichsgerichte [F. BATTENBERG, in 193: 61 f.; 168: ULLMANN 115, 139 f.] eher durch die überterritorialen Geschäftsbeziehungen der Juden erklärt. Die Bedeutung der erwähnten Reichsabschiede für sie resultiert aus der häufigen Transponierung der für sie geltenden Bestimmungen in Landesrecht und der hohen Legitimationswirkung kaiserlichen Rechts. Doch konnte der Kaiser für Juden durchaus eine „wirksame Größe" sein [194: KIESSLING 233; 168: ULLMANN 145].

jüdische Fürsprecherschaft am Kaiserhof

Auch die politische Situation muss im Auge behalten werden, vor allem die Frage, ob die Juden ihrerseits den Territorialverband zu überspringen und eine unmittelbare Beziehung zum Kaisertum anzuknüpfen hofften. Es spricht einiges dafür, dass sie sich als nicht an die Grenzen der Territorien gebundene Gruppe fühlten, „von den anderen Ständen des Alten Reichs unterschieden" [90: PO-CHIA HSIA 213]. Erwähnt wurde, dass Josel von Rosheim den ständigen Kontakt zum kaiserlichen Hof suchte, damit nicht aber eine Vereinigung aller Juden im Reich erstrebte [98: BATTENBERG]. Der Großfinanzier Simon Günzburg scheint gleichzeitig eine ähnliche Rolle eingenommen zu haben, nach ULLMANN in dessen Gefolge gewesen zu sein [68: 137]. D. COHEN ermittelte, dass mit Kossmann zum Rade auch nach ihm ein jüdischer Deputierter am Kaiserhof tätig war [Nachweise in 196: LITT 145 f.; zu dem ihm folgenden Abraham Landau aus Worms: ROHRBACHER, Ungleiche Partnerschaft, in 162: 214]. B. BRILLING und LITT konnten für das 16./17. Jh. weitere Gesandten am kaiserlichen Hof ermitteln, von denen einer, Joachim Ferber, im Namen der *Judenschaft in Germania* auftrat [196: LITT 146 ff.]. LITT hat aus diesem Befund gefolgert, es sei insgesamt „die Tendenz zu einer Institutionalisierung der jüdischen Interessenvertretung am [kaiserlichen] Hof deutlich zu erkennen" [ebd., 149]. Hiermit jedoch werden die Quellen überbewertet, und es wird auch nicht genügend berücksichtigt, dass von einer derartigen „ständi-

1. Grundfragen und Rahmenbedingungen 75

gen" Gesandtschaft seit dem späteren 17. Jh. nicht mehr die Rede ist. Dies mag damit zusammenhängen, dass mit den großen Hofjuden Samuel Oppenheimer, Samson und Wolf Wertheimer samt ihren Nachfolgern in Wien eine ausreichende Interessenvertretung der Juden des Reichs gewahrt schien. Dies hängt aber auch mit der Professionalisierung der Agententätigkeit am Reichshofrat zusammen, die eine persönliche Residenz überflüssig machte. Außerdem entsprach das sporadisch feststellbare, keineswegs institutionalisierte jüdische Gesandtschaftswesen ganz der traditionellen Fürsprecherschaft. Das Amt des *schtadlan* war eine notwendige und in vielen Fällen professionell ausgeübte Funktion der autonomen Gemeinde (später Landjudenschaft), mit der seit jeher die Verbindungen zur jeweiligen Obrigkeit gepflegt wurden [161: KATZ 71f.]. Nur durch ständigen Kontakt mit dem Schutzherrn konnte der *schtadlan* sich eine Vertrauensstellung erwerben, die ihn in die Lage versetzte, auf dessen „Judenpolitik" Einfluss zu nehmen [244: STERN 197]. Die historische Bedeutung Josels liegt darin, dass er dieses Amt nicht nur im Interesse einer einzigen Gemeinde oder eines Landes wahrgenommen hat, sondern reichsübergreifend. Das Amt war indes an seine Person gebunden. Unter seinen „Nachfolgern" wurde es mit nur geringem Erfolg reaktiviert.

Mit HERZIG muss festgehalten werden, dass die „*Gemeine Iudischeit im Reich* [...] nach dem 30jährigen Krieg nur noch aus den jüdischen Gemeinden der beiden Reichsstädte Frankfurt und Worms [bestand], auch wenn die Schutzfunktion des Kaisers für alle Juden im Reich in der Theorie weiterhin aufrechterhalten blieb" [188: 131]. Dem steht nicht entgegen, dass – nachweisbar in der Symbolik der jüdischen Kultgegenstände – auch nach 1650 „offenbar der Reichsbezug in der Judenschaft nie ganz abgerissen ist" [194: KIESSLING 246]. Diese Entwicklung setzte bereits im 16. Jh. ein, so dass nicht erst – wie PRESS annimmt [Rudolf II., in 56: 244] – die gescheiterten Frankfurter *takkanot* von 1603 den Wendepunkt markierten. Über die Bewertung der sog. „Rabbinerverschwörung" im Hinblick auf die Reichsgeschichte besteht Uneinigkeit in der Literatur [39/1: BATTENBERG 237ff.; 60: HERZIG 96ff.; 40/2: BEN-SASSON 369ff.; 42: BREUER 91ff.]. Manche sehen in ihr den „letzte[n] Versuch eines großangelegten Zusammenschlusses eines Personenverbandes im Reich" [PRESS, Rudolf II., in 56: 293; 194: KIESSLING, 241f.]. Damit wird ein Dokument überinterpretiert, das zwar für politisches Aufsehen sorgte, sich jedoch nahtlos in eine Reihe früherer Beschlüsse dieser Art einfügen lässt. Nach der besser belegten Ansicht BREUERs wollte die Versammlung hingegen nur eine straffere Leitung des Gemeindelebens, Regelung des Rabbinats und organisato-

Bewertung der Frankfurter „Rabbinerverschwörung"

rische Koordinierung der jüdischen Angelegenheiten im Reich bewirken, nicht aber „politische Ziele" verfolgen [42: 93; ähnlich schon 45/6: DUBNOW 266]. Dass selbst dies nicht gelang, beweist nachträglich, dass der schon vorher eingeschlagene Weg der territorialen Orientierung der Judenschaft unumkehrbar geworden war.

2. Die Zeit bis zur Mitte des 17. Jahrhunderts

2.1 Siedlungsentwicklung: Verländlichung und Dispersion

Siedlungsverlagerung von der Stadt auf das Land

Regionalanalysen haben nachweisen können, dass die großen städtischen Judenvertreibungen des 15./16. Jh.s nicht direkt in ländliche Siedlungen mündeten [BATTENBERG, Vertreibung, in 165: 32 f.; 166: ROHRBACHER 35; DERS., in 162: 193; 168: ULLMANN 32 f.]. Nur über Zwischenglieder (kleinere Städte wie Günzburg) gab es Zusammenhänge [168: ULLMANN 43]. Die lange vorherrschende These eines direkten Zusammenhangs [vgl. ROHRBACHER, in 162: 192 f.] wird heute kaum noch vertreten [anders: W. BAER, Augsburg, in 193: 117, 126]. Bedacht werden müssen die schwierige Überlieferung, die für die Zeit nach der Vertreibung häufig für Jahrzehnte aussetzt und daher die Anfänge des Verländlichungsprozesses im Dunkeln lässt [M. TOCH, Population, in 67: 78; 168: ULLMANN 42 f.], und die – bald der Realität widersprechende – Bindung der Juden an Städte, die sich noch in hebräischen Quellen des 16./17. Jh.s spiegelt. [ROHRBACHER, in 165: 38]. Noch lange Zeit bezeichneten sich die im 15. Jh. aus Heilbronn vertriebenen Juden als *Jüdischeit* dieser Stadt [BATTENBERG, in 165: 20 f.]. Dennoch ließ sich durch statistisch-quantitative Auswertung des über das Handbuch „Germania Judaica III" [Hgg. A. MAIMON u. a., 1987–95] gesammelten Quellenmaterials der Zeit bis 1520 nachweisen, dass schon vor den Vertreibungen die Klein- und Kleinstgemeinde vorherrschend war [TOCH, Siedlungsstruktur, in 57: 35 f.; vgl. 316: BURGARD u. a.]. Unklar ist die Bewertung dieses Befunds. TOCH besteht – in Anlehnung an entsprechende Thesen S. W. BARONs, der den Verländlichungsprozess ins 15. Jh. verlegt [38/14: 293] – darauf, dass das vorherrschende Muster nach 1350 die Kleinstgemeinde gewesen sei [Population, in 67: 81]. Es sei bereits „einiges von der frühneuzeitlichen Erscheinung der dörflichen Juden im Elsass, in Baden-Württemberg und in Franken" vorweggenommen worden [Siedlungsstruktur, in 57: 37]. Demgegenüber meint ROHRBACHER, dass die Statistik über „Qualitätsmerkmale der Siedlungsorte" wenig aussage. Bei den kleinen Siedlungen habe es sich „um eine Minorität an der Peripherie einer durch die städtischen Zentren gebundenen Siedlungsstruktur" gehandelt [Organisationsformen, in 64: 140]. Entscheidend für die frühneuzeitliche Entwicklung scheint die seit dem späten 16. Jh. einsetzende Bewusstseinsveränderung bei den Juden selbst gewesen zu sein: Die Verlegung bedeutender Rabbinatssitze in kleinere Städte und Landgemeinden hat den Wandlungsprozess eingeleitet, während die demographische „Verländlichung" angesichts der lange Zeit fortbestehenden Dominanz urbaner Zentren zunächst die auf Städte fixierte Identität der Juden nicht wesentlich beeinzuträchtigte.

Die erst jetzt in den Blickpunkt der Forschung geratene [M. RI- CHARZ, Ländliches Judentum, in 165: 1 ff.] Entstehung des Landjudentums wurde intensiver bisher nur anhand einiger Regionen des Südwestens [Überblick 166: ROHRBACHER 35 ff.], des Mittelrheins und des Nordwestens [69: RIES 72 ff.] untersucht. Regionalstudien zu Landgemeinden entstanden für den Südwesten [162: KIESSLING/ULLMANN], die Markgrafschaft Burgau [168: ULLMANN], die Fürstabtei Corvey [181: DEVENTER], die Grafschaft Hanau-Lichtenberg [186: HAARSCHER], das Oberfürstentum Hessen [84: BATTENBERG], das Herzogtum Kleve [169: BAER], die Provinz Lothringen [201: MEYER], das Fürstentum Ostfriesland [68: REYER/TIELKE], das Hochstift Paderborn [8: VAN FAASSEN] und das Ries um Nördlingen [202: MÜLLER 127 ff.], während weite Bereiche des Reichs, vor allem des Nordens und Nordostens einschließlich Thüringens [demnächst Monographie von S. LITT] und Sachsens bislang diesbezüglich noch kaum erforscht sind. Neben dem Landjudentum hat – in größerem Maße, als bisher in der Forschung angenommen – urbanes Judentum städtische Vertreibungen überlebt und durch die merkantilistischen Neugründungen und das Aufstreben einiger Residenzstädte neue Impulse erhalten.

Entstehung des Landjudentums

Ein weiteres, anhand verfügbarer Quellen bisher kaum lösbares Problem besteht in der Dimension und Verteilung der jüdischen Bevölkerung im Reich. Für das frühe 16. Jh., eine Zeit offensichtlichen Tiefpunkts jüdischer Siedlungsdichte [R. LUFT, Landjudenschaft, in 182: 14], werden „wenige tausend" Haushaltungen genannt [ROHRBACHER, Organsiationsformen, in 64: 141]. Nach einer Aussage der Frankfurter Gemeinde von 1603 habe es im ganzen Reich, ausgenommen Prag, nicht mehr als 2000 *hausgesäß* gegeben [D. COHEN, Landesrabbinate, in 56: 235]. Aus dieser Zahl wurde geschlossen, die Gesamtzahl der Juden im Reich habe im frühen 17. Jh. 8000 bis 10 000 betragen habe [39/1: BATTENBERG 235; 60: HERZIG 97]. Während die für die Zeit um 1500 genannte Zahl angesichts der damals sehr hohen Fluktuation der

Schwerpunkte jüdischer Siedlung im Reich

jüdischen Bevölkerung spekulativ bleibt und auch die Zählung der über
„Germania Judaica III" für diese Zeit genannten Gemeindeglieder nicht
weiterführt [TOCH, Siedlungsstruktur, in 56: 33 ff.], muss auch die Zuverlässigkeit der Zahl von 1603 bezweifelt werden. Weder wird gesagt,
ob außer Prag auch die Länder der Böhmischen Krone gemeint sind,
noch ob die österreichischen Erbländer sowie die teilweise zur Französischen Krone gerechneten Gebiete des Elsass und Lothringens einbezogen wurden. Lässt man bei einer anhand der regionalen Quellen
durchgeführten Schätzung [I, 2.1.] diese Bereiche außer Betracht, so
könnte man auf eine Anzahl 3000 Haushalten kommen. Die Diskrepanz zur Frankfurter Zahl erklärt sich daraus, dass die sefardischen
Juden ebenso wie weitere marginale Siedlungsgebiete unberücksichtigt
blieben.

Will man von den Haushaltsvorständen bzw. Steuerzahlern auf
die Gesamtzahl der jüdischen Bevölkerung schließen, so ergibt sich das
Problem des Haushaltskoeffizienten. Die ältere Literatur ging entsprechend dem christlichen Haushalt von einem Faktor 5 bzw. 4–5 aus
[39/1: BATTENBERG 235; 60: HERZIG 97]. TOCH hat unter Auswertung
der im Projekt „Germania Judaica III" gesammelten Quellen für das
späte 15. Jh. einen Faktor 8 angenommen [Siedlungsstruktur, in 56:
33]. RIES teilt für die gleiche Zeit einzelne Haushaltsgrößen von „7–10
Personen" mit [69: 464]. Zu berücksichtigen war, dass neben der Kernfamilie regelmäßig weitere *Brotessen* [Bsp. 175: BATTENBERG 159],
Knechte, Mägde und *melamedim*, im Haushalt lebten [69: RIES 463 ff.].
Hinzu kommt, dass das niedrige Heiratsalter – das ideale Alter für
Mädchen war 16, das für Jungen 18 – und auch die restriktive Schutzbriefpraxis dazu führten, dass Söhne lange Zeit nicht das Haus verließen und eine Familie im Haushalt des Vaters begründen mussten
[300: KATZ; 161: DERS. 113 ff.]. Doch kann dieser Befund nicht ohne
weiteres auf das 16./17. Jh. übertragen werden. Die schnelle Ausbreitung der jüdischen Siedlungen auf zahlreiche kleine Herrschaften des
Reichs schuf gewisse Entlastungen, und so dürften sich, trotz weiterhin
begrenzter Vergleitungen (Erteilung von Schutzrechten) in den Großterritorien, die Zwei-Generationen-Haushalte schneller als noch im
frühen 16. Jh. aufgelöst haben. RIES hält schon für dieses Jh. eine Haushaltszahl von 6–7 für realistischer [69: 465]. Die für das 18. Jh. von
ULLMANN hinsichtlich schwäbischer „Judendörfer" (3,2–5,2) [168:
347 f.] und von B. POST hinsichtlich Mainz (5,8) [Die jüdischen
Einwohner, in 182: 47] ermittelten Ziffern bilden den Endpunkt der
Entwicklung. Eine Detailanalyse zu Oberhessen hat für ca. 1640 den
realistischeren Koeffizienten von 6,3 erbracht [84: BATTENBERG 281].

Größe und Struktur jüdischer Haushalte

Damit kommt man, selbst unter Zugrundlegung der Frankfurter Zahlen als Ausgangspunkt der Berechnung, für das engere Reichsgebiet auf eine Zahl von mindestens 14 000, eher wohl 20 000 Juden. Unter Einrechnung der „Außenbereiche" (Österreichische Erblande, Elsass und Lothringen sowie Niederlande) ließen sich diese Zahlen gewiss nochmals verdoppeln.

2.2 Halacha und „Judenrecht" der Privilegien, Ordnungen und Policeyverordnungen

Das Verhältnis zwischen dem (inner-)jüdischen Recht („Jewish law") der *halacha* (auch talmudisches Recht) und dem von den Obrigkeiten festgelegten Recht zur Regelung der Beziehungen zwischen Juden und Nichtjuden (sog. Judenrecht) ist in der Forschung umstritten. Während man bisher im Anschluss an G. KISCH [Forschungen zur Rechts- u. Sozialgeschichte der Juden in Deutschland (1954) 187 ff.] von zwei separaten Rechtskreisen sprach, konnten inzwischen für das Mittelalter [I. YUVAL, Kabbalisten, in 258: 155 ff.; R. WALZ, in ASCHKENAS 9 (1999) 189–232] wie für das 19. Jh. [140: GOTZMANN] Querverbindungen und gegenseitige Beeinflussungen nachgewiesen werden. Hinsichtlich der Frühen Neuzeit wurde das Problem bisher als solches rabbinischer Abwehr gegen Aufweichungen und Assimilationserscheinungen im 18. Jh. diskutiert [245: ABRAMSKY 14 ff.; 42: BREUER 228 ff.; 328: GREENBERG 351 ff.; 361: POPPEL 86 ff.], kaum als eines der Rechtsentwicklung selbst [Ausnahme 144: KOCHAN 130 ff.]. Dies hängt mit der Grundauffassung der Getto-Existenz der Juden zusammen, die die Annahme eines geistigen Austauschs mit der nichtjüdischen Umwelt ausschloss, jedenfalls soweit grundlegende Positionen der *halacha* betroffen waren. Dabei wurde diese letztere als ein kulturelles, theonom konstruiertes Normensystem gekennzeichnet, das durch die Tätigkeit der Rabbiner als der Rechtstradenten nicht konstitutiv weiterentwickelt werden konnte [140: GOTZMANN 6 f.], aber von rabbinischer Autorität getragen war [174: BATTENBERG 147, nach M. LEWITTES]. Auch die These des jüdischen Rechts als eines „autopoietischen Rechtskonzepts" [140: GOTZMANN 8; Kritik: BATTENBERG, in AHG NF 56 (1998) 475 f.], das einen Rechtswandel nur durch soziale Einflüsse von außen für möglich hält, hat eine Neubewertung des Problems verhindert. Nach KATZ wurden lediglich unter Heranziehung älterer Erklärungsmuster Anpassungen an die Erfordernisse des Alltagslebens vorgenommen, wobei die Rabbiner ein Gleichgewicht zwischen existentiellen Sachgesetzlichkeiten und der Identitätswahrung herzustellen hatten [343: 46,

innerjüdisches Recht *(halacha)*

154; 143: DERS. 227 ff.; Zweifel in 93: WEINRYB 412]. In der aschkenasischen Judenschaft hätten sich lediglich die Gewohnheiten *(minhagim)* geändert, ohne dass die *halacha* davon betroffen war [343: KATZ 29].

rabbinische Responsenzen und Regelungskompetenzen

Anlass für eine Neubewertung hätte schon das gründliche Studium der Responsen geben können, die nicht nur innerjüdische Fragen der Einhaltung der 613 *mizwot* (Gebote) beantworteten, sondern sich auch mit dem alltäglichen Zusammenleben in nichtjüdischer Umgebung befassten [144: KOCHAN 130 ff.; vgl. 139: FREEHOF, 149 ff.; 142: JACOBS 110 ff.; 143: KATZ 121 ff., 133 ff.; 152: ZIMMELS 39 ff., 59 ff.]. Der Friedberger Rabbiner Chajim Bezalel hatte sich in seinem *Sefer Vikuach Majim Chajim* (1575) ausdrücklich gegen eine Kodifikation ausgesprochen, wie sie von Caro/Isserles erarbeitet worden war, weil er der Auffassung war, Rechtsentscheide der Rabbiner – und damit die Rechtsfortbildung – würden damit eher behindert als gefördert [125: SHERWIN 43]. Der Hinweis darauf, dass Moses Isserles die Lektüre weltlicher philosophischer Werke zuließ [152: ZIMMELS 55], zeigt, dass man durchaus schon im 16. Jh. die intellektuellen Diskurse der christlichen Umwelt wahrnahm. Der Prager Landesrabbiner David Oppenheimer kann als Vertreter einer solchen „offenen" halachischen Kultur der deutschen Gelehrten *(chachme Aschkenas)* gelten, die trotz Bindung an die Tradition Einflüsse der Umwelt verarbeitete [114: LIEBEN 22 ff.]. Es erstaunt nicht, dass die rabbinische Diskussion über die Zulässigkeit der verzinslichen Geldleihe an der nichtjüdischen Praxis nicht vorüberging [B. RAVID, Moneylending, in 285: 257 ff.; 348: KIRN 92 f.]. Hinzu kommt, dass das talmudische Prinzip *dina de'malchuta dina*, wonach das jeweilige Landesgesetz von den Juden selbst als geltend anerkannt wurde [42: BREUER 28], von der halachischen Lehre dahin eingeschränkt wurde, dass zwischen gültigem, in Übereinstimmung mit dem Recht des jeweiligen Landes, und willkürlichem Recht unterschieden wurde, das als „Raub durch den König" *(chamsanuta demelech)* verworfen wurde [85: FUNKENSTEIN 121]. Die Aussage Jochanan Luria', die von christlichen Obrigkeiten an Juden verfügte Pflicht zur Kennzeichnung der Kleidung sei ungerecht, weshalb er sie für sich als nicht gültig ansehe [312: BEN-SASSON 373], folgt dieser Auffassung. Wenn aber die rabbinischen Gelehrten die Kompetenz zur Beurteilung christlichen Rechts auf dessen Geltung für Juden in Anspruch nahmen, heißt dies, dass sie sich mit dessen Regeln anhand von Kriterien der Gerechtigkeit auseinandersetzten, was nicht ohne Einfluss auf die Interpretation der *halacha* selbst geblieben sein konnte [85: FUNKENSTEIN 121 ff.; 144: KOCHAN 55]. Die Kompetenz für den Erlass von Ordnun-

2. Die Zeit bis zur Mitte des 17. Jahrhunderts 81

gen *(kijunim)* und damit zur Regelung des Lebens in der christlichen Umwelt einfach aus dem Regelungsbereich der *halacha* auszugliedern und der Obrigkeit *(malchut)* zuzuweisen [161: KATZ 31], reduziert die Probleme der Rechtsmaterien zu sehr auf eine Dichotomie zweier unabhängig nebeneinander stehender *corpora*.

Inwieweit es neben dem (inner-)jüdischen Recht ein selbständiges „Judenrecht" *(Jewry law)* gab, ist ebenfalls umstritten. Die Annahme eines solchen *corpus* selbständiger Normen, durch die die Verhältnisse der Juden von nichtjüdischen Obrigkeiten geregelt würden, erweist sich als Pendant zur diskutierten „Isolationsthese". KISCH nahm die Existenz einer Gesamtheit von „judenrechtlichen Satzungen" an, die sich aus Einzelvorschriften des römischen und des kanonischen Rechts wie des einheimischen Statuar- und Gewohnheitsrechts der christlichen Landesherrschaften zusammensetze [349: 33f.; Nachweise bei 174: BATTENBERG 147]. Für GÜDE (einem Schüler Kischs) wurde daraus ein selbständiges, geschlossenes Rechtssystem, dem Juden – gleichberechtigt mit Christen – als Glieder einer Rechts- und Friedensgemeinschaft unterworfen waren, auch wenn sie „im tatsächlichen Bereich" [185: 14f.] bzw. aufgrund „außerjuristischer Motive" [349: KISCH 36] benachteiligt worden seien. Nach MARZI unterwarf sich der von einem Schutzherrn aufgenommene Jude durch den „Rezeptionseid" dem obrigkeitlichen Judenrecht durch das Versprechen, dieses einhalten zu wollen [199: 117ff., 430]. Zweck dieses Normensystems war nach ihm die Schutzgewährung und die Statuierung von Ordnung [199: 231]. Folglich bemühte man sich in der bisherigen rechtsgeschichtlichen Forschung darum, die „allgemeinen Tendenzen" eines solchen – positivistisch gedachten und nach Reichs- und Partikularrecht unterschiedenen [183: FREY 37ff.] – Judenrechts der Territorien zu ermitteln [195: KÖNIG 28f., 309ff.; 1: BATTENBERG 3].

obrigkeitliches „Judenrecht"

Es ist zweifelhaft, ob ein System „Judenrecht" konstruiert werden kann. Vielmehr ist dieses normative Regelwerk durch seinen ergänzenden Charakter gekennzeichnet, durch den nur die Folgen des Ausschlusses der Juden aus der christlichen Gemeinschaft geregelt wurden [BATTENBERG Rahmenbedingungen, in 193: 55; 174: DERS. 146ff.; auch 199: MARZI 230 F. 1]. Dieses „supplementäre Recht" [174: BATTENBERG 149f.] war weder gegenüber dem obrigkeitlich gesetzten noch dem halachischen Recht eigenständig. Es konnte sogar, wie im Einzelfall nachgewiesen wurde [ebd., nach F. LOTTER], auf talmudischen Rechtsgrundsätzen basieren, wie 1804 der preußische Jurist Terlinden in seinen „Grundsätze[n] des Juden-Rechts" bestätigte [ebd., F. 39]. Die im konfessionellen Zeitalter erneuerte „Dämonisierung" von Tal-

Teilhabe der Juden am allgemeinen Recht

mud und halachischem Recht [358: PETERSE 22 ff.; BATTENBERG, Judenordnungen, in 58: 90] diente der Abgrenzung des eigenen religiösen Systems, nicht der Installierung einer christlichen Gegen-Rechtsordnung für Juden. Durch die Geltung dieser Rechtsregeln waren die Juden keineswegs vom allgemeinen Recht ausgenommen; dieses wurde nur im Hinblick darauf, dass bestimmte Vorschriften aus theologischen Gründen unanwendbar waren, variiert.

Darüber hinaus war dieses recht fragmentarische Regelungswerk anders als das halachische Recht keine kodifizierte Materie, die von Fall zu Fall an die Realitäten angepasst oder ergänzt werden konnte. Trotz einzelner landesherrlicher Versuche aus dem 16. Jh., ein solches kodifiziertes „Judenrecht" in einer einheitlichen, theologisch begründeten und als unveränderlich gedachten „Judenordnung" zusammenzufassen [310: BATTENBERG 321ff:, 170: DERS. 55; DERS., Judenordnungen, in 58: 90ff.], reagierten die meisten Schutzherren durch Einzelverfügungen und Policeyverordnungen, Privilegien, Verträge und Geleitbriefe auf konkrete Vorfälle [3: BLINN 36ff.]. Diese spiegelten eher die soziale Wirklichkeit der jüdischen Bevölkerung [195: KÖNIG 312]. Selbst der von den zeitgenössischen Juristen konstruierte Normenkanon auf der Grundlage des kanonischen und römischen Rechts konnte sich entgegen der These GÜDES [185: 14f.] nicht zu einem Bollwerk gegen „schrankenlose Willkür ihrer feindseligen Umgebung" entwickeln, weil die Regeln der Billigkeit *(aequitas)* – unter ausdrücklicher Zustimmung auch Reuchlins – im Falle der Juden nicht gelten sollten [176: BATTENBERG 5f.; 177: DERS.]. Eine den Handlungsspielraum der Juden einengende kaiserliche Privilegien- und Rechtspraxis blieb für den alltäglichen Handel mit Christen ohne Auswirkung [173: BATTENBERG 112f.]. Privilegien und Policeyverordnungen stellten für die betroffenen Juden keine Sonderrechtsordnung dar, mit der ihr eigenes halachiches Recht überlagert wurde. Sie waren vielmehr disponible Instrumente des täglichen Rechtsverkehrs, durch die zur Sicherung der Existenz Legitimationen und Gegenlegitimationen gegenüber christlichen Kontrahenten und Obrigkeiten eingebracht werden konnten [ebd. 114f.].

2.3 Der christliche Antijudaismus

Ein häufig diskutiertes Problem besteht darin, inwieweit der ältere christliche Antijudaismus in der Vormoderne fortdauerte. Außer Betracht bleiben kann die Diskussion zu den Ursprüngen des Modernen Antisemitismus [Hinweise u. a. 82: BATTENBERG 17ff.; 344: KATZ 21ff.;

28/3: SCHRECKENBERG 573 ff.; umfassendste Darstellung: W. NICHOLLS, Christian Antisemitism. Northvale u. a. 1995]. Die wiederholt in der populären Literatur [G. CZERMAK, Christen gegen Juden, 1997; J. WEISS, Der lange Weg zum Holocaust, 1997] – vorgetragene Behauptung, es gäbe eine über Luther vermittelte Kontinuität der älteren Judenfeindschaft bis zum Modernen Antisemitismus, ist widerlegt, da es weder einen Beleg für dessen Permanenz noch einen solchen für eine „evolutionäre" Entfaltung gibt [82: BATTENBERG 24 ff.].

Die aufgeworfene Frage wurde zunächst im Hinblick auf den Streit um die von dem Konvertiten Pfefferkorn geforderte Vernichtung hebräischer Schriften diskutiert [Kontroverse in 357: OVERFIELD 170 ff.]. Behauptet wird, Reuchlin habe den judenfeindlichen Standpunkt der alten Kirche verlassen und sich für eine bessere Behandlung der Juden auf der Basis des römischen Rechts eingesetzt. Er sei so als Wegbereiter der Aufklärung zu sehen [352: MAURER 267; 357: OVERFIELD 176]. Seine für die Zeit „äußerst tolerante Haltung" [185: GÜDE 28] lasse sich durch einen „Wandel in der humanitären Einstellung erklären", die „aus der Quelle der Gerechtigkeit" geflossen sei [347: KISCH 32; auch 357: OVERFIELD 175 f.]. Die Juden habe er „vernünftig und freundlich" als Juden behandelt [350: KLEINER 54 f.]. Durch Besinnung auf christliche Werte habe er neue Impulse eines Eintretens für die Juden gegeben [F. LOTTER, Rechtsstatus der Juden, in 336: 83 ff.]. „Ohne Vorbehalt [sei er] ein Vertreter der Toleranz gegenüber den Juden" [H. HILLERBRAND, Toleranz, in 336: 118]. Demgegenüber hat OBERMAN betont, dass davon keine Rede sein könne, da Reuchlin die Juden weiter als Ehrlose unter der Strafe Gottes wegen der Ermordung Christi sah. Bewundert habe er sie nur als kabbalistische Geheimnisträger [Reuchlin, in 336: 50 f.; 356: DERS. 35; ähnlich 372: TRUSEN 120; K. GRÖZINGER, Kabbala, in 336: 175 ff.]. Reuchlin selbst hat seine Auffassung vom römischen Bürgerrecht der Juden durch Gleichsetzung dieser mit der allgemeinen Untertanenschaft und der fortbestehenden Eigenschaft der Ehrlosigkeit relativiert [177: BATTENBERG; 372: TRUSEN 104, 118]. Humanistisches Denken bei Reuchlin schloss Judenhass nicht aus, auch wenn der Bürgerrechtsbegriff einen Schritt zur Verrechtlichung jüdischer Existenz bedeutete [177: BATTENBERG]. Eine „neue Toleranz" war dies nicht. Reuchlin hat vielmehr den „traditionellen Rechtsstandpunkt von der bedingten Toleranz" gegenüber Juden vertreten [346: KIRN 193], die nur „Duldung" war innerhalb der Vorgaben der augustinischen Theologie. Nach S. RHEIN ist er vom Antijudaismus der Zeit durch seinen „kulturellen Philosemitismus" nicht abgewichen. [Der jüdische Anfang, in 336: 165].

Folgen des Bücherstreits zwischen Pfefferkorn und Reuchlin

Bedeutungs- Mit dem Reuchlin-Pfefferkorn-Streit hängt die Frage nach der
verlagerung des Bedeutungsverlagerung des Antijudaismus im 16. Jh. durch die Auf-
Antijudaismus spaltung der mittelalterlichen Einheitsgesellschaft in Konfessionslager
zusammen. Zu fragen ist, ob der bisher als Teil eines dogmatischen Systems verstandene Komplex der Judenfeindschaft durch die Glaubensspaltung zur selbständigen „Leitideologie" [333: HEIL] bzw. zum „kulturellen Code" [82: BATTENBERG] wurde. Nach HEIL zeichnet sich diese im 16. Jh. nicht durch neue gedankliche Durchdringung, sondern nur durch Perfektionierung der sozialen Ausgrenzung, Popularisierung, Ökonomisierung und Indienstnahme für die Glaubensspaltung aus [333: HEIL 14]. RIES meint, dass die lutherische Theologie den Antijudaismus verstärkt habe [366: 368]; dafür sei eine „totale und offensive Glaubensauffassung" maßgebend gewesen, die als „reine Lehre" habe durchgesetzt werden müssen [366: 394]. Damit haben beide der Entwicklung zur Konfessionalisierung, die eine „offensive Verbreitung [der Lehre] in der Öffentlichkeit" gebracht habe [366: 417f.], eine
Anthropologi- wichtige Rolle zugewiesen. Demgegenüber wird neuerdings betont, der
sierung des alte Antijudaismus sei seit dem 16. Jh. anthropologisiert worden, da
Judenhasses? man eine Art „rassischer Reinheit" forderte [94: YERUSHALMI 59; 374: WALZ 61; 375: DERS. 723ff.; NICHOLLS (S. 83) 263] und konvertierte Juden der Zeit mit einem Makel („Taufjuden") versehen habe [L. SIEGELE-WENSCHKEWITZ, nach Heil, ebd.; auch DIES. (Hg.), Christlicher Antijudaismus und Antisemitismus, 1994, XVIIIf.]. Mit WALZ [375: 724, 747] ist einzuschränken, dass die hierzu angeführten spanischen Blutreinheitsgesetze *(estatutos de limpieza de sangre)*, soweit sie Auswirkungen auf die im Reich lebenden (sefardischen) Juden hatten, nicht die Rasse, sondern die genealogische Abkunft („gentiler Rassismus") meinten. HORTZITZ konnte anhand linguistischer Analysen an Texten des 16/17. Jh.s wahrscheinlich machen, dass „rassistische" Argumentationsketten, wie die Behauptung besonderer körperlicher Eigenschaften der Juden, niemals Gegenstand antijüdischen Denkens dieser Zeit waren [337: 95f.]. Auch der Begriff des „Taufjuden" sollte nicht überbewertet werden, da der im 16. Jh. zunehmende Bekehrungseifer gegenüber Juden [306: AGETHEN 69ff.; 346: LEWIN 30f.; 319: EHRLICH, 50ff.] diese zwar sozial isolierte, nicht jedoch aus der christlichen Gemeinschaft ausschloss. Auch die im 16. Jh. reaktivierte „Legende" von der jüdischen Neigung zum Ritualmord an christlichen Kindern [311: BATTENBERG 119ff.] kann für die Anthropologisierungsthese nicht herangezogen werden. Mit dem Ritualmordvorwurf wurden die im Interesse einer von den christlichen Kirchen monopolisierten Magie angeblichen magischen Praktiken der Juden dämonisiert [359: PO-CHIA HSIA

226 ff.]; eine anthropologische Differenz hatte man damit nicht im Auge.

Eine weitere Position, die die veränderte Zielrichtung der Judenfeindschaft unter dem Eindruck der Reformation betont, vertreten vor allem Kirchenhistoriker. Sie argumentieren, dass Luther – ebenso wie auch andere Reformatoren nach ihm [364: REICHRATH 49] – die Juden in eine „Unheilskette" mit „Papisten", Sektierern und Türken eingereiht hätte [307: ARING 103; E. L. EHRLICH, Luther, in 349: 84 f.; 356: OBERMAN 160 f.; DERS., Juden, in 349:154; 350: LEWIN 44 f.; 310: BATTENBERG 317], die endzeitliche Bedeutung hatte [M. STÖHR, Martin Luther, in 349: 106]. Luther habe damit ein – irreales – Feindbild der Christenheit errichtet [307: ARING 108]. Dazu wurde die These der Ablösung des älteren durch den neueren Bund (Substitutionstheorie, „theology of supersession") [329: GRITSCH 197 ff.; relativierend bei M. FRIEDRICH, Evangelische Theologie, in 339: 231 f.] und die gegenüber der älteren Kirche stärker „christozentrische" Perspektive Luthers als neu für den Antijudaismus der Zeit erkannt [307: ARING 108; 82: BATTENBERG 27, 47]. Danach hätten die Juden seit der Ankunft Christi auf Erden keine Zukunft mehr [356: OBERMAN 56]. Doch wurde auch gesehen, dass sich Luther wie andere reformatorische Theologen mit diesen Lehren ganz auf dem Boden der mittelalterlichen Tradition befanden [319: EHRLICH 61; DERS., Luther, in 349: 85; 330: HÄGLER 139; 39/1: BATTENBERG 193; 310: DERS. 317 f.]. Die Reformationstheologie brachte für die Judenfeindschaft keine neuen Begründungen [J. BROSSEDER, Luther, in 359: 117]. Selbst die eschatologischen Erwartungen waren schon vorher bekannt und wurden auch von Pfefferkorn argumentativ gegen Reuchlin benutzt [346: KIRN 58 ff.]. Für die Juden hat sich Luther kaum interessiert [S. SCHREINER, Luther, in 359: 71], sie vielmehr als eher fiktive Gruppe in sein theologisches System eingebaut.

christozentrische und eschatologische Momente im Judenhass

Man ist sich heute weitgehend darüber einig, dass, vermittelt über Luther, Bucer und andere Reformatoren, der mittelalterliche kirchliche Antijudaismus überlebte, wenn er auch durch die Distanzierung vom Blutschuldvorwurf seiner magischen Elemente entkleidet wurde [E. L. EHRLICH, Luther, in 349: 86]. Für die im Tridentinum neu formierten Altgläubigen gab es ebenfalls keinen Kontinuitätsbruch, mit dem Unterschied, dass 1542 über Johannes Ecks Gutachten die Ritualmordlegende zumindest im volkstümlichen katholischen Glauben überlebte und damit dem Antijudaismus eine gefährlichere Richtung gab [331: HÄGLER 427 ff., 448; 320: ERB 119 ff.; W. P. ECKERT, Katholizismus, in 367/2: 235 f.]. Eine gewisse Rolle spielte außerdem, dass die katholi-

Dogmatisierungen und lutherische Orthodoxie

sche Kirche die Juden für die Abspaltung der Protestanten mit verantwortlich machte [332: HEALEY 63, nach Jean Paul LICHTENBERG; W. P. ECKERT, Humanismus, in 367/1: 285 ff.]. Neu ist, worauf HEIL und RIES hinweisen [s. o. S. 84], die „politische" Instrumentalisierung des Antijudaismus zur Abgrenzung der Konfessionen und damit zur Stabilisierung der Glaubensspaltung. Die Neuausgabe von Luthers Schrift *Von den Juden und ihren Lügen* (1543) 1613 in Frankfurt könnte auf die Pogrome hier und in Worms Einfluss gehabt haben [329: GRITSCH 202]. Eine Schlüsselrolle kam dem durch den Reformator Martin Bucer 1535 auf der Grundlage älterer Lehren formulierten und über die Judenordnung Landgraf Philipps v. Hessen eingeführten Verbot der Glaubensdisputation von Laien mit Juden zu [288: BATTENBERG 74 ff.; 310: DERS. 328 ff.; 348: KLEINER 223]. So wurde das reformatorische Prinzip vom „Priestertum aller Gläubigen" zwecks Abgrenzung vom Judentum zurückgenommen und der zaghaft angeknüpfte Dialog aufgekündigt. Das Kontaktverbot wurde geradezu zu einem Leitmotiv lutherischer Politik [69: RIES 458; 287: BATTENBERG 431; FRIEDRICHS, Jews, in 67: 286]. Das von der lutherischen Geistlichkeit von nun an beanspruchte Wächteramt zur Reinhaltung der Dogmen [310: BATTENBERG 73] analysierten BRADEN [315: Judenpolitik] und RIES [365] im Hinblick auf Hamburg und das Herzogtum Braunschweig. Beide wiesen nach, dass die Geistlichkeit durch ihre „Ratschläge" im Sinne der orthodoxen lutherischen Lehre intensiv auf die „Judenpolitik" der Obrigkeiten Einfluss nahm [366: RIES 368 ff.; 310: BATTENBERG 330 ff.; 364: REICHRATH 46 ff.]. Einen selbständigen Antijudaismus gab es nicht; dieser war eingebunden in die theologischen Systeme der Zeit [82: BATTENBERG 46 f.], die selbst genügend Legitimationspotentiale boten, um im Reich ebenso wie in den Territorien bei Bedarf instrumentalisiert zu werden.

2.4 Jüdische Lebenswelten: Hoffnungen und Gefährdungen, Eigen- und Fremdbild

Destabilisierung jüdischer Siedlung

Die Situation der Juden im Reich wird für das 16. und 17. Jh. als sehr instabil gekennzeichnet [125: SHERWIN 37 f.; 168: ULLMANN 44; 60; S. ROHRBACHER, Organisationsformen, in 64:140], da für die meisten eine Zeit ständiger Migration ohne Aussicht auf einen dauerhaften Schutz durch die alte oder eine neu konstituierte Gemeinde bestand [60: HERZIG 68 f.]. Das Gefühl ständig drohender Vertreibungen blieb mindestens bis zum frühen 17. Jh. bestehen [42: BREUER 90]. Charakteristisch für dieses Jh. ist der Rückzug der Siedlung von Einzelfamilien

2. Die Zeit bis zur Mitte des 17. Jahrhunderts 87

in den Bereich kleiner und kleinster, oft ritterschaftlicher und gräflicher Herrschaften, in denen konkurrierende Schutzrechte ausgeübt wurden und wirtschaftliche Strukturen kaum entwickelt waren [60: HERZIG 88ff; DERS., Berührungspunkte, in 51: 151; ROHRBACHER, Innere Situation, in 165: 48f.; DERS., Organisationsformen, in 64: 143]. Die Beobachtung, dass in zeitgenössischen Quellen für diese Ansiedlungen die Ausdrücke *kehila* bzw. *chawura* zur Bezeichnung von Siedlungsgemeinschaften mit oder ohne Gemeindestatus nicht mehr vorkommen, vielmehr durch den Ausdruck Siedlung *(jischuw)* ersetzt werden, spiegelt diesen Sachverhalt auch innerjüdisch. Mit BREUER lässt sich für das späte 16. Jh von einer „neue[n] Phase jüdischer Wanderungen in Deutschland" sprechen, die weniger durch Vertreibungen als durch die Suche nach besseren Lebensbedingungungen motiviert war [42: 86].

Die Auflösung alter Gemeinschaften hatte zur Folge, dass religiöse Vorschriften kaum noch beachtet werden konnten [39/1: BATTENBERG 172; ROHRBACHER, Stadt und Land, in 165: 38ff.; DERS., Innere Situation, in 165: 39f.], rabbinischer Klage zufolge großenteils gar nicht mehr bekannt waren [ROHRBACHER, Organisationsformen, in 64: 142]. Synagogen und Beträume gab es nur noch wenige, und selbst Friedhöfe wurden meist nur für eine größere Region angelegt, wie hinsichtlich des „Judensands" Mainz und eines Friedhofs bei Neudenau für die Juden des Erzstifts und des Neckarraums belegt ist [2: BATTENBERG 298, 315]. Selbst für die Praxis des *eruw* als eines öffentlichen Zeichens für die Präsenz einer Gemeinde [S. ULLMANN, Sabbatmägde, in 339: 259f.; P. FREIMARK, Eruw, in 225: 11ff.] gibt es außerhalb der Städte kaum Belege. Auch wenn das Gefühl übergreifender Solidarität trotz Leben in der Fremde nie verloren ging, und auch lebensnotwendige Kommunikationen – vor allem zur Abwendung von Gefahrensituationen [364: REICHRATH 49f.; 128: STERN 139, betr. den sofort unter den Juden bekanntgewordenen Bucerschen „Ratschlag"] – gepflegt wurden [M. TOCH, Population, in 67: 86ff.], war doch der organisatorische Zusammenhalt abgerissen bzw. auf einige *medinot* im Umkreis wichtigerer Rabbinatssitze regionalisiert. Erste Ansätze zur systematischen „Peuplierung" der Landesherrschaften durch die Ansiedlung von Juden werden erst im späten 16. Jh. erkennbar; in die gleiche Zeit datieren auch – nach älteren Vorläufern – territoriale Organisationsversuche [84: BATTENBERG 276; D. COHEN, Landjudenschaften, in 58:192]. Auch wenn eine gewisse Kontinuität zu den alten Gemeinden des 15. Jh.s angenommen wird [S. ROHRBACHER, Organisationsformen, in 64: 140f.], haben doch die statistisch-quantitativen Analysen TOCHS erwiesen, dass nur ein geringer Prozentsatz das 15./16. Jh. überdauerte [Sied-

Kontinuitäten und Gründung neuer Gemeinden

lungsstruktur, in 57: 37]. Die Bereitschaft zur Gründung neuer Gemeinden unter Aufgabe der alten Verbindungen wuchs im 16. Jh. Einzelne Pioniere wie Simon Günzburg in Schwaben oder die Familie Schay in Niedersachsen [ROHRBACHER, Partnerschaft, in 162: 196f.; 69: RIES, 351ff., 496f.] scheinen dabei eine gewichtige Rolle gespielt zu haben. Dieser Problemkreis bedürfte noch einer eingehenden Erforschung.

Angesichts nur spärlicher Quellen – Responsen dieser Zeit für den Bereich des Reichs fehlen fast völlig [139: FREEHOF 37f.; 142: JACOBS 110ff.] – weiß man bislang nur wenig über die inneren Befindlichkeiten der zerstreut lebenden Juden. Man kann annehmen, dass man sich an den verbliebenen Großgemeinden von Frankfurt, Friedberg und Worms, für den Südosten auch an Prag und Wien, orientierte, zu denen auch die Rabbinatssitze in Fulda und später auch Günzburg gezählt wurden. Die Frankfurter Gemeinde erhob ihrerseits einen Führungsanspruch über andere Gemeinden [ROHRBACHER, Partnerschaft, in 162: 218]. Konkurrierend zu dieser Gemeinde trat auch die Wormser *kehila*, da diese durch den von dort kommenden „Reichsrabbiner" [M. STERN, Die Wormser Reichsrabbiner Samuel und Jakob. Berlin 1937] und Gesandten der Gemeinen Judenheit des Reichs über intensive Beziehungen zum Kaiserhof verfügte. [Nachweise 215: ZIMMER 134ff.]. Zum Überleben hat ein ausgeprägtes Gefühl der Fremdheit beigetragen, das zur Bewahrung der eigenen Identität auch notwendig war [374: WALZ 58; 94: YERUSHALMI 21ff.]. Stellvertretend für andere drückte dies der Chronist und Astronom David Gans in seiner Weltchronik *Zemach David* (Prag 1592) aus, wo er die Juden als Fremde und Beisassen unter Nichtjuden bezeichnet *(sche anachnu bin ha gojim, we gerim we toschawim anachnu imahem)* [4: BREUER 166; 287: BATTENBERG 445f.]. Unklar bleibt, ob Fremdheit als religiöser *topos* durch die persönliche Sozialisation verinnerlicht und zur Erklärung der Diaspora herangezogen wurde, oder ob es eher ein Reflex auf die Ablehnung durch die Umwelt war, die ihrerseits die Juden als Fremde wahrnahm [R. KIESSLING, Judendörfer, in 193: 173; S. ULLMANN, Sabbatmägde, in 339: 246].

Erfahrungen der Diaspora und der Fremdheit

messianische und eschatologische Erwartungen

Diese Grundbefindlichkeit erklärt die Aufgeschlossenheit vieler Juden dieser Zeit für messianische Verheißungen. Die Werbungen Ascher Lemleins aus Istrien und David Reubenis, die sich als Messiasse ausgaben, konnten so auf fruchtbaren Boden fallen [S. ROHRBACHER, Schwaben, in 193: 97f. ; 42: BREUER 76]. Auch die Reformation nahmen Juden des Reichs gleich zu Beginn wahr [312: BEN-SASSON 386], verursachte aber nach SHERWIN auch Irritationen [125: 38]. Anfangs setzten einzelne (darunter der sefardische Kabbalist Abraham ben Elieser ha-Levi in Jerusalem) auch in das Auftreten Luthers große

2. Die Zeit bis zur Mitte des 17. Jahrhunderts

Hoffnungen, erkannten ihm sogar messianische bzw. eschatologische Attribute zu [313: BEN-SASSON 269; 324: FRIEDMAN 31f.; 39/1: BATTENBERG 172], wurden aber bekanntlich enttäuscht. Während die meisten Autoren sich damit begnügen, die Haltung der Juden als „naiv" zu werten [332: HEALEY 69], gibt FRIEDMAN durch die Unterscheidung nach theologischer Lehre, historischem Ereignis, eschatologischem Verständnis und politischer Auseinandersetzung (doctrinal, historical, apocalyptic and non-ideological pragmatic approach) Kriterien eines differenzierten Zugangs. So gelingt es ihm, die unterschiedlichen Reaktionen der Juden auf das Auftreten Luthers und anderer Reformatoren funktional in ihren theologischen, politischen, existentiellen und legitimierenden Zusammenhang einzuordnen [324: 35ff.]. Auf diese Weise lassen sich zwanglos auch bewundernde Äußerungen von jüdischer Seite bewerten [369: SAPERSTEIN 241ff.]. Damit lässt sich die Reaktion des Karäers Abraham ben Isaak Troki aus Litauen besser verstehen [308: ARING 80ff.; 323: FRIEDMAN 84ff.; 376: WAYSBLUM 62ff.], der in seinem *Chizzuk Emuna* (Glaubensbefestigung) eine Apologie des Judentums präsentierte. Beeinflusst war er nach FRIEDMAN durch die radikalen Reformatoren, vor allem die in Polen verbreiteten Antitrinitarier, um mit deren Argumenten christliche Glaubenssätze zu widerlegen [323: 95]. Er gab er den Juden seiner Zeit so unter Aufnahme humanistischer und reformatorischer Ideen eine „Verteidigungswaffe" an die Hand, mit der ihre Identität gestärkt werden konnte [376: WAYSBLUM 75f.]. Zu klären wäre noch, welchen Einfluss diese – erst später durch J. Chr. Wagenseil gedruckte – Schrift auf intellektuelle Kreise der Juden des Reichs hatte [L. NEMOY, Troki, in 49/15: 1403f.; 308: ARING 80]. Einflussreicher war hier seit den 1570er Jahren der über die Konfessionen und deren antijüdische Argumente gut informierte Friedberger Rabbiner Chajim Bezalel, der entsprechend publizistisch reagierte, um durch eine erneuerte halachische Praxis Schutz zu bieten [125: SHERWIN 55ff.].

apologetische Reaktionen/Abraham ben Isaak Troki

In den gleichen Zusammenhang gehört die im 16. Jh. sich abzeichnende Neubewertung der *kabbala* [255: ELIOR 41], deren Resonanz sich auch in den Werken christlicher Autoren dieser Zeit wiederfindet [314: BOX 319ff., 324ff.; K. REICHERT, Pico della Mirandola, in 258: 195ff.; K. GRÖZINGER, Reuchlin und die Kabbala, in 336: 175ff.]. Wichtigster Interpret der kabbalistischen Lehre, mit dem Erfahrungen der Diaspora verarbeitet wurden, war Isaak Luria aus Safed, dessen Thesen über seinen Schüler Israel Sarug gegen 1600 die *aschkenasim* erreichten [Nachweise 39/2: BATTENBERG 37f.]. Daneben ist der ebenso in Safed wirkende Chajim Vital zu nennen, der mit dem Werk *Ez Cha-*

Neubewertung der *kabbala*

jim (Baum des Lebens, um 1600) für eine veränderte religiöse Wahrnehmung plädierte [255: ELIOR 38f.; G. SCHOLEM, Vital, Hayyim, in 49/16: 171 ff.]. ELIOR stellt die These auf, er und andere Kabbalisten der Zeit hätten die Hierarchie zwischen Halacha und Kabbala umgekehrt, indem sie nun der letzteren die höchste göttliche Autorität zuerkannten. So sei eine Alternative zur bisherigen halachischen Autorität mit ihrer rationalen Argumentation angeboten worden [255: 41, 48]. Mit dem Frankfurter Vorsänger Naftali Herz Treves war ein wichtiger Vertreter kabbalistischer Ideen im aschkenasischen Judentum tätig [42: BREUER 76].

christliche Wahrnehmung der Juden

Umstritten ist, ob sich bereits im 16. Jh. die christliche Wahrnehmung des Judentums liberalisiert hatte. ETTINGER [321: 196f.] bejaht dies: Abgesehen davon, dass die jüdische Kultur neues Interesse gefunden habe, habe sich unter dem Eindruck des Jean Bodin'schen Werks „*Les six livres de la république*" (1576) die Auffassung von der Nützlichkeit der Juden für den Staat durchgesetzt. Hier ist zu bemerken, dass dieses – ab 1586 in lateinischer Fassung vorliegende – Werk der komplizierten Struktur der Reichs und seiner Territorien nicht gerecht und deshalb erst im späten 17. Jh. wirksam wurde [s. H. SCHILLING, Aufbruch und Krise, 1988, 341 ff.; Kritik BATTENBERG, in: AHG NF 49 (1991) 448 ff.]. Bodins zur Toleranz gegen die Juden aufrufende Schrift *Colloquium Heptaplomeres* erreichte erst nach 1700 einen kleinen intellektuellen Leserkreis [28/3: SCHRECKENBERG 646f.]. Der von ETTINGER [321: 198 ff.] und anderen [339: JAKUBWOSKI-TIESSEN 203 ff.] angeführte Hugo Grotius gab in seine *Remonstrantie* (Statut für die Juden des Landes, 1615) [185: GÜDE 67 ff.; 39/1: BATTENBERG 256 f.] in Nachfolge Bodins den Anstoß zur Umorientierung, unterschied sich in seinem Missionseifer gegenüber den Juden aber nicht von anderen [339: JAKUBOWSKI-TIESSEN 204f.]. Immerhin lässt sich ab dem späten 16. Jh. vielerorts eine funktionalere und rechtsförmlichere „Judenpolitik" der Obrigkeiten feststellen [69: RIES 520 ff.; anders Hessen, 1: BATTENBERG 11 f.]. Nach H. J. SCHOEPS hatte im 17. Jh. der Philosemitismus zu einer Höherbewertung der Juden beigetragen [370: 67]. Die Existenz einer solchen Bewegung wird aber als nachträgliches Konstrukt bezweifelt [325: FRIEDRICH 11 ff.]. Obwohl seit Reuchlin verständnisvolle Handbücher christlicher Autoren über jüdische Gebräuche, besonders der *kabbala* [314: BOX 328 ff.] erschienen [zu Sebastian Francks *Dreyzehen Gebot und Verpot der Iuden* (Ulm 1537) und Sebastian Münsters *Messias Christianorum et Iudaeorum* (Basel 1539): 268: PO-CHIA HSIA 226 f.; 322: FRIEDMAN 238 ff.], überwogen Pamphlete wie Antonius Margarithas *Der gantz Iüdisch Glaub* (Augsburg

1530) [354: MIESES 12 ff.] oder Georg Nigrinus' *Der Jüden Feind* (Gießen 1570), die eher an einer Verunglimpfung der Juden als an einer Aufklärung über ihre Kultur interessiert waren [268: PO-CHIA HSIA 228 ff.; DERS., Religiöse Minderheit, in 339: 300 f.; Übersicht 28/3: SCHRECKENBERG 592 ff.]. Mit Johann Buxtorf d. Ä., der 1604 als Professor für Hebräisch in Basel das einflussreiche Werk *Synagoga Judaica* veröffentlichte, kündigte sich durch eine aufgeschlossenere Wahrnehmung religiöser Gebräuche und Riten ein neues Paradigma an [268: PO-CHIA HSIA, 230 f.; DERS., in 339: 302 f.; 318: BURNETT; 314: BOX 349 f.], auch ein antijüdischer Grundton blieb [G. MÜLLER, Protestant. Orthodoxie, in 367/1: 470 f.]. Der Leidener Hebraist Konstantin L'Empereur war, teilweise auf der Grundlage Buxtorfs und Grotius', seit den 1630er Jahren einer der ersten, der sich ohne eigene Missionsabsicht kritisch mit der rabbinischen Literatur auseinandersetzte [271: ROODEN 232 f.]. Doch erst für das späte 17. Jh. ist ein teilweiser Paradigmenwechsel in der christlichen Wahrnehmung der Judenheit im Reich anzunehmen. Hilfreich zur Beurteilung der Entwicklung zu größerer Toleranz ist die von FRIEDRICH getroffene Distinktion nach missionarischen oder (nur) apologetischen Motiven, also dem Bestreben, Juden zur Konversion zu bewegen oder nur „die christliche Wahrheit unangreifbar zu beweisen" [325: 16].

2.5 Rabbinat und gemeindliche Führungsgruppen: Professionalisierung

Über die Kontinuität der rabbinischen Führung im aschkenasischen Judentum herrscht in der Literatur Unklarheit. Es ist die Rede von einem Rückgang des Torastudiums in den deutschen Ländern, ausgenommen Prag [42: BREUER 79], und von einem „Niedergang der rabbinischen Autorität im 16. Jh." [ROHRBACHER, Stadt und Land, in 165: 46]. Daraus folgert HERZIG, dass von den im 16/17. Jh. in Deutschland wirkenden Rabbinern nur wenige Profil entwickelt hätten, das sie über die Landesgrenzen hinaus bekannt gemacht hätte [60: 104]. Diese These müsste noch überprüft werden, da die innerjüdischen Quellen bisher kaum bekannt sind und die christliche Umwelt vom Rabbinat keine Notiz nahm [ROHRBACHER, Organisationsformen, in 64:147; vgl. 305: ZIMMER]. Offenbar hatte die Anfang des 16. Jh.s lebende Generation bedeutender Rabbiner (z. B. Jochanan Luria, zuletzt in Worms, Samuel Margulies in Regensburg) keine Nachfolger im Reich, auch wenn ein gewisses Personengeflecht von Gelehrten bestehen blieb. Eine Ausnahme bildet die Markgrafschaft Burgau mit dem Rabbinatssitz Günz-

Kontinuitäten rabbinischer Führung

burg, in der mit Jona Weil, dem um 1525 amtierenden Urenkel Jakob Weils, Isaak Segal (ha-Levi) und Josef Reiner, beide aus Mantua, und Isaak Misea, dem Verfasser der Responsensammlung *Sefer Jefe Nof* (Buch der schönen Landschaft), das Landrabbinat in Schwaben kontinuierlich und prominent besetzt war [ROHRBACHER, Schwaben, in 193: 95f., 98ff.; D. COHEN, Entwicklung, in 56: 233f.; 68: ULLMANN 136]. Ähnliches gilt für die bestehen gebliebenen Gemeinden Frankfurt, Friedberg, Fulda und Worms. Bemerkenswert ist die These COHENs, dass die – in den Frankfurter Beschlüssen von 1603 bestätigte – Führungsrolle der dortigen Rabbinate als zentrale Gerichte mit der Kaisernähe dieser Orte zusammenhängt [56: 236], man sich also durch deren Herausstellung einen besonderen kaiserlichen Schutz erhoffte.

das „Reichsrabbinat"

In Worms residierte der „Reichsrabbiner" [M. STERN, Die Wormser Reichsrabbiner, s.o. S. 88]. Hinter diesem als „kaiserlicher Rabbiner" bezeichneten Gelehrten stand keineswegs ein reichsweites Rabbinat, wie die von Stern eingeführte Bezeichnung vorgibt; es waren die Kontakte der Reichsstadt Worms und ihrer jüdischen Gemeinde zum Kaiserhof, die diese als Legitimationszuwachs dienende Rangerhöhung verursachten. Die These I. ELBOGENs, dass dieses Amt Vorbild für die Landesrabbinate geworden sei [Deutschland, in 50/5: 991], ist deshalb abzulehnen. Hinzu kommt, dass viele der Landesrabbinate bereits vorher existierten; ihre Entstehung verdankten sie eher der Zusammenfassung von nicht lebensfähigen Siedlungen. Auch ließen die Kaiser das „Reichsrabbinat" schon seit dem 15. Jh. zu fiskalischen Zwecken zu [D. COHEN, Entwicklung, in 56: 234]; trotzdem erkannten keineswegs alle Juden diese als übergreifende „Lehr- und Jurisdiktionsautorität" an.

Neuformierung des Rabbinats/Chajm Bezalel

Erst um 1600, als sich die Gemeinden allmählich rekonsolidierten, konnte mithilfe des Potentials an Gelehrten aus polnischlitauischen Gemeinden an die ältere Tradition angeknüpft werden. Es entstand ein neues Netzwerk vielfach untereinander verwandter Rabbiner, dessen Verbindungen bislang noch nicht systematisch erforscht sind. Eine Schlüsselrolle kam dabei dem Friedberger Rabbiner Chajim Bezalel aus Posen zu, dem Bruder Juda Löws (Maharal) von Prag und Neffen des „Reichsrabbiners" Jakob Chajim, der eine Sammlung der intellektuellen Kräfte der Judenheit in die Wege leitete [125: SHERWIN 35, 37ff.]. Die Besetzung der Rabbinate geschah in vielen Fällen von Prag aus, wie für die 1570 wiederbegründete Gemeinde Metz nachgewiesen ist [200: MEYER 67; vgl. ROHRBACHER, Partnerschaft, in 162: 204 F.44].

Nach BREUER hat die Vereinzelung der – weiterhin von der plutokratischen Elite der *parnasim* geleiteten – Gemeinden deren Unabhängigkeit befestigt; eine Versammlung von Rabbinern und Vorstehern in Worms 1542 habe ausschließliche gerichtliche Zuständigkeit der Gemeinde für alle ihrer Mitglieder gestärkt [42: 79]. Doch dürfte gerade die Vereinzelung dazu geführt haben, sich dem Schutz anderer unterzuordnen und deren gerichtliche Kompetenz in Anspruch zu nehmen. Der Wormser Beschluss wäre dann als Reaktion auf Missbräuche zu werten. Der Konflikt zwischen Simon Günzburg und Nathan Schotten, ausgetragen vor dem Frankfurter Rabbinat, einem Schiedsgericht und dem Kammergericht [ROHRBACHER, Partnerschaft, in 162], zeigt, dass die Anrufung auswärtiger Rabbiner und christlicher Gerichte, gängige Praxis war, um den in der Gemeinde verweigerten Rechtsschutz zu erhalten [280: SCHOCHAT 129 ff.]. Die im späteren 16. Jh. zunehmende Anrufung von Reichsgerichten war eine Verrechtlichungsfolge [PO-CHIA HSIA, Religiöse Minderheit, in 339: 306]. Der Druck zur Retablierung der Orts-, bald auch der Landesrabbiner scheint mehr von den christlichen Obrigkeiten ausgegangen zu sein [D. COHEN, Entwicklung, in 56: 237; ROHRBACHER, Stadt und Land, in 165: 51 f.]. Die These, die territorienübergreifenden Strukturen seien geschwächt, „tendenziell eigenständige Gemeinschaften" stabilisiert worden [ROHRBACHER in 165: 53] trifft das Richtige, soweit die *medinot* oder andere regionale Zusammenschlüsse gemeint sind. Eine der wenigen Gemeinden, die ihre Autonomie seit Ende des 16. Jh.s, später auch die Exemtion von anderen Rabbinaten [55: HAENLE 157] – zur überregionalen Führungsposition ausbauen konnte, war Fürth [G. RENDA, Anfänge, in 189:13 ff.; DERS., Fürth, in 79: 226 f.].

Rabbinat und christliche Gerichte

Es ist schwer feststellbar, ob dem Rabbiner oder dem *parnas* (Vorsteher) in dieser Zeit die Führungsrolle der Gemeinde zukam. Der von KATZ formulierte Idealzustand einer Teilung der Macht beider, die gegenseitig aufeinander angewiesen waren [161: 74 f.], trifft die Situation im Reich kaum. Wer die Gemeindegeschicke bestimmte, hing von Einzelpersönlichkeiten ab, seit dem späten 16. Jh. auch von der Legitimation durch die Obrigkeit. Qualifikationsdefizite konnte man durch verwandtschaftlichen Rückhalt in örtlichen Führungsfamilien und Abkömmlichkeit aufgrund eigenen Vermögens ausgleichen [hinsichtlich der Landjudenschaft 168: ULLMANN 212; 69: RIES 496 f.]. Die Höherbewertung des Rabbinats geht auf die im 15. Jh. betriebene Funktionsdifferenzierung und Professionalisierung zurück [D. BELL, Gemeinschaft, in 162: 188 ff.]. Unerforscht ist, inwieweit sich die Institution der *semicha* (Einsetzung), durch die ein zur Auslegung der *halacha* befähigter Rabbiner ordiniert wurde und den Titel *morenu* (unser Lehrer) erhielt, durchsetzte. Bereits um 1500 kam es gegen gemeindliche Wi-

Führung Ämterhierarchie in den Gemeinden

derstände zu einer Professionalisierung des Amts und einer ansatzweisenTrennung des Gemeinderabbinats von der Lehrhausleitung [BELL, ebd.; I. YUVAL, Rabbiner und Rabbinat in Deutschland 1350–1500 (1988, hebr.); vgl. in: Hebr. Beitr. z. Wissenschaft d. Judentums, dt. angezeigt, 3–5 (1987–89) 48f.; 161: KATZ 142f., 167f.; vgl. 40/2: BEN-SASSON 258ff.]. Für das 16. Jh. liegen keine Analysen vor [vgl. 305: ZIMMER]. Es ist noch zu klären, ob die Hierarchisierung und Funktionsdifferenzierung trotz Zusammenbruchs der alten Gemeindestrukturen überlebte, oder ob die Kriterien der Professionalisierung erst über den Umweg Polen-Litauen und Prag später wieder bekannt wurden. Durchgehend beachtete Garanten der Rabbinatsqualifikation waren zumindest die Wahl auf Zeit und die Ortsfremdheit [42: BREUER 163].

hebräischer Buchdruck — Stärkere Beachtung finden sollte der von privilegierten Christen und Juden organisierte hebräische Buchdruck als Multiplikator gemeindlicher und regionaler Kultur sowie die dortige Lenkungs- und Kontrollrolle der Rabbiner durch Erteilung der *haskamot* [M. ROSENFELD, Jüdischer Buchdruck, in: 79: 237ff.; 71 u. 272: DERS.; 279: SCHMELZER]. Systematische, zeitlich und chronologisch differenzierte Auswertungen der Druckwerke könnten Hinweise auf vorherrschende Strömungen und Tendenzen der rabbinischen Praxis im römisch-deutschen Reich erbringen. Erste Ergebnisse (betr. Hofjuden) hierzu bringt L. RASPE [in 221].

2.6 Berufsstruktur, Handel und Gewerbe

Pfandleih- und Darlehensgeschäft — Nach langer Zeit vorherrschender Auffassung hatte sich die berufliche Tätigkeit der Juden im 17. Jh. und danach ganz auf den kleinen Pfandleih- und Darlehensverkehr beschränkt, dem man als „Nothandel" eine gewisse Funktion bei der Versorgung der städtischen und ländlichen Bevölkerung zubilligte [R. STRAUS, Die Juden in Wirtschaft und Gesellschaft (1964) 78ff.; 60: HERZIG 106ff.]. Erst seit dem 17. Jh. hätten sie sich mehr dem Warenhandel zugewandt, weil sie von christlichen Kaufleuten aus dem Geldgeschäft allmählich verdrängt worden seien [42: BREUER 127; S. JERSCH-WENZEL, Jewish Economic Activity, in 67: 94f.]. Dies habe, was von Rabbinern wie Jair Chajim Bacharach beklagt wurde, zu einem Verlust des alten Berufsethos und einem moderneren Konkurrenzdenken geführt [40/2: BEN-SASSON 317]. Es ist nicht zu bezweifeln, dass der Waren- und Geldaustausch zwischen Stadt und Land weiterhin den wichtigsten Schwerpunkt beruflicher Betätigung bildete [M. TOCH, Wirtschaft, in 54: 34f.; 269: ULLMANN 290ff., 312ff.]. Die Policeyverordnungen und Privilegien, die sich mit der

2. Die Zeit bis zur Mitte des 17. Jahrhunderts

Regulierung des Kredit- und Kaufgeschäfts beschäftigen [ULLMANN, Pfandhandel, in 162: 305 ff.; 173: BATTENBERG 89 ff.], legen nahe, dass die Juden in der christlichen Umwelt vor allem als Pfandleiher und Händler wahrgenommen wurden. Der Steuerdruck des vormodernen Staates dürfte sogar zu einer Ausweitung des Kreditgeschäfts geführt haben, da die christliche Bevölkerung vielfach nicht in der Lage war, die Steuerleistungen unmittelbar zu erbringen [TOCH, Wirtschaft, in 54: 33 f.]. Im Warenhandel kam es zur Spezialisierung auf Vieh- und Pferdehandel, in manchen Regionen ganz von Juden ausgeübt [220: BATTENBERG 119 ff.; 168: ULLMANN 242 ff., 268 ff.; 230: JACOB 67 f.]; unklar ist bisher nur, wann der im 17. Jh. dominierende Viehhandel der Juden einsetzte [M. RICHARZ, Ländliches Judentum, in 165: 6]. Der Leder-, Tuch- und Wollhandel, manchmal der Weinhandel, erhielten wachsende Bedeutung [220: BATTENBERG; M. ILLIAN, Die jüdischen Landgemeinden, in 79: 211 f.; 230: JACOB 68 f.]. Beschränkungen gab es durch die im 16./17. Jh. rigorose Praxis der Zünfte, bestimmte Erwerbszweige zu monopolisieren und Juden auszuschließen. In Judenordnungen wurden weitere Einschränkungen festgeschrieben [39/1: BATTENBERG 197 f.]. TOCH hat hinsichtlich des Frankfurter Umlands feststellen können, dass dort außerdem mit hochwertigen Feingütern wie Arzneien und Schmuck, mit Metallgütern und Hausrat gehandelt wurde [Wirtschaft, in 56: 35]. Es ist möglich, dass dieser Handel durch nicht ausgelöste Pfandstücke initiiert wurde [„Pfandhandel", 168: ULLMANN 265 ff.; DIES., Pfandhandel, in 162: 309 ff.]. Die in den Städten ansässigen jüdischen Kaufleute, Finanziers und Hofagenten waren auf die Zulieferer des Landes angewiesen und verhalfen diesen damit zu einer verhältnismäßig stabilen wirtschaftlichen Existenz [TOCH ebd.]. Nach einer These Th. K. RABBS war die Vereinzelung der Landjuden verantwortlich dafür, dass durch riskante Betätigungen Fähigkeiten ausgebildet wurden, die ansonsten brachgelegen hätten [Jews, in 67: 72]. Für das schwäbische Ries hat JACOB einen differenzierten jüdischen Warenhandel nachweisen können, der auch Tabak, Juwelen, Tuche, Salz, Schnittwaren, „Gemischtwaren" und Immobilien umfasste [230: 67 ff.]. Ähnliches konnte ULLMANN für den Bereich der Markgrafschaft Burgau ermitteln [168: 266 f.]. Dort teilten sich die jüdischen Händler Handelsdistrikte kartellartig untereinander auf [168: 255 ff., 263]. Insgesamt aber änderte sich trotz der Vielfalt im Handels- und Geldgeschäft vom 16. zum 18. Jh. wenig [S. JERSCH-WENZEL, Jewish Economic Activity, in 67: 91]. Die systematische Entfaltung des jüdischen Unternehmertums durch Aktivitäten in Großhandel und Manufaktur war Sache einer ökonomischen Elite, vor allem der „andere[n]

Spezialisierungen im Warenhandel

jüdisches Unternehmertum

Welt" der Hofjuden [269: ULLMANN 328], die, von „Pionieren" abgesehen [ROHRBACHER, Partnerschaft, in 162: 195 ff.; 69: RIES 404 ff., 538 f., 419; 360: POHLMANN 105 ff.] erst im merkantilistischen Fürstenstaat vorankam [JERSCH-WENZEL, Siedlungsformen, in 165: 91 ff.].

<small>landwirtschaftliche und gewerbliche Tätigkeiten</small>
Unklar ist, ob Juden daneben auch landwirtschaftliche und handwerkliche Tätigkeiten in nennenswertem Umfang ausübten [M. RICHARZ, Ländl. Judentum, in 165: 7 f.]. Im Bereich der ostelbischen Gutswirtschaft gab es hier wohl größere Betätigungsfelder als im grundherrschaftlich organisierten Westen des Reichs [JERSCH-WENZEL, Siedlungsformen, in 165: 82 f.]. Meist wird die Möglichkeit hierzu – soweit nicht der Eigenbedarf an koscherer Speise betroffen war – verneint, wohl weniger aufgrund zeitgenössischer Quellen als aufgrund der Emanzipationsgesetzgebung seit dem späten 18. Jh., die den Mangel „produktiver" Berufe unter den Juden beklagte und diese deshalb vor allem dem Handwerk und der Landwirtschaft zuführen wollte [39/2: BATTENBERG 92 ff.]. Eine Detailstudie konnte indes nachweisen, dass es Ausnahmen gab. So ist im frühen 17. Jh. ein jüdischer Glaser in Schotten sowie ein jüdischer Eisenhüttenleiter aus Gießen bekannt. Durch Viehgeschäfte waren viele Juden in agrarische Probleme involviert, auch wenn sie wohl nicht eigenständig Landwirtschaft betrieben [84: BATTENBERG 284 f.]. Auch in Fürth gab es Juden offenstehende Handwerke wie diejenigen der Bäcker, Schneider, Goldsticker, Buchbinder und Barbiere [55: HAENLE 173]. Die These, die Juden des 16./17. Jh.s hätten sich auf das kleine Geld- und Warengeschäft beschränkt, ist also zu revidieren. Allerdings sind noch intensive Quellenstudien notwendig. Es müsste dabei stärker nach Regionen und Herrschaftsstrukturen differenziert werden. Die Bedingungen städtischer Wirtschaft, die Juden auf außerzünftische Erwerbszweige verwiesen, oder solche höfischer Kultur, die aufgrund des privilegierten Hoflieferantentums freiere gewerbliche Betätigungen zuließen, sind dabei zu berücksichtigen. Die Residenzen Karlsruhe, Mannheim und Hanau sind dafür Beispiele. Freiere Bedingungen für jüdische *entrepreneurs* herrschten im sefardischen Hamburg und in Exulantenstädten wie Glückstadt, Friedrichstadt und Emden.

<small>jüdische Wundärzte und Mediziner</small>
Sieht man von den innerjüdischen Funktionen des Rabbinats und Vorsängeramts sowie den – vielfach „nebenamtlich" ausgeübten – Führungspositionen in den Gemeinden und *medinot* ab, so gab es einen Dienstleistungsberuf, der seit jeher eine große Tradition unter den Juden hatte: Den Beruf des Arztes. Es gab zwar kaum Möglichkeiten zum Erwerb eines Doktorats – in Padua seit dem 15., in Leiden seit dem 16., im Reich seit dem frühem 18. Jh. [228: HORTZITZ 17 f.], und zwar

in den 1720er Jahren in Frankfurt/Oder, Duisburg, Halle, Heidelberg und Gießen [234: KOBER 218; 229: HORTZITZ 95]; doch ist die Rezeption des von christlichen Autoren vermittelten medizinischen Wissens und die Adaption der allgemein verbreiteten ärztlichen Praxis in der Frühen Neuzeit unübersehbar [274: RUDERMAN 11 ff.]. Zwar war die Ausübung ihres Berufs gegenüber christlichen Patienten noch im 16. Jh. durch kirchliche Vorschriften verboten [229: HORTZITZ 90 f.]. Doch verschaffte der „Nimbus des Mysteriösen", der Glaube an die besonderen magischen Fähigkeiten jüdischer Ärzte [228: HORTZITZ 20; R. JÜTTE, Contacts, in 67: 149] ihnen unabhängig vom akademischen Titel eine gewisse Beliebtheit und damit einen Patientenkreis. Man kann annehmen, dass viele der nichtakademischen Wundärzte den christlichen Chirurgen durch ihr theoretisches Wissen aus talmudischen Werken, und viele der jüdischen Akademiker ihren christlichen Kollegen durch Praxisnähe überlegen waren [229: HORTZITZ 19]. In der Literatur konnten für die Zeit des 17./18. Jh.s umfangreiche Biographien jüdischer Doktoren zusammengestellt werden [234: KOBER 177 ff.; 66: KOMOROWSKI]. Auch jüdische Ärztinnen sind bekannt, wie die 1542 in Günzburg genannte Doktorin Morada [228: HORTZITZ 12; S. ROHRBACHER, Schwaben, in 193: 85 F. 9].

3. Vom Dreißigjährigen Krieg bis zur Aufklärungszeit

3.1 Entstehung der „Judendörfer", Reurbanisierungen und Gettoisierung

Mit Etablierung des merkantilistischen Staats nach dem 30jährigen Krieg stabilisierten sich die Siedlungsbedingungen, da viele Fürsten die Juden zum Aufbau einer neuen Infrastruktur der verwüsteten Landstriche heranzogen [62: ISRAEL 163 f.; R. KIESSLING, Judendörfer, in 193: 166 ff., 172; 168: ULLMANN 44]. Der Einwanderungsschub aus Polen [39/2: BATTENBERG 34 ff.; 166: ROHRBACHER 39], die Wiederzulassung von Juden oder die Lockerung von Aufenthaltsverboten in vielen Reichs- und Residenzstädten [W. BAER, Augsburg, in: 193: 120 ff.], die Ansiedlungspolitik einiger Fürsten und Grafen unter dem Gesichtspunkt der von den Kameralisten geforderten „Peuplierung" [84: BATTENBERG 282 ff.; 219: DERS. 55 ff.] und die Siedlungskumulierung in einigen niederadeligen Herrschaften [Einzelarbeiten vgl. 168: ULLMANN 55 ff.; ROHRBACHER, Organisationsformen, in 64: 143; 167: ULBRICH 187] gaben den Ausschlag für die Wende. Je nach Herrschaftsstruktur

landesfürstliche Peuplierung und „Judendörfer"

und Siedlungsbedingungen bestanden sehr große regionale Unterschiede. Leider fehlt bislang ein Gesamtüberblick vorherrschender Siedlungsformen. Während im Norden in Städten wie Berlin, Bonn, Breslau, Emden, Halberstadt, Hamburg, Kleve und Minden die Retablierung einer urbanen Kultur in hohem Maße gelang und am Mittelrhein im Bereich der hessischen Landgrafschaften weiterhin eine starke Zersplitterung in ländliche Siedlungen unter stärkerer überregionaler Vernetzung vorherrschte [KIESSLING, Judendörfer, in 193: 157; 84: BATTENBERG 282 ff.], bildete sich im Südwesten, namentlich in Franken und Schwaben (Markgrafschaft Burgau, Ries), der Typus der von U. JEGGLE so genannten Kultur der „Judendörfer" heraus [Judendörfer in Württemberg (1969); 168: ULLMANN 20], Es konnte festgestellt werden, dass in vielen Dörfern seit dem 18. Jh. die jüdische Bevölkerung ein bis zwei Drittel der Gesamtbevölkerung ausmachte [KIESSLING, Judendörfer, in 193: 156 ff.]. Die These von der „Atomisierung" jüdischen Lebens in der Frühen Neuzeit wurde deshalb in Zweifel gezogen [168: ULLMANN 39].

christlich-jüdische „Doppelgemeinden"?

Die besondere Struktur und das soziale Funktionieren dieser „Judendörfer" wurde für das 17/18. Jh. bisher kaum untersucht. Weiterführend ist das von R. KIESSLING und seiner Schülerin S. ULLMANN anhand der burgauischen Dörfer Binswangen, Buttenwiesen, Kriegshaber und Pfersee entwickelte Modell einer jüdisch-christlichen Doppelgemeinde [168: ULLMANN 382 ff.; Ms. zu Vortrag Trier 21.10. 1999: „Christlich-jüdische Doppelgemeinden in schwäbischen Dörfern des 17/18. Jh.s"]. Sie nehmen an, dass hier zwei voneinander getrennte „Religionsgemeinden" und „Verwaltungsstrukturen" existierten, neben einer einheitlichen Nutzungsgemeinde. Es gab keine topographisch getrennten Wohnbereiche von Christen und Juden, auch wenn die Konzentration der Judenfamilien in eigenen Vierteln und Gassen durch obrigkeitliche Ansiedlungsakte vorgegeben wurde [KIESSLING, Judendörfer, in 193: 175; 167: ULBRICH 264 ff.]. Dadurch ergaben sich im täglichen Leben zahlreiche Kontaktbereiche, die in der gemeinsamen Nutzung der dörflichen Allmende (Gemeinschaftsweide) kulminierten [373: ULLMANN 294 ff.]. Das nachbarschaftliche Nebeneinander war unter Respektierung der jeweils fremden und als magisch denunzierten kultischen Gebräuche geläufig [KIESSLING, Judendörfer, in 193: 174 ff.]. Eine Schieflage entstand freilich dadurch, dass trotz tendenziell „gemeinsamem Kultusraum" im Dorf [168: ULLMANN 468] die Öffentlichkeit überwiegend durch den christlichen Teil des Dorfes repräsentiert wurde [ebd. 438 ff.], auch hinsichtlich des gesamten sozialen und politischen Alltags. Der „Repräsentationsstil" der Synagogen und ihrer Ausstattung

[A. WEBER, Jüdische Sachkultur, in 162: 265] war kaum auf die allgemeine Dorföffentlichkeit ausgerichtet, auch wenn diese durch Trauzeremonien unter der *chuppa* [304: POLLACK 30 ff.] und den Aufbau des *eruw* zur Regulierung des Schabbat [ULLMANN, Sabbatmägde, in 339: 259 ff.] einbezogen wurde. Die christliche Gemeinde war übergeordnet, hatte die Regelungskompetenz innerhalb des von der Obrigkeit abgesteckten Rahmens und legte den Umfang der Partizipation der jüdischen Gemeinde an der politischen und sozialen Öffentlichkeit fest. Der ein Verhältnis der Gleichrangigkeit beider Gruppen unter gemeinsamem Dach suggerierende Begriff der „Doppelgemeinde" sollte deshalb vermieden werden.

Die in anderen Regionen stärker hervortretende Entwicklung zur Re-Urbanisierung spielte sich unter sehr unterschiedlichen Bedingungen ab. Dies ist auch der Grund dafür, dass eine Gesamtdarstellung „jüdischer Stadtgeschichte" für die Vormoderne noch nicht geschrieben wurde [für Reichsstädte: FRIEDRICHS, Jews in Imperial Cities, in 67: 275 ff.]. Vor allem aber ist dieses Phänomen bislang noch nicht in den historischen Gesamtprozess der Stadtentwicklung und Verstädterung im Bereich des Reichs gestellt worden. Die These, das Hofjudentum des 17./18. Jh.s sei eng mit der Entwicklung der städtischen Kultur verbunden [218: BATTENBERG 300, 325], mag einen Anstoß zur weiteren Forschung geben. Lediglich die durch Hofjuden initiierten urbanen Gemeindegründungen wurden bislang allgemeiner thematisiert: [244: STERN 208 ff.; 221: BATTENBERG/RIES; 240: SCHMIDT 205 f.].

Entwicklungen der Re-Urbanisierung

Darüber hinaus gibt es bisher nur wenige Analysen und Quellensammlungen zur Frage der Urbanität vormoderner jüdischer Gemeinden. Hervorzuheben sind Arbeiten zu Altona und Hamburg [315: BRADEN; 225: FREIMARK; 13: GRAUPE; 209: ROHRBACHER; 23: MARWEDEL; 282: STUDEMUND-HALÉVY; 214: WALLENBORN; Bibliographie 78: STUDEMUND-HALÉVY], Amsterdam [223: BLOOM], Berlin [198: LOWENSTEIN; 37: AWERBUCH/JERSCH-WENZEL; 43: BRUER; 231: JERSCH-WENZEL; 31: STERN], Emden [197: LOKERS; DERS., Emden, in 68: 45 ff.; B. BRILLING, Entstehung, in 68: 27 ff.], Frankfurt a.M. [293: VAN DÜLMEN; 301: KRACAUER; 54: GRÖZINGER; E. WOLGAST, in 52: 97 ff.], Friedrichstadt/Glückstadt [233: KELLENBENZ], Fürth [G. RENDA, Fürth, in 89; 189: HEYMANN; 176: BATTENBERG; 36: WÜRFEL], Halberstadt [240: SCHMIDT, mit Nachweisen], Hannover [R. RIES, Phibes Heilbot, in 51; 69: DIES. 306 ff.; Bibliographie 70/1: DIES. 255 ff.], Karlsruhe [178: BRÄUNCHE], Mainz [182: DUCHHARDT; 210: SCHÜTZ], Metz [200: MEYER]; München [218: BATTENBERG], Prag [21: LIEBEN; 187, 226, 296: HEŘIMAN; 303: MUNELES; S. A. GOLDBERG, Prag, in 52:

Erforschung jüdischer Urbanität der Vormoderne

217 ff.], Soest [208: RIES], Trier [15: HALLER], Venedig [179: CALIMANI; 290: CURIEL/COOPERMAN; 213: STEINBACH], Wien [25: PRIBRAM; 32: TAGLICHT; 34: WACHSTEIN; 345: KAUFMANN] und Worms [F. REUTER, Judengemeinde, in 58: 41 ff.; 7: EIDELBERG; 326: FRIEDRICHS]. Für weitere bedeutendere städtische Gemeinden wie Breslau [Bibliographie 59: HEITMANN/REINKE 65 ff.], Friedberg, Fulda, Hanau [Bibliographie 47: EISENBACH 42 ff.] und Mannheim fehlt es für die jüdische Vormoderne an Einzelanalysen. Das Anliegen dieser und anderer vergleichbarer Analysen ist unterschiedlich. In vielen der Studien wird deutlich, dass die urbane Entwicklung Folge der Peuplierungskonzepte der kameralistischen Doktrin ist. Für die jüdische Gemeinde Mannheim ergibt sich dies aus einer hier beispielhaft genannten Monographie über „Die Finanzpolitik Karl Ludwigs von der Pfalz" [V. SELLIN (1978); hierzu 219: BATTENBERG 57 f.]. Hinsichtlich der Gemeinde Berlin hat JERSCH-WENZEL in vergleichender Betrachtung zur Ansiedlung der Hugenotten die Besonderheiten der brandenburgischen Peuplierungspolitik in den 1670er Jahren herausgearbeitet [231: 43 ff.]. In einem noch ungedruckten Vortrag wurde auf die Beschränkung der Ansiedlungspolitik auf einen engen Kreis vermögender Familien hingewiesen [BATTENBERG, Tolerierte Juden in Berlin, Vortrag Wien 3.7. 1995, Ms.]. Hinsichtlich der Neugründung Karlsruhe konnte ermittelt werden, dass nach zunächst freier Ansiedlungspolitik des Markgrafen von Baden ab 1736 die Rezeption neuer jüdischer Bürger von der Höhe des Vermögens abhängig gemacht wurde [178: BRÄUNCHE 44 f.]. Es scheint, dass die merkantilistische Steuerung die auf Vermögenswerten beruhende Struktur städtischer Gemeinden maßgeblich gefördert hat.

der Sonderfall Fürth Einen Sonderfall bildet die unter gemeinsamer dompropsteilichbambergischer und brandenburg-ansbachischer Herrschaft stehende Gemeinde Fürth, die bereits um 1700 mit über 1500 [nicht 2.500, wie nach 166: ROHRBACHER 37] Mitgliedern 20% der Bevölkerung bildete. Kraft des 1719 gewährten „Judenreglements" konnte die *kehila* Neuaufnahmen selbständig vornehmen. Diese wurden nur durch die Verpflichtung zur jährlichen Zahlung einer Pauschale an die Obrigkeit und zur Erbringung eines Vermögensnachweises beschränkt [176: BATTENBERG 10 ff.; 55: HAENLE 555 ff.]. Einzigartig ist das 1652 bestätigte Recht, 2 Deputierte zur (christlichen) Gemeindeversammlung entsenden zu dürfen [55: HAENLE 158 f., 165 f.; RENDA, Fürth, in 79: 227]. Die Ansicht HAENLEs, den gleichen Belastungen in der Gemeinde hätten gleiche Berechtigungen gegenübergestanden, liest allerdings zuviel in diese Regelung hinein. Die Ursachen für die Sonderstellung Fürths

liegen in der Konkurrenz potenter Reichsfürsten als Schutzherren, die
einen größeren Freiraum gewährten [166: ROHRBACHER 37], sowie in
der Tatsache, dass der – trotz fehlender Stadtqualität urbane – Marktflecken eine vom markgräflichen Stadtherrn garantierte, recht freie und
von Zünften kaum behinderte gewerbliche Betätigung (u. a. Buchdruck) der Juden zuließ, die im 18. Jh. zu schnellem ökonomischen
Aufstieg führte [176: BATTENBERG 12 ff.]. Eine der Bedeutung dieser
Situation gerecht werdende Monographie zur Fürther Gemeinde in der
Vormoderne fehlt.

3.2 Integration und Segregation, soziale Kontakte und Äußerungen des Judenhasses

Die Tatsache der starken Diversifikation und siedlungstypologischen Differenzierung der Judenschaft seit 1650 verbietet eine einheitliche Beantwortung der Frage des Zusammenlebens und der Konflikte zwischen Juden und Christen. Es müssen vielmehr Differenzierungen nach Regionen wie nach Schichten eingeführt werden [83: BATTENBERG 96 f.]. Urbane oder agrarische Lebensformen, Sesshaftigkeit oder Mobilität sowie stratifikatorische Zuordnungen waren integrationsrelevante Faktoren [83: 93 ff.; DAXELMÜLLER, Assimilation, in 339: 293]. Integration muss dabei als ein historischer Prozess verstanden werden. Der für die deutschen Juden anzunehmende hohe Grad an erzwungener horizontaler Mobilität provozierte ständig sich erneuernde Initiativen zur Integration [83: 95], über deren Grenzen und Dimensionen unterschiedliche Vorstellungen bestehen. Unabhängig von diesen Einschränkungen wurde in der Literatur über die Reichweite integrativer Entwicklungen in der Vormoderne diskutiert. KATZ vertrat die Ansicht, dass die Mitglieder der jüdischen „Subgruppe" kulturell und sozial von ihrer christlichen Umwelt separiert waren. Lediglich hinsichtlich wirtschaftlicher Kontakte hielt er eine Integration für möglich [161: 11 ff.]. Die soziale Segregation sei die logische Konsequenz der religiösen Differenz gewesen [343: 43]. Quellenmäßig bezeugte Kontakte zwischen Juden und Christen seien keineswegs als soziale Integration zu bewerten [343: 56]. Dementsprechend wurde behauptet, die Juden lebten in dieser Zeit „streng abgeschieden, weit mehr sogar als andere ausgegrenzte soziale Gruppen" [293: DÜLMEN 279]. Demgegenüber wird – angestoßen durch die Untersuchung SCHOCHATS [280] – nun die Meinung vertreten, die Juden seien im 17./18. Jh. mehr als bisher angenommen in die christliche Umwelt integriert gewesen [374: WALZ 57]. POLLACK spricht von informellen Verbindungen, die sich im 17./18. Jh.

Juden zwischen Segregation und Integration

zwischen Juden und Christen gebildet hätten [304: 12]. RUDERMAN sieht „cultural links forged with non-Jewish society" [274: 6]. LOWENSTEIN hat gegen das Segregations- wie das Integrationsmodell Vorbehalte angemeldet, da das jüdische Verhalten im Alltag nicht auf Integration, sondern auf Bewahrung der Identität und Tradition gerichtet gewesen sei [88: 344]. Ähnlich urteilt ZEMON DAVIS: Juden hätten Christen am Rande in einer „Grenzzone" wahrgenommen, und zwar derart, dass ihre Lebensbedingungen von dorther begrenzt wurden [131: 53, 59]. Dieses „Kohärenzmodell" [287: BATTENBERG 430f.] sieht Erscheinungen der Segregation wie der Integration als sekundäre Folgen eines primär auf Solidarisierung gerichteten Ziels der eigenen Gruppe. Es ließe sich in gleicher Weise für die christliche Mehrheitskultur in Anspruch nehmen, die ebenfalls nicht primär eine Isolierung von anderen Fremdgruppen intendierte, sondern nur am Zusammenhalt der eigenen Gruppe im Rahmen einer stabilisierten Ideologie interessiert war [287: 431f.].

die Kohärenz jüdischer Gemeinden — Um das Problem sachgerecht zu beurteilen, muss man diesen Kohärenzgedanken im Auge behalten. Zugleich aber sollte man Integrationserscheinungen ohne Integrationsabsicht ebenso wie Segregationserscheinungen ohne Segregationsabsicht als eigengesetzlich sich vollziehende historische Prozesse werten, die ebenso wirksam sein konnten. Integration und Segregaton standen in einer komplementären Spannung [287: 454]. „Ungleichzeitigkeiten und gegenläufige Tendenzen in der Bewertung des christlich-jüdischen Verhältnisses" müssen hier berücksichtigt werden, da es nicht nur eine Dichotomie zwischen Integration und Segregation gab [168: ULLMANN 17f.]. Zur Beurteilung von Integrationserscheinungen müssen Bemessungskriterien und gesellschaftliche Rahmenbedingungen ermittelt werden [83: BATTENBERG 106ff.]. Das – von T. A. BRADY vertretene – Modell eines geradlinigen historischen Prozesses von der Segregation zur Integration [Germans with a Difference, in 67: 289], der schließlich in der Emanzipation des 19. Jh.s ihren Abschluss gefunden habe, muss aufgegeben werden. Erst diese letztere bedeutete einen qualitativen Sprung, da der Judenschaft jetzt die Aufgabe ihres Kohärenzpotentials zugemutet und die Integration als primäres Ziel gesellschaftlichen Handelns nahegelegt wurde.

Auswirkungen des Westfälischen Friedens — Unklar ist in der Forschung weiterhin, inwieweit sich der alte kirchliche Antijudaismus wandelte, oder ob er durch eine Annäherung der ideologischen Positionen relativiert wurde. Bei der Beurteilung der Situation muss bedacht werden, dass mit dem Westfälischen Frieden von 1648 der *status quo* der (christlichen) Konfessionen festge-

3. Vom Dreißigjährigen Krieg bis zur Aufklärungszeit 103

schrieben und ein *modus vivendi* im Zusammenleben von Katholiken, Lutheranern und Calvinisten gefunden wurde. Damit waren die Voraussetzungen gegeben, auch das Verhältnis zu den Juden neu zu definieren.

Wenig erforscht sind die möglichen Anpassungen des katholischen Standpunktes an die neue Situation. Diskutiert wurde die Beobachtung, dass für die in den geistlichen Staaten wohnenden Juden häufig bessere Lebensbedingungen als in den weltlichen Fürstentümern existierten [62: ISRAEL 23; BATTENBERG, Jews, in 67: 272 ff.; 60: HERZIG 82]. Die Ursachen hierfür waren strukturell und nicht durch eine tolerantere Einstellung katholischer Obrigkeiten bedingt. Ob deren Judenordnungen großzügiger als die protestantischer Fürsten waren [60: HERZIG 116 f.], bedürfte noch einer gründlichen vergleichenden Analyse. Die seit den Kirchenvätern festgelegten Grundsätze der dienstbarlichen Unterordnung von Juden unter Christen und der strengen Absonderung beider Gruppen voneinander wurden jedenfalls unverändert beibehalten [W. P. ECKERT, Katholizismus, in 367/2: 244]. Dass das Verbot der Laiendisputation zwischen Juden und Christen, wie es im protestantischen Bereich galt, kaum nötig war, ergibt sich aus der ohnehin in den Händen der Geistlichkeit konzentrierten Lehr- und Interpretationsautorität; die „Verführung" zum Judentum stellte keine Gefahr für den Katholizismus dar. In diesen Kontext gehört, dass die katholische Kirche im Gegensatz zur protestantischen keine gezielte Judenmission betrieb [60: HERZIG 117]. Diese Haltung lässt sich nicht mit einem milderen Antijudaismus erklären. Der katholische Standpunkt hatte sich vielmehr seit dem Tridentinum zu einem geschlossenen System verfestigt, der im Bewusstsein seiner vermeintlichen Überlegenheit gegenüber Juden sich nicht mehr durch missionarischen Eifer unter Beweis stellen musste; der Antijudaismus war im unveränderten katholischen System „implizit" vorhanden und zugleich Bestandteil des systembedingten Fundamentalismus, der Abschließung nach außen erforderte. Für Juden war dieser Standpunkt umso gefährlicher, als er eine Abwehrstrategie erschwerte, da diese sich gegen den Katholizismus insgesamt richten musste und sich nicht auf einzelne antijüdische Äußerungen beschränken durfte.

katholischer Standpunkt und geistliche Staaten

Für den Protestantismus wurde vor allem die unterschiedliche Haltung der lutherischen Orthodoxie und der Bewegung des Pietismus diskutiert. Hinsichtlich des Calvinismus wurde angenommen, dass im Verhältnis zu Juden Unterschiede zum Luthertum nicht bestanden [M. FRIEDRICH, Theologie, in 339: 234 f.], auch wenn es die These einer holländisch-reformierten Sonderposition über die Erwartung einer end-

protestantische Orthodoxie und Pietismus

zeitlichen Bekehrung der Juden gibt [337: HEALEY 75 ff.]. Während man bei der ersteren ein Fortwirken der kompromisslosen antijüdischen Haltung Luthers feststellt, die auf obrigkeitlichen Zwang zur Missionierung und notfalls Vertreibung der Juden gerichtet war [G. MÜLLER, Protestantische Orthodoxie, in 367/1: 498 f.], wird dem Pietismus ein freundlicheres Verhältnis zu den Juden unterstellt [341: JUNG; M. SCHMIDT, Protestantismus, in 367/2: 89 ff.]. Diskutiert wurde dies anhand der 1680 publizierten Programmschrift *Pia Desideria* des Frankfurter Pietisten Philipp Jakob Spener. Diesem sei es hier um eine Solidarisierung des evangelisch-lutherischen Christentums mit dem nachexilischen Judentum gegangen, die beide die Chance eines „hoffnungsvollen Anfangs" erhalten hätten [SCHMIDT ebd. 92]. Auf dieser Grundlage habe die „eigentliche Judenmission in Deutschland" begonnen [12: GRAF 22 f.]. Die Bewertung beider Positionen hat inzwischen FRIEDRICH relativiert [325: 83 ff.]. Für ihn liegt die Differenz nicht in den theologischen Systemen, sondern darin, dass der Pietismus an die Verantwortung des einzelnen Christen appellierte, während die Orthodoxie die gesamte Gemeinde ansprach. Modifikationen in der Haltung zum Judentum waren davon abhängig, ob eher die „Verstockung" der Juden oder eher die zukünftige Bekehrung betont wurde [325: 145 f.]. Er spricht deshalb im Hinblick auf das Wirken des Predigers Esdras Edzardi von „eingeschränkter Toleranzbereitschaft" in der Orthodoxie, die vom „Antijudaismus" lutherischer Prägung abrückte [325: 148]. Anders als im Katholizismus gab es im Bereich des Protentantismus kein geschlossenes System, aus dem sich klare Handlungsanweisungen im Verhältnis zu Juden ergaben. Eine philosemitische Haltung, bei der selbst Absichten der Judenmission in den Hintergrund treten konnten [370: SCHOEPS 1 ff.; W. PHILIPP, Philosemitismus, in 367/2: 23 ff.], oder eine apologetische, das Judentum denunzierende Haltung wie die J. A. Eisenmengers [39/2: BATTENBERG 176 ff.] waren vom gleichen religiösen Standpunkt aus möglich. Noch in der Aufklärung konnte auf dieser Basis eine antijüdische Haltung in neuem Gewand eingenommen werden, wie das Beispiel Johann David Michaelis zeigt [347: LÖWENBRÜCK]. Für die Beurteilung des protestantischen Antijudaismus sollten stärker individuelle Anschauungen und Absichten vor dem Hintergrund eines allgemeineren Zeitgeistes berücksichtigt werden, während das Konstrukt einer sich gleichmäßig entfaltenden Linie der Kontinuität von Luthers Position bis zum Modernen Antisemitismus, die mit Ausnahmen (Edzardi, Wagenseil) und abweichenden Richtungen (Pietismus, „Philosemitismus") konfrontiert wird, aufgegeben werden sollte.

3.3 Landjudenschaften: Herrschaftliche Instrumentalisierung oder Autonomie

Offene Fragen gibt es über die Probleme von Ursprung und deutscher Sonderentwicklung der Landjudenschaften [39/1: BATTENBERG 242 ff.]. Nach BREUER setzten sie „in gewissem Sinn die gelegentlichen Zusammenkünfte der Rabbiner und Gemeindevertreter im Mittelalter fort". Sie seien „bei dem unaufhörlichen Druck von außen" zum Fortbestand jüdischer Identität gebildet worden. Sie hätten vor allem dem Interesse kleinerer Gemeinden gedient, die damit der Abhängigkeit von größeren entgehen wollten [42: 187 f.]. Maßgebend sei auch der Wunsch nach Autonomie gewesen [42: 189 f.]. Die landesherrliche Einflussnahme sei Ergebnis späterer Entwicklung gewesen [42: 198 ff.]. Nach BAER waren es freiwillige Zusammenschlüsse zu einer vom Staat anerkannten einheitlichen Gemeinde, die wie die Ortsgemeinde über eine autonome Gerichtsbarkeit und Verwaltung verfügte [169: 81]. COHEN zufolge waren sie Ergebnis einer zwangsläufigen Tendenz zur Vereinigung und Organisierung, um für religiöse und gesellschaftliche Bedürfnisse Sorge tragen zu können [6/1: XIIIf.; 180: DERS. 210; DERS., Landjudenschaften, in 58: 151 f.; DERS., Landesrabbinate, in 57: 227. Ähnlich 42: BREUER 187 ff.]. Die Institutionen dieser Organisationen hätten sich in einem „langsamen und organischen Prozess" entwickelt. Erst im 18. Jh. sei die ursprünglich umfassende Autonomie eingeschränkt worden, um dann durch die „Bürgerliche Gleichstellung" ganz aufgehoben zu werden [6: COHEN XVI; 169: BAER 81]. Dahinter steht das Modell einer Getto-Kultur im Sinne KATZ', der hier von *Supra-Kehilot* spricht, denen freilich nicht die gleiche Autonomie wie den Ortsgemeinden zugekommen sei [161: 107 f.]. Die deutschen Landjudenschaften sind mit diesem Begriff kaum zu erfassen, da sie nur Zusammenschlüsse der Haushaltsvorstände, nicht der Gemeinden einer Region waren [COHEN in 58: 184; 39/1: BATTENBERG 245].

<small>Ursprünge und Funktion der Landjudenschaften</small>

Es fragt sich, ob der von BAER/COHEN konstruierte Idealtypus der Landjudenschaft als adäquates Modell zur Beurteilung der vormodernen jüdischen Gesellschaft dienen kann. Auch wenn die Vereinzelung der Siedlung einen Zwang zur überregionalen Kommunikation mit sich brachte, der am besten durch die von gemeinsamen *minhagim* geprägten *medinot* zu verwirklichen war, bleibt offen, ob die normative Verfestigung und personelle Differenzierung der landjudenschaftlichen Funktionen wirklich nur als innerjüdischer Prozess beschrieben werden kann. Es fällt auf, dass regelmäßige Landtage mit Ausnahme Schwabens, wo ein älteres Modell fortlebte [168: ULLMANN 209], erst nach

<small>landesfürstliche Instrumentalisierung der Landjudenschaften</small>

dem 30jährigen Krieg stattfanden, und dass diese von jeher von den Landesherren für eigene Zwecke instrumentalisiert wurden [R. LUFT, Landjudenschaft, in 182: 17 f.; 84: BATTENBERG 28; 168: ULLMANN 211, 215, 221]. Auch wurde tendenziell Deckungsgleichheit von Landjudenschaft und Landesrabbinat mit dem Territorium oder einem Teil desselben erzielt [168: ULLMANN, 195, 207; R. R. LUFT in 182: 16], die durch allmähliche Abspaltung territorienübergreifender Beziehungen seitens der Juden selbst ergänzt wurde [COHEN in 58: 185 f.]. Juden, die unter dem kleinräumigen Schutz adeliger Gerichtsherren standen, unterstanden folgerichtig nicht dem Landtag [42: BREUER 188]. Die Organisationsformen orientierten sich sehr stark an den ständischen Einrichtungen des Landes [LUFT in 182: 10; 42: BREUER 189 f.; 168: ULLMANN 207]. Vermutlich sind also die Bestrebungen zur Konsolidierung des Fürstenstaats mit der Institutionalisierung der – erst in Ansätzen und vereinzelt vorhandenen – Landjudenschaften in Zusammenhang zu bringen. Für den Landesherrn boten die „Judenkonvente" Chancen, Relikte des Reichsbezugs zu beseitigen und trotz defizitärer eigener Administration ohne großen Aufwand politische und soziale Kontrolle über seine Juden in fiskalischen, jurisdiktionellen und religiösen Fragen auszuüben. Die Juden selbst konnten sich der Hilfe des Landesherrn bedienen, indem sie sich organisatorisch einbinden ließen. So gesehen waren Landjudenschaften (Judenlandtage) kooperative Instrumente des merkantilistischen Fürstenstaats, mit denen die Juden des Reichs diejenige verfassungsrechtliche Stabilität erreichten, die ihnen aufgrund ihrer Vereinzelung in eigener Kraft nicht mehr gelang. Als obrigkeitlich gebundene Zwangsgemeinschaften wurden sie schon bald nach ihrer Entstehung Verbände im Rahmen des christlichen Staats, deren sich die Landesfürsten zur Verfolgung eigener Zwecke bedienten [42: BREUER 187 ff.]. Die inzwischen edierte Dokumentensammlung hierzu [6: COHEN] belegt eindrucksvoll den – trotz gegenteiliger Interessen – kooperativen Charakter dieser Zusammenschlüsse.

Eine ähnliche Problematik ergibt sich, wenn man die Auflösung der Landjudenschaften am Ende des Ancien Régime beurteilen will. Nach COHEN widersprachen sie der Idee der Emanzipation, weil sie von der christlichen Umwelt als „Staat im Staate" bewertet wurden, den man nicht mehr zu dulden bereit war [6/1: XIX]. Dem widerspricht, dass z. B. im Herzogtum Kleve erst die französische Konsistorialverfassung von 1808 die „Judenlandtage" beseitigt hat, und in der Restaurationszeit Versuche zur Wiederbelebung der alten Landjudenschaften gemacht wurden [169: BAER 84]. Die 1783 gebildete landjudenschaftliche Kommission in Hessen-Darmstadt [1: BATTENBERG 270 f.], mit der

Endphase der Judenlandtage

die Kontakte zwischen dem Fürsten und dem „Judenlandtag" institutionalisiert wurden, blieb ebenfalls bis in die Rheinbundzeit bestehen [6/1: COHEN 727 ff.]. Ähnliche Entwicklungen können bei vielen anderen Territorien beobachtet werden [Nachweise 6], was bedeutet, dass der Vorwurf eines „Staats im Staate" bei der Auflösung der „Judenlandtage" keine Rolle gespielt haben konnte, da diese selbst strukturell in die Territorien eingegliedert waren. Für die Auflösung war vielmehr das Konzept der „Entfeudalisierung" aller Einrichtungen des Ancien Régime maßgebend, das christliche wie jüdische Institutionen gleichermaßen erfasste. Die Aufhebung alter Schutzherrschaften hatte das Ende der von ihnen getragenen korporativen Organisationen zur Folge.

3.4 Die Wirtschaftselite der Hofjuden: Struktur und Tradition, Akkulturationsformen

Seit den Monographien STERN'S [243] und SCHNEE'S [241] ist die Geschichte der Hofjuden ein beliebtes Thema der Forschung. In zwei Sammelbänden aus Anlass einer Ausstellung [236: MANN/COHEN] und zum Abschluss eines Projekts [221: BATTENBERG/RIES] wurden die Ergebnisse der jüngeren Forschungen zusammengetragen und Anstöße gegeben. Doch blieben weiterhin trotz materialreicher Einzelarbeiten und einer sozialbiographischen Datenbank viele Probleme ungeklärt [vgl. RIES, in 221: Einleitung; DIES., Hofjudenfamilien, in 160: 79 ff.]. Wesentliche Erkenntnisgewinne brachte der biographische Zugriff auf die Materie, der hier angemessen erschien. Den klassischen Biographien KAUFMANNS [111], GRUNWALDS [109], BERGHOEFFERS [99] und STERNS [129] folgten solche EDELS [102], SAVILLES [118], SCHEDLITZ' [120], GERBERS [107], ELONS [103]. BACKHAUS' [96] und FERGUSONS [105]. Analysiert wurden meist überragende Persönlichkeiten. Über viele weitere Hofjuden gibt es Einzelstudien und Kurzdarstellungen [237: MEVORAH, 130: ULLMANN; 232: KELLENBENZ], und nur *eine* Hofjudenfamilie (Gumpertz) hat eine Gesamtdarstellung erhalten [112: KAUFMANN/FREUDENTHAL; vgl. auch 238: RACHEL/WALLICH; 241: SCHNEE]. In all diesen Arbeiten werden übergreifende gemeinsame Charakteristika der Hofjuden kaum angesprochen. Ausnahmen bilden Beiträge BAUMGARTS [222], GRAETZ' [Court Jews, in: 236, 27 ff.] und RIES [Einl., in: 221].

die ältere Hofjudenforschung

Nicht geklärt ist die Frage, ob und inwieweit die Hofjudenschaft als eine einheitliche Gruppe mit gemeinsamen Merkmalen definiert werden kann. Es wird die Meinung vertreten, es handle sich um die schon seit jeher von einzelnen Juden als Verbindungsleuten zu den

das institutionalisierte System der Hofjudenschaft

Höfen gebildete Gruppe, die man weder auf das 17./18. Jh. noch auf das römisch-deutsch Reich beschränken könne [Y. KAPLAN, Court Jews, in 236: 25; 62: ISRAEL 141 ff.]. Hingewiesen wird auf die Lebensbedingungen der Juden in Europa, die als marginalisierte Minderheit in der Diaspora zu leben und sich stets neu des Wohlwollens der Schutzherren zu versichern hatten. Deshalb seien Persönlichkeiten wichtig gewesen, die kraft Vermögens und Abkömmlichkeit zur Interessenvertretung für die Gemeinden in der Lage waren. Die Fürsprecherschaft sei folglich die wesentliche Funktion der Hofjuden gewesen [42: BREUER 119]. Dem wurde entgegnet, dass über diese Funktion hinaus das Hofjudentum im merkantilistischen Fürstenstaat eine spezifische Ausprägung erhalten habe, die außerhalb des Reichs keine Parallele hatte [244: STERN 11; 224: CARSTEN 141; RIES, Hofjudenfamilien, in 160: 80]. Dies bedeutet nicht, dass sie Exponenten eines übergreifenden, in sich geschlossenen Systems verkörperten, in denen sich – wie es noch W. SOMBART sah [241: SCHNEE 1] – die besondere Beziehung des Judentums zum Geldwesen manifestierte [219: BATTENBERG 53; 132: ZEMON DAVIS 26 ff.]. Das „institutionalisierte" System des Hofjudentums stellte vielmehr für den barocken Fürstenstaat ein Modernisierungsinstrument dar, mit dem die Defizite der mangels ausreichend qualifizierter Fachbeamtenschaft schwerfälligen Administration ausgeglichen werden konnten [219: BATTENBERG 62]. Die kameralistische Doktrin, die seit Veit Ludwig v. Seckendorffs 1655 erschienenem Traktat über den *Teutschen Fürstenstaat* im fürstlichen Obrigkeitsstaat allgemeinere Verbreitung fand, suchte nach Mitteln und Wegen zur besseren Erschließung finanzieller Ressourcen und zur Erhöhung der Staatseinkünfte, vor allem durch Intensivierung von Handel und Gewerbe [218: BATTENBERG 303 ff.]. Wiederaufbauleistungen nach dem 30jährigen Krieg, Heeresversorgungen, Residenzausbau und Veranstaltungen barocker Feste bedurften schneller Geldbeschaffung. Es stellte sich bald heraus, dass christliche Kaufleute wie noch im 16. Jh. die Fugger und Welser nicht mehr über die ökonomische Potenz verfügten, aufwendige Projekte des vormodernen Staats zu finanzieren. Einzelne Juden, die im 17. Jh. ein reichsübergreifendes System von Geschäftsbeziehungen aufgebaut hatten, waren hingegen in der Lage, unter Verzicht auf Sicherheiten Kapitalien durch Vorfinanzierung von bewilligten, aber schwer eintreibbaren Steuern *(Antezipationen)* und Subsidien [120: SCHEDLITZ 53, 56] oder durch Übernahme von Domänengütern, Nutzungsrechten oder sonstigen Geldquellen gegen feste Pauschalen *(Admodiationen)* finanzielle Defizite aufzufangen oder auch in logistischen Einsätzen die benötigten Sachleistungen zu über-

3. Vom Dreißigjährigen Krieg bis zur Aufklärungszeit

nehmen [240: SCHMIDT 206 ff.]. Sie waren als Juden nicht an die Einschränkungen der Zünfte gebunden und konnten daher innovativer geschäftlich tätig werden [244: STERN 9; 40: BREUER 125]. Die ersten beiden Generationen großer Hofjuden wie Samuel Oppenheimer, Samson und Wolf Wertheimer, Leffmann Behrens, Behrend Lehmann und Ruben Elias Gumpertz etablierten dieses System reichsweit. In dem 1722 von Wolf Wertheimer dem bayerischen Kurfürsten gewährten Kapital über 1,2 Mill.fl. zur Finanzierung einer Fürstenhochzeit kulminierte dieses System, kam aber zugleich an seine Grenzen, da der Staat selbst noch nicht zu einer ökonomisch sinnvollen Schuldenregulierung in der Lage war und somit das bestehende Geldbeschaffungssystem in Frage stellte [BATTENBERG, Wertheimer, in: 221]. Als soziologisch fassbare Gruppe traten die Hofjuden in Erscheinung, weil sie aufeinander angewiesen und so zu solidarischem Handeln gegenüber der christlichen Umwelt gezwungen waren [244: STERN 205; Zweifel in 219: BATTENBERG 63]. Als in sich vernetzte Elite entwickelten sie einen besonderen *esprit de corps* [244: 227; 219: 63; 60: HERZIG 134; 120: SCHEDLITZ 27; 168: ULLMANN 335; N. ZEMON DAVIS, Riches and Dangers, in 236: 57; dagegen 239: RIES]. Ob es dazu kartellartige Absprachen und Konzentrationen auf regionale Handelsdistrikte gab, wie sie für Landjuden in Schwaben herausgefunden wurden [168: ULLMANN 263 f.], bedarf noch der Untersuchung.

Den Quellen nach waren die Hofjuden der älteren Zeit herausragende und vermögende Einzelpersönlichkeiten, die sich auf den engeren Rahmen ihrer Familie und Region verlassen mussten; sie waren noch nicht eingebunden in ein Kreditierungs- und Rekreditierungssystem, durch das Risiken und Gewinne verteilt und Geschäftsvolumen erhöht werden konnten. Einen Sonderfall stellen die sog. „Hofbefreiten" der Stadt Wien dar, die kraft kaiserlichen Privilegs schon seit dem späten 16. Jh. in dieser Stadt unter dem Titel eines Hofjuden tätig waren [345: KAUFMANN 30 ff.; F. HEIMANN-JELINEK, Judentum, in 243: 9 ff.]; ihr Wirkungskreis beschränkte sich weitgehend auf Niederösterreich, und dementsprechend verkörperten sie lediglich die Oberschicht der Wiener Judenschaft. Erst der zunehmend obrigkeitliche Druck, gegen die Schutzgewährung die Finanzierung von Versorgungs- und Repräsentationsaufgaben zu übernehmen, mag eine wichtige Rolle bei der Entwicklung des Systems gespielt haben. Schließlich ist festzustellen, dass die über das Reich hinausgehenden Kontakte von Hofjuden zu Fürstenhöfen eher von sefardischen Hoflieferanten und „Residenten" ausgingen, die an einen Hof nicht gebunden waren, als unabhängige Kaufleute und Bankiers tätig wurden und in freiem Wettbewerb zu

Hofjudentum als historische Übergangserscheinung

ihren christlichen Konkurrenten standen. Entwickeltere Staaten wie Frankreich und England bildeten deswegen ein vergleichbares hofjudenschaftliches System nicht aus [224: CARSTEN 141; 240: SCHMIDT 205 f.]. Auch die in Ostmitteleuropa vorherrschenden Bedingungen der adeligen Gutsherrschaft ließen es nicht zu [227: HUNDERT 68; 161: KATZ 39]. Das Hofjudentum des 17./18. Jh.s war eine historische Übergangserscheinung, die so nur im mitteleuropäischen Fürstenstaat, in einer territorial zersplitterten politischen Landschaft [240: SCHMIDT 205], nicht aber im zentralistischen Beamtenstaat oder im agrarischen Umfeld anderer europäischer Staaten existieren konnte [219: BATTENBERG 62 f.].

jüdische Wirtschaftselite und Hoffaktorentitel

Zugleich muss der in der Forschung geläufige Begriff des Hofjudentums problematisiert werden. Es gab viele im Handel tätige Juden, die über den Titel eines Hoffaktors verfügten, dennoch mit ihren Geschäften über den kleinen Umkreis ihrer Herrschaft nicht hinauskamen [220: BATTENBERG 114 ff.; 130: ULLMANN 159 ff.; 168: DIES. 328 ff.]. Andererseits gab es in jüdischen Gemeinden wie Amsterdam, Frankfurt, Hamburg, Prag und Worms Kaufleute, die einen Hoffaktortitel niemals führten, dennoch aber als gleichberechtigte Partner in enger geschäftlicher und verwandtschaftlicher Beziehung zu den großen Hofjudenfamilien der Zeit standen [232: KELLENBENZ; 113: KRAUSS 26 ff.]. Auch bedeutende Gelehrte wie David Oppenheimer in Prag [101: DUSCHINSKY; 114: LIEBEN; 264: MARX; 267: NOSEK] standen verwandtschaftlich und sozial der eigentlichen Hofjudengruppe nahe. Es sollte deshalb überlegt werden, ob nicht eher die Zugehörigkeit zu einer Wirtschaftselite des Reichs bzw. der Judenschaft unabhängig von der Führung des Hoffaktorentitels für die Zugehörigkeit zur Gesamtgruppe maßgebend war [219: BATTENBERG 38 f.; RIES, Oberschicht, in 221]. Der bloße Titel wäre nur eines von mehreren Merkmalen, durch die die Eliteneigenschaft ermittelt werden kann. Andere Merkmale wären der Umfang des Vermögens, die Stellung innerhalb der Gemeinde oder Landjudenschaft, die Intensität der Beziehung zum Fürstenhof und vor allem die „kommunikative Kompetenz" [219: 33], die sich etwa in rhetorischem und diplomatischem Geschick äußerte [219: 45; 118: SAVILLE, 36 ff.; 240: SCHMIDT 202 f.]. Eine Abgrenzung zur Gelehrtenelite der Juden ist zwar funktional möglich, im Einzelfall aber schwer zu treffen [RIES, Hofjudenfamilien, in 160: 81]. Alle, die diese Kriterien nicht erfüllten, waren zumeist als Zulieferer und Vertragspartner eingebunden, hatten aber nicht die gleiche soziale Stellung und konnten am internen hofjudenschaftlichen *conubium* auch nicht partizipieren.

3. Vom Dreißigjährigen Krieg bis zur Aufklärungszeit

Ein weiteres Problem besteht darin, die Entfaltung des hofjuden- Wandlungen des
schaftlichen Systems typisierend zu beschreiben. Diskutiert wird das hofjudenschaft-
soziologische Modell einer Generationenfolge, wonach einer Gründer- lichen Systems
generation zweite und dritte Generationen des Abstiegs und der Hinwendung zur christlichen Umwelt folgten [241: SCHNEE; BATTENBERG, Wertheimer, in: 221; RIES, Hofjudenfamilien, in 160: 87 ff.]. Ein anderes Modell nimmt an, dass sich in der Spätzeit des 18. Jh.s das Erscheinungsbild insofern wandelte, als die eigentlichen Träger des Fortschritts, die *entrepreneurs* der Manufakturen, nicht mehr den alten Hofjudenfamilien entstammten und eher zufällig über Hofjudentitel verfügten [198: LOWENSTEIN 26f.; 219: BATTENBERG 64]. Dies aber scheint zu sehr auf die brandenburg-preußische Situation hin zugeschnitten, die keineswegs repräsentativ für die übrigen Territorien des Reichs war [RIES, Hofjudenfamilien, in 160: 92f.]. Diskutiert wird auch eine zeitliche Zäsur der 1750er Jahre, durch die die ältere Zeit des klassischen Hofjudentums von einer jüngeren unterschieden wird [ähnlich 62: ISRAEL 144]. In der älteren etablierte sich das Hofjudentum als Institution, indem persönliche Beziehungen zu Landesfürsten aufgenommen und unter Sprengung der Grenzen des Schutzjudentums Sonderprivilegien zur Absicherung geschäftlicher Aktivitäten erworben wurden [174: BATTENBERG 179ff.]. In der jüngeren Periode, in der die Rechtsstellung der Hofjuden weitgehend genormt und teilweise der christlicher Kaufleute angeglichen war, wurde der Schwerpunkt auf Geldbeschaffungen innerhalb eines stabilisierten Kreditsystems verlagert. Die persönlichen Beziehungen zum Fürsten wurden verdinglicht und als Geschäftsbeziehungen der fürstlichen Kammer zugeordnet [219: BATTENBERG 65]. Nicht geklärt ist die Frage, ob in dieser Phase religiöse Traditionen infrage gestellt und Akkulturationswege in Richtung auf die christliche Umwelt eingeschlagen wurden [RIES, Einleitung, in: 221].

Diskutiert wird weiter die Frage nach der Rolle der Hofjuden für Rolle der Hofjudendie Emanzipation [F. BATTENBERG, Die Rolle der Hofjuden für den schaft für die Emanzipation
Akkulturationsprozeß, in: Bericht über die 40. Vers. dt. Historiker in
Leipzig (1995) 106ff.]. Im Anschluss an SCHNEE, der die Hoffaktoren als „Vorkämpfer der Judenemanzipation" ansieht [241: 20] wurde behauptet, die Emanzipation könne als Belohnung für die Dienste der Hofjuden für den Staat aufgefasst werden. Sie hätten den Weg für die Emanzipation geebnet [216: ARENDT 14, 27f.]. Diese Meinung wird vielfach von der späteren Forschung geteilt [62: ISRAEL 144; M. GRAETZ, Court Jews, in 236: 41, 43], bis hin zur These, die Hofjuden hätten „ein Stück Protoemanzipation, eine Emanzipation vor der Emanzipation" verkörpert [240: SCHMIDT 209]. Nur vereinzelt ist wi-

dersprochen worden [120: SCHEDLITZ, Leffmann Behrens 156]. Wichtig zur Beurteilung des Problems ist, dass die Hofjuden als Vorsteher von Gemeinden und Landjudenschaften vielfach als deren Wohltäter und Fürsprecher tätig waren und sich daher eng an die Tradition gebunden fühlen mussten [42: BREUER 119f.; 161: KATZ 219; 62: ISRAEL 143]. Sie waren zwar z.T. in das höfische Sozialgefüge eingebunden [107: GERBER 128] und damit innerhalb der Adelskultur des Reiches den Einflüssen der christlichen Umwelt ausgesetzt. Mit Ausnahme vielleicht von Süß Oppenheimer in Stuttgart galten sie jedoch nicht als Höflinge [118: SAVILLE 15f.], sondern weiterhin als Mitglieder der jüdischen Subkultur. Im Emanzipationsdiskurs spielten Hofjuden keine ausschlaggebende Rolle [60: HERZIG 135]. Immerhin ist nicht zu übersehen, dass die Hofjuden durch die Beschäftigung von aufgeschlossenen Hauslehrern zur Erziehung ihrer Söhne ein günstiges Klima für Aufklärungsvertreter *(maskilim)* schufen [M. GRAETZ, in 42: 254], durch das erst die Emanzipation möglich wurde. Nach HERTZ waren ihr Reichtum und ihre Vertrautheit mit der weltlichen Kultur „central to the birth of the movements for enlightenment and emancipation" [335: 89; GRAETZ, Court Jews, in 236, 43]. Sie trugen dazu bei, die Getto-Grenzen zu öffnen [161: KATZ]. Insgesamt waren sie zwar Träger eines neuen wirtschaftlichen Konzepts [224: CARSTEN 250; 42: BREUER 125], als solche aber eingebunden in den merkantilistischen Fürstenstaat, an dessen Zerstörung und Überwindung sie kein Interesse haben konnten. Ihr Beitrag zur Emanzipation war insofern eher ein funktionaler, der sie als Teil eines von ihnen nicht gesteuerten historischen Prozesses erscheinen lässt.

3.5 Armut, Betteljudentum und Kriminalisierung

jüdisches Armenwesen und Wohltätigkeit

Das Armenwesen wurde von den Gemeinden und der Landjudenschaft alleinverantwortlich und ohne regulierenden Eingriff der christlichen Obrigkeiten geregelt. Die Armut trat allerdings nicht in gleicher Weise wie in der nichtjüdischen Umwelt in Erscheinung und wurde deshalb auch von dieser entsprechend registriert [164: PARTINGTON 266f.]. Das religiös verankerte System der *zedaka* und die Kanalisierung privater Wohltätigkeiten in der *chevra kadischa* ermöglichte die Integrierung eines großen Teils der Armen in die bestehende Gemeinschaft [163: KOLLATZ 308]. Anders als in christlichen Armutsbewegungen gab es keine Idalisierung der Armut; sie wurde allenfalls als zu erduldende Prüfung erachtet, nicht als erstrebenswertes Gut [168: KATZ 59]. Folglich reagierte man nicht durch Almosen, die eher das seelische Wohl des

3. Vom Dreißigjährigen Krieg bis zur Aufklärungszeit 113

Gebers als das leibliche Wohl des Empfängers bezweckten, sondern durch Aktivierung einer Solidargemeinschaft, die die Unterschiede zwischen reich und arm aufheben sollte. Dahinter stand nicht ein sozialer Impetus, vielmehr der religiöse Gedanke der Mitmenschlichkeit [163: KOLLATZ 307 f.]. Solidarität demonstrierte man gegenüber einer überschaubaren Anzahl von „Gemeindearmen" und Durchreisenden. Nur diese konnten einen Platz im Armenhaus oder ein Quartier bei Gemeindeangehörigen beanspruchen [42: BREUER 234 f.]. Sobald Arme in einer anonymen, umherziehenden, von der christlichen Obrigkeit beargwöhnten Masse auftauchten, war das System der *zedaka* überfordert. Noch kaum gestellt wurde die Frage, seit wann Armut als Problem wahrgenommen wurde, das im sozialen Netzwerk nicht mehr aufgefangen werden konnte, und ob die Judenschaftsvorsteher in Adaption sozialdisziplinierender Maßnahmen der Obrigkeiten regulierende Eingriffe zur Bekämpfung der Armut vornahmen. Dies hängt damit zusammen, dass man auf der Grundlage des Getto-Modells die jüdische Subkultur von ihrer Umwelt isolierte und zwei unabhängig voneinander bestehende soziale Systeme annahm, von denen keines das andere wahrnahm [168: KATZ 132 ff.]. Dies bedarf der Korrektur. Der Druck der fürstlichen Obrigkeiten, die ihre Politik der Kriminalisierung randständiger Gruppen auf mittellose Juden ausdehnten, scheint dafür maßgebend gewesen zu sein, dass das Problem der Armut als soziales Massenproblem ausschnitthaft in den Blickwinkel der jüdischen Gemeinden geriet. Die Quellen belegen, dass sich die Gemeinden im 18. Jh. von den umherziehenden, vermögenslosen Juden trennten und ihnen den Zuzug verwehrten, um selbst überleben zu können [153: ANDERS 17; 159: GLANZ 131]. Seither bedeutete Armut für die betroffenen Juden außer sozialer Deklassierung auch Verlust von Heimat und sozialem Umfeld [HERZIG, Berührungspunkte und Konfliktzonen, in 51: 163].

Kaum diskutiert wurde, wann der Verarmungsprozess als strukturelles Problem mit Auswirkungen auf die christliche Umwelt einsetzte, der im 18. Jh. das große Potential des Betteljudentums entstehen ließ [42: BREUER 232]. Y. GUGGENHEIM sieht die Ursprünge im 15. Jh., als die Schicht der Nichtprivilegierten von ca. ¼ auf ½ der Gesamtjudenschaft gestiegen und gleichzeitig ein wachsendes Heer nichtsesshafter *Schalantjuden* entstanden sei, das im frühen 16. Jh. auch von christlichen Autoren wahrgenommen wurde [Meeting on the Road, in 67: 126 ff.; vgl. 159: GLANZ, 23 f.]. Er stellt fest, dass diese Juden die Verbindungen zu ihren Gemeinden aufrechterhielten und so im sozialen Netz der jüdischen Gemeinschaft eingebunden blieben. Es war dies sicher im 16. Jh. noch kein Massenproblem, auch wenn dessen Ur-

Verarmungsprozess als strukturelles Problem

sprünge ins Spätmittelalter zurückgehen [42: BREUER 237]. Demgegenüber betont GLANZ, dass erst die Krisenzeit um 1650 eine zusammenhängende „besitzlose Klasse" von Juden habe entstehen lassen [159: 86, 163]. Ob eine solche existiert hat, erscheint zweifelhaft. Nur seitens der christlichen Umwelt erhielt diese „Klasse" das Etikett der Betteljudenschaft, die seit dem 18. Jh. Gegenstand fürstlicher Policeyverordnungen wurde [1: BATTENBERG 329, Stichwort „Betteljuden"; 8: FAASEN; 3: BLINN 85]. Die Organisierung in *chawrussen* (Gaunerbanden) wie auch die Ausbildung des Rotwelsch als Verständigungsidiom hat zwar den überregionalen Zusammenhalt der Betteljuden gestärkt und ein Netzwerk unter ihnen entstehen lassen [159: GLANZ 105], nicht aber das Gefühl einer gemeinsamen Gruppe geschaffen. Es lässt sich in den Quellen für die Zeit seit ca. 1650 nur die Abschichtung eines mittellosen jüdischen Bevölkerungsteils erkennen, der keine Chance mehr auf Integration in den Gemeinden besaß [39/2: BATTENBERG 9f.; 164: PARTINGTON 257f.].

Dimensionen der Betteljudenschaft

Diese Schicht armer und teils vagierender Juden umfasste wohl im 18. Jh. $1/10$ bis $1/4$ der jüdischen Bevölkerung [42: BREUER 235]. Nach SORKIN [211: 43; danach ISRAEL, Germany, in 67: 303f., und 60: HERZIG 136] betrug ihr Anteil um 1750 mehr als $1/2$ aller Juden des Reichs. Ob sich 1780 der Anteil bereits auf 9/10 [nach 205: POST 121: 80%] belief, ist unwahrscheinlich [155: BURSCH 57; 39/2: BATTENBERG 10, nach H. BERDING]. Schätzungen sind bislang kaum möglich. Auseinandergehalten werden müssen die überwiegend sesshaften, in die Gemeinde noch integrierbaren Armen und die vagierende Gruppe der „Betteljuden". Beide zusammen übertrafen vermutlich prozentual innerhalb der Judenschaft den Anteil der Armen innerhalb der christlichen Bevölkerung bei weitem [164: PARTINGTON 253]. Als soziologisch identifizierbare Schicht lässt sich das „Betteljudentum" im 18. Jh. fassen, aber nur von Seiten der sich von ihm abgrenzenden gemeindlichen Judenschaft definieren. Policeyverordnungen hierzu gibt es seit ca. 1700 [164: 258; 1: BATTENBERG 7, 41, 125].

Betteljudentum und Reformen der Aufklärungszeit

Das Problem des Betteljudentums erfuhr in der Aufklärungszeit große Aufmerksamkeit, weil sich hier die von der christlichen Gesellschaft verschuldete missliche Lage eines Großteils der Juden am besten demonstrieren und Reformprojekte am einsichtigsten darstellen ließen. Anhand der „Patriotischen Gedanken über den Zustand der Juden" des Friedberger Aufklärers Schazmann hat dies die Forschung gezeigt [163: KOLLATZ 309ff.]. Die tiefere Ursache für die Anteilnahme der staatlichen Bürokratie am Schicksal der Betteljuden lag indes weniger in einem besonderen Wohlwollen als in den als Gefahr erkannten Ver-

3. Vom Dreißigjährigen Krieg bis zur Aufklärungszeit 115

bindungen zu nichtjüdischen Gaunerbanden und Vaganten [159: GLANZ 60ff.; 157: EGMOND 216ff.; 158: DIES. 83ff.; 60: HERZIG 136]. Die Frage, inwieweit das „Betteljudenproblem" seit den 1770er Jahren die Reichspolitik, insbesondere die Politik der unmittelbar betroffenen Reichskreise, bestimmte und zum Handeln zwang, ist bislang noch kaum gestellt worden [205: POST 407]. Offenbar hat die Praxis der „Bettlerschübe", durch die größere Gruppen von Vagabunden von Land zu Land verschoben wurden, zu einer Krise geführt, der man durch regulierende Policeyverordnungen vergeblich begegnete [39/2: BATTENBERG 9f.]: Die Instrumentarien des vormodernen Staats waren überfordert. Erst musste das bestehende Privilegien- und Schutzsystem aufgehoben werden, um diejenigen, die von ihm ausgeschlossen waren, wieder integrieren zu können.

Diskutiert wird weiter, inwieweit die Schicht mittel- und heimatloser Juden überhaupt noch mit der etablierten Schicht der in herrschaftlichem Schutz stehenden Juden Verbindung hatte, und ob eine Nähe zum kulturellen Substrat des Judentums blieb. Unter dem Druck der christlichen Obrigkeiten hatten nur wenige Betteljuden die Möglichkeit, dauerhafte persönliche Verbindungen zur Gemeinde aufzunehmen; sie wurden vielmehr an die Ränder abgedrängt, nur mit der Chance, in Herbergen außerhalb der Stadtmauern für eine begrenzte Zeit Unterschlupf zu erhalten [159: GLANZ 131 f.; 1: BATTENBERG 144, 153 u.a.]. Dennoch konnten sie an der *zedaka* partizipieren, die durch landesherrliche Druckmittel nicht unterbunden wurde [164: PARTINGTON 260]. Ihre Funktion als Nachrichtenübermittler für die Gemeinden verschaffte ihnen eine nützliche und honorierte Rolle [159: GLANZ 145]. Hofjuden bedienten sich ebenso ihrer Dienste [42: BREUER 238]. Offensichtlich hat auch der unter Betteljuden beliebte Trick, sich bei den reicheren Glaubensbrüdern als polnische Juden auszugeben, deren Anteilnahme und Spendenbereitschaft erhöht [42: 144]. Darüber hinaus wurde beobachtet, dass selbst die in das Gaunermilieu geratenen vagierenden Juden an den gewohnten religiösen Riten festhielten [42: BREUER 237; 157: EGMOND 219; 153: ANDERS 23]. Dennoch besteht wenig Klarheit darüber, ob die Betteljuden noch in die jüdische Gemeinschaft integriert waren, und ob nicht eher die Querverbindungen zu anderen vagierenden Unterschichten die Atmosphäre sozialer Nähe entstehen ließ, die zu einer Entfremdung vom Judentum führte. Zu einer Beschleunigung dieses Prozess trug bei, dass viele ihr Judentum vor Christen verbargen [159: GLANZ 118].

Unklarheit besteht weiter über die initiierenden Faktoren der massenweisen Verarmung und „Proletarisierung" großer Teile der Juden im

Isolierung der Betteljuden von den Gemeinden

Entwicklungen der Proletarisierung und Marginalisierung

Reich. Im Allgemeinen geht man davon aus, dass die Einwanderung seit den Chmelniecki-Unruhen den ersten Anstoß gegeben habe, weil diese „Ostjuden" nicht mehr zu integrieren waren [158: EGMOND 85; 164: PARTINGTON 254]. Dass diese in der Betteljudenschaft eine wichtige Rolle spielten, beweisen obrigkeitliche Policeyverordnungen, die *pohlische Juden* als *pars pro toto* der Betteljuden überhaupt nehmen [1: BATTENBERG, 197; 39/2: DERS. 10]. Die polnisch-litauischen Immigranten des 17. Jh.s und deren Nachkommen bildeten jedoch nur das demographische Substrat der vagierenden Juden im Reich. Die Ursachen der Marginalisierung sind eher in der merkantilistischen Politik der Landesfürsten zu suchen: Diese war an einer Instrumentalisierung des vermögenden Teils der Judenschaft interessiert. Nur Juden, die ein bestimmtes Mindestvermögen nachweisen konnten, hatten die Chance auf einen Schutz- oder Geleitsbrief [1: BATTENBERG 331, Stichwort „Inferendum"]. Alle anderen wurden separiert und marginalisiert [168: ULLMANN 376]. Das für manchen vermögenslosen Juden am Ende unvermeidliche Zusammengehen mit nichtjüdischen Gaunerbanden konnte bis in die Kriminalität führen, was wieder verstärkten obrigkeitlichen Druck provozierte. Diese doppelte Marginalisierung ließ

Konversionen und Taufbetrug

verinnerlichte Traditionsbindungen zurücktreten, falls Konversionen zu der ohnehin imitierten christlichen Religion möglich waren und Gewinn brachten. Hier liegt die Ursache für die zahlreichen, in betrügerischer Absicht vollzogenen Taufhandlungen, von denen die des Wittmunder Michael Abrahams alias Christian Treu die berühmteste war [155: BURSCH 33 ff.; 159: GLANZ 53 ff.]. Diese aus dem Betteljudenmilieu bekannte Praxis hat mit zur Diskreditierung der „Judentaufe" und zur feindseligen Haltung der christlichen Umwelt gegenüber den Bekehrten beigetragen [12: GRAF 52 ff.], was einzelne Konvertiten veranlasste, ihre Konversionsentscheidung in Autobiographien zu rechtfertigen und die christliche Gesellschaft wegen ihres unchristlichen Umgangs mit Juden anzuklagen [12: 63 f., 95]. Die Potenzierung des Problems seit den 1780er Jahren lieferte wesentliche Anstöße für aufklärerisch motivierte Staatsbeamte, über Ursachen sozialer Not unter den Juden nachzudenken [163: KOLLATZ 309 ff.; 205: POST 401 ff.].

3.6 Orthodoxie, charismatischer Messianismus: Religiöse Bewegungen und soziale Folgen

Von den charismatischen bzw. messianischen Bewegungen im Judentum hat diejenige des Schabtai Zwi in der Forschung die größte Aufmerksamkeit gefunden, da sie trotz Scheiterns weittragende Folgen für

3. Vom Dreißigjährigen Krieg bis zur Aufklärungszeit 117

das Selbstverständnis der Juden hatte. Hierbei interessierte weniger die Lehre Schabtais in ihrer spezifischen Ausprägung, die in den Gesamtzusammenhang des immer wieder auftretenden jüdischen Messianismus [150: TISHBY, Glaube (nach „Hebr. Beitr." 125 ff.); 100: COHEN 19] gestellt werden muss [123: SCHOLEM 30 ff.], hatte doch diese Lehre keine direkten Nachfolger. COHEN hat recht, wenn er für das späte 18. Jh. von einer „dead issue" spricht [100: 23]. Stärkeres Interesse der Forschung fand die langanhaltende Unsicherheit der deutschen Judenheit nach der Apostasie des Pseudo-Messias. Sie brachte eine Vertrauenskrise und allgemeine Ernüchterung [39/2: BATTENBERG 40; 60: HERZIG 128]. Man hat das persönliche Scheitern Schabtais, die Umdeutung und eschatologische Anpassung seiner Lehre durch seine Nachfolger sogar mit dem Kreuzestod Jesu von Nazareth und der Verbreitung seiner Lehre in veränderter Gestalt in Verbindung gebracht, dabei aber die Unterschiede – Märtyrertum Jesu einerseits, moralisches Versagen Schabtais andererseits – betont [123: SCHOLEM 337 ff.; 40/2: BEN-SASSON 390], auch wenn diese biographischen Momente vielleicht etwas überbewertet wurden [39/2: 42]. Die aus Scham über den eigenen, aus Leichtgläubigkeit entstandenen Irrtum von vielen Gemeinden praktizierte *damnatio memoriae* über alles, was mit den Lehren Schabtais in Zusammenhang gebracht werden könnte [40/2: 390 f.; 100: COHEN 19 f.], hat zwar zu einer ersten Beruhigung geführt, nicht jedoch das in vielen Kreisen weitergepflegte Ideengut aus dem Gesichtskreis der gelehrten Welt verbannen können. Die Erschütterung der eigenen religiösen Grundlagen hat allerdings die innerjüdische Wahrnehmung erweitert und damit die Wege zur Aufnahme aufklärerischen Ideenguts unter dem Gesichtspunkt der *haskala* geebnet [60: 128]. *Scheitern der Bewegung Schabtai Zwis*

Untersucht wurden religiöse und soziale Folgeerscheinungen, synkretistische Sekten [Frankisten: G. SCHOLEM, Frank, in 49/7: 55 ff.], die neue „Subkulturen" innerhalb der Judenschaft entstehen ließen und zugleich Annäherungen und „intellektuelle Brücken" an die christliche Umwelt brachten [335: HERTZ 92 f.]. Mancherorts entstanden aus Enttäuschung über das Ende der enthusiastisch begrüßten Bewegung [24: PAPPENHEIM 74 f.] regelrechte Taufbewegungen [123: SCHOLEM 842 ff.], deren Dimension und regionale Verteilung noch unklar sind [335: HERTZ 92 f.]. Ihre Abspaltung beförderte andererseits eine Solidarisierung jüdischer Gemeinden gegen den Sabbatianismus und vermied so einen Bruch mit der Tradition [42: BREUER 221]. Der Angriff Schabteis auf die talmudische Lebensweise und gegen die Strenge des halachischen Systems wurde aber auch als Element der Modernisierung begriffen [150: TISHBY, Glaube (nach „Hebr. Beitr." 136); 39/2: *synkretistische Sekten*

42f.]; nach BEN-SASSON leitete seine Forderung nach religiösem Individualismus den Untergang der mittelalterlichen jüdischen Welt ein [40/2: 392]. Dies aber provozierte die Zurückweisung durch das etablierte Rabbinat; schon zu Lebzeiten Schabtais wurde von Jakob Sasportas die Reihe apologetischer Schriften zur Verteidigung der Tradition gegen Häresien begründet, dem deshalb in der Literatur ähnlich große Aufmerksamkeit wie jenem geschenkt wurde [J. DAN, in 49/14: 893f.; 39/2: 43f.]. Über dessen historische Bewertung besteht Uneinigkeit. Während SCHOLEM ihn als streitsüchtigen Glücksritter und Polemiker hinstellt [123: 862ff.], gibt ihm TISHBY, Hg. der zum Verständnis des Streits wichtigen Dokumentation des Sasportas *(Sisit Novel Zwi)*, einen bedeutenden historischen Rang als einem geschworenen Gegner des Sabbatianismus [150: (nach „Hebr. Beitr."136)]. Unabhängig davon, ob man ihm eine einseitige Sichtweise oder Verfälschung der messianischen Ideen Schabtais, die durchaus positive Elemente jüdischer Eschatologie enthalten hatten [123: SCHOLEM 873ff.], vorwirft, oder ob man seine Haltung aus der Verbitterung über das nicht erlangte Amsterdamer Rabbinat erklärt, besteht doch Einigkeit darüber, dass Sasportas als unerbittlicher Verteidiger der halachischen Tradition einen frühen Gegenpol zum Sabbatianismus markierte [J. DAN, in 49/ 14: 893].

Aufmerksamkeit fanden außerdem die langfristigen Folgen der Spaltungserscheinungen, die durch das Rabbinat nicht mehr aufgefangen und deren neue Substrate nicht mehr integriert werden konnten. Sie flossen über den Frankismus an einigen Orten, wie in Prag, direkt in die Reformbewegung der *maskilim* ein [42: BREUER 222f.]. Anderswo wurden kabbalistische Neigungen und „individuell-pietistische" Frömmigkeitshaltungen, die an sich in das übliche Spektrum passten, unversehens als sabbatianische Häresie diskreditiert [R. ELIOR, Rabbi Nathan Adler, in 258: 223ff.; 100: COHEN 20f.]. Das ängstliche Wachen über die Einhaltung der orthodoxen Lehre war selbst ein Anzeichen dafür, dass Vieles in Frage gestellt wurde, was bisher als selbstverständlich galt und innerhalb eines weiten Toleranzrahmens verkraftet werden konnte. Insofern wurde die sabbatianische Bewegung, deren Anhänger in Prag und Hamburg seit 1725 *ipso iure* dem Bann verfallen sein sollten [40/2: BATTENBERG 45; G. SCHOLEM, Eybeschuetz, in 49/6: 1074], in ihrer späteren Umformung zur „ernste[n] Herausforderung der Grundsätze des traditionellen Rabbinismus und der Gemeindeführung im Alten Reich" [42: BREUER 223]. Unter den rabbinischen Gelehrten war in Zukunft nur noch derjenige legitimiert, der der sich auf die hala-

3. Vom Dreißigjährigen Krieg bis zur Aufklärungszeit 119

chische Tradition oder wenigstens auf Schriften berufen konnte, die der sabbatianischen Apostasie zeitlich vorausgingen.

Besondere Aufmerksamkeit fand in diesem Zusammenhang die Kontroverse zwischen Jonathan Eybeschütz und Jakob Emden, die brennpunktartig die durch den Sabbatianismus entstandene Krise in den jüdischen Gemeinden deutlich macht [100: COHEN; 16: HAYOUN 7–60; DERS., Rabbi Ja'akov Emdens Autobiographie, in 53: 222 ff.; 119: SCHACTER, 370 ff.; 141: IDEL; 328: GREENBERG]. Durch die Autobiographie Emdens *(Megillat Sefer)* [Edition in frz. Übersetzung 16: HAYOUN 65 ff.] werden auch die Hintergründe und Perspektiven des Streits erhellt. Beide Gelehrten beriefen sich formal auf die halachische Tradition, die zu verteidigen sie angetreten waren [39/2: BATTENBERG 45]. Beide aber können nicht mit ihr identifiziert werden, da ersterer mystisch-kabbalistische Neigungen entwickelte und letzterer eine rationalisitische Haltung zur Tradition fand [343: KATZ 167], so dass er geradezu zum Wegbereiter der *haskala* erklärt wurde [60: HERZIG 128]. Weniger entscheidend ist, dass vor allem Emden es nicht verwinden konnte, dass nicht er, sondern Eybeschütz das Rabbinat der Dreigemeinde Hamburg-Altona-Wandsbek erhalten hatte, auch wenn dies zum – verdeckten – Motiv seiner Angriffe gegen den Konkurrenten wurde. Auch die von COHEN herausgestellten sexuellen Motive [100: 271 ff.; dazu HAYOUN in 53: 228], die ihn aufgrund eigener Impotenz veranlasst haben könnten, seinem Gegner moralisches Versagen vorzuwerfen, führen nicht weiter. Insofern kommt es auf die von HAYOUN versuchte Ehrenrettung Emdens, dem er einen „gewissen Kern menschlicher Aufrichtigkeit" zuspricht [in 53: 228], gar nicht an. Die These eines durch die Kontroverse gestiegenen Autoritätsverlusts der alten rabbinischen Eliten [270: RÖMER 24; 245: ABRAMSKY 14] erweitert hingegen den engen, auf die Individualität der Kontrahenten fixierten Blickwinkel, fokussiert aber nicht deutlich genug das Wesentliche. Dem Streit kommt vielmehr paradigmatische Bedeutung zu, weil in ihm der allenthalben noch wirksame „Krypto-Sabbatianismus" instrumentalisiert wurde, um einen „politischen" Gegner zu diskreditieren [328: GREENBERG 360]. Da Eybeschütz seinerseits in seiner Apologie *Luchot Edut* (1755) auf christliche Gelehrte großen Eindruck machte und so in den Ruf eines „Krypto-Christen" kam [39/2: 46], musste in den Augen Emdens der Verdacht der Häresie tatsächlich bestehen, auch wenn Eybeschütz ganz auf dem Boden der Tradition argumentierte. Nicht zufällig fand der „Krypto-Sabbatianismus" bei den *sefardim*, deren Lebensweise eine größere Nähe zu der der christlichen Umwelt aufwies, mehr Anklang als bei den *aschkenasim* [42/: ETTINGER 66].

Marginalia: die Emden-Eybeschütz-Kontroverse; Krypto-Sabbatianismus

Das scheinbar Paradoxe liegt darin, dass das rationalistische Konzept Emdens eine gewisse Affinität zu christlichen Gedanken aufwies, was auch daran erkennbar wird, dass er selbst christliche Interpretamente, etwa aus den Paulus-Briefen, rezipierte und in diesem Zusammenhang sogar Juden und Christen zu Brüdern erklärte, die vom gleichen Gott erschaffen worden seien [328: GREENBERG 354 ff., 357; Zweifel bei 42: BREUER 227]. Seine Geisteshaltung wurde deshalb auch als „ungewöhnlich progressiv" charakterisiert [328: 359]; seiner persönlichen Strenge bei der Einhaltung der halachischen Tradition entsprach eine wissenschaftliche Offenheit gegenüber dem Wissen christlicher Gelehrten [42: BREUER 226].

<small>Identitätskrise von Rabbinat und Gemeindeführung</small>

Wie der „Betteljudenfrage" kommt der „Emden-Eybeschütz-Kontroverse" als einer Spätfolge des Sabbatianismus im späten 18. Jh. Bedeutung für das Verständnis von *haskala* und Aufklärung zu. Beide waren nicht deren Ursachen, wohl aber den Aufklärungsdiskurs der Zeit beschleunigende Faktoren, da in ihnen die Identitätskrise der jüdischen Armen (Unterschicht) und Gelehrten (Oberschicht) auch für die christliche Umwelt sichtbar wurde. Beide Phänomene wurden von Konversionen begleitet, die die Taufwelle um 1800 einleiteten [335: HERTZ 102 ff.]. Folgen waren ein Verlust an Glaubwürdigkeit der Gemeinden mit zunehmender Kritik am Rabbinat und an der Gemeindeführung [245: ABRAMSKY 14]. Die innerjüdische Bewegung des sabbatianischen Messianismus war dafür zwar nicht verantwortlich zu machen; wohl aber die in „Krypto-Sabbatianismen" sich verflüchtigenden Folgebewegungen, weil erst sie den Diskurs über die Modernisierung des Judentums in die christliche Umwelt trugen.

3.7 Jüdischer Alltag: Geschlechterdifferenz und Erziehungssystem

<small>Bereiche der jüdischen Alltagskultur</small>

Um Zugang zur jüdischen Alltagskultur zu finden, bedarf es einer Unterscheidung und getrennten Analyse von Einzelbereichen, von denen jeder eine unterschiedliche Nähe zur christlichen Umwelt aufwies. Der Volkskundler POLLACK hat deshalb unterschieden nach Fragen der Topographie und des häuslichen Lebensraums, des individuellen Lebenslaufs („life-cycle"), der Erziehung und Sozialisation, der physischen Existenz einschließlich des Konsums sowie der religiösen Gebräuche [304: XIII]. Bislang gibt es kaum Einzeluntersuchungen, in denen diese Bereiche unter sozialgeschichtlichen Aspekten differenziert thematisiert wurden. Besonders wurde die Frage der Veränderung des Alltags vor dem Hintergrund einer seit dem 17. Jh. entspannten Beziehung zur nichtjüdischen Nachbarschaft noch kaum ins Blickfeld gerückt.

3. Vom Dreißigjährigen Krieg bis zur Aufklärungszeit 121

Erziehungssystem und Wissensvermittlung – im wesentlichen der dritte Bereich nach dem Pollackschen Raster – waren der Norm nach auch in der Vormoderne des 17./18. Jh.s stets eng an den halachischen Vorschriften orientiert und in einem lockeren, die gesamte Judenschaft erfassenden System von *chadarim* und *jeschiwot* institutionalisiert [288: BATTENBERG 61 ff.; 297: HOROWITZ 120 ff.; 257: FISHMAN 15 ff.]. Ob man darüber hinaus einen Einfluss der christlichen Umwelt annehmen kann, ist umstritten. Hinsichtlich der Erziehungsprinzipien wird dies verneint [253: ELIAV; 256: ESCHELBACHER], auch wenn Einflüsse des im 17. Jh. in Lissa und Amsterdam wirkenden Pädagogen Johann Amos Comenius nicht ausgeschlossen werden [257: FISHMAN, 87 f.]. Anders könnte man hinsichtlich der Lehrinhalte und des verfügbaren Wissensstoffs entscheiden. Assimilationserscheinungen werden von denjenigen Autoren verneint, die auch für diese Zeit eine abgeschlossene, gettoisierte Kultur der Juden annehmen. Bis heute liegt diese Ansicht den meisten Darstellungen zur Geschichte der Juden zugrunde. KATZ, der eine so charakterisierte Subkultur annimmt, präzisiert weiter, dass die jüdischen Lehrsätze im Zusammenhang mit dem Studium heiliger Schriften stets neu durch ethische Ermahnungen und Predigten eingeübt und dogmatische Abweichungen von der reinen Lehre rigoros unterbunden wurden [192: 34 f.]. Die soziale Kluft zur christlichen Umwelt hin und die Unterschiedlichkeit des jüdischen und christlichen Rechtssystems habe zu einem moralischen Doppelmaßstab geführt, wonach Verpflichtungen von Juden gegenüber Juden anders beurteilt wurden als solche Christen gegenüber [192: 37 f.; 343: DERS. 61]. Für ihn stellte sich daher die Frage nach christlichen Einflüssen auf Alltag, Erziehungswesen und Wissensvermittlung im Judentum nicht, zumal die Kohärenz der grundlegenden Normen in der Gemeinde nach ihm notwendig war, um ein Überleben in christlicher Umwelt zu garantieren [161: 76]. Auch FISHMAN, dem die klassische Darstellung des jüdischen Erziehungswesens in Mitteleuropa zu verdanken ist, stellte die noch im 17./18. Jh. abgeschlossene jüdische Kultur nicht in Frage. Er sieht zwar, dass weltliche Fächer gelehrt wurden. Diese seien aber als dem jüdischen Selbstverständnis widersprechend im offiziellen Lehrprogramm ignoriert worden. [257: 114]. Er erklärt dies damit, dass in der Frühen Neuzeit die christlichen Schulen konfessionell geprägt gewesen seien, und dies in der jüdischen Subkultur nicht anders habe sein können [257: 85]. In den gleichen Zusammenhang stellt er die Warnung des Rabbiners Jakob Emden vor nichtjüdischen Studien, besonders der Philosophie, die sich leider ausgebreitet hätten [257: 112 f.]. Dies entspricht der Auffassung GÜDEMANNS, der vom „Bildungsideal der deutschen Ju-

Neuerungen in Erziehungssystem und Wissensvermittlung

christliche Einflüsse auf das jüdische Erziehungssystem

den" sprach, das sich ganz in der Kenntnis der Hebräischen, der Bibel und des Talmuds erschöpft habe. „Fremde Wissenschaft", jedes nicht der Bibel und dem Talmud dienende Studium, sei verpönt gewesen [14: XXVf.]. E. BREUER vermutet, dass vor dem späten 18. Jh. – anders als in Oberitalien und in den Niederlanden – die von christlichen Gelehrten getragene kritische Bibelwissenschaft von Juden nicht wahrgenommen worden sei; erst die Aufklärung habe das Interesse für nichtjüdische Schriftsteller geweckt [249: 111 f.]. Noch GOTZMANN nimmt an, dass die „Lebensrealität" der deutschen Juden vor der Emanzipation maßgeblich durch die halachischen Normen bestimmt worden sei [140: 3].

In diesen Stellungnahmen, alle auf der Annahme eines umfassenden halachischen Normensystems fußend, von dem Alltag, Erziehung und Wissensvermittlung abhängig gewesen sein sollen, fällt auf, dass zwischen der Getto-Kultur Ostmitteleuropas und der offeneren jüdischen Kultur des Reichs nicht unterschieden wird. Insbesondere wird übersehen, dass in den „Judendörfern" und ländlichen Gemeinden, im Rahmen des Marktverkehrs auch in den Städten, ein sehr viel engerer Kontakt zur christlichen Nachbarschaft anzunehmen ist, als man bislang vermutet hatte [304: POLLACK 10ff.]. Dies hat DAXELMÜLLER veranlasst, im Anschluss an W. COHN den Begriff des Gettos als ideologisch besetzten Ausdruck des 19. Jh.s für die ältere Zeit bis zum Ende des 18. Jh.s zu problematisieren [Assimilation, in 339: 277f.; DERS., Jewish Popular Culture, in 67: 33]. Nach ihm nahmen die Juden dieser Zeit Teil am Leben der sie umgebenden Umwelt, und die daraus entstandenen kulturellen Formen bildeten ein wichtiges Segment der jüdischen Volkskultur. Juden nahmen die herrschenden kulturellen Normen und Werte der Zeit an, gaben ihnen nur eine ihren Bedürfnissen genügende Deutung [in 67: 33]. Die Gesamtentwicklung der Zeit charakterisiert er als „Assimilation vor der Assimilation". Die hohe Mobilität der Juden habe ihnen einen offenen Erfahrungshorizont verschafft, der sie für christliche Umwelteinflüsse aufnahmebereit machte. Deshalb habe stets eine intensive Auseinandersetzung mit der Umwelt stattgefunden [in 339: 278, 284; 291: DERS. 173ff.; 292: DERS. 7ff.]. Ähnliches sieht auch POLLACK, der den Bestand informeller Verbindungen zwischen Christen und Juden zur Grundlage seiner Bewertung jüdischer Alltagsgebräuche macht. Die Juden waren trotz Isolierung Teil der sie umgebenden Kultur und ließen deshalb ähnliche Verhaltensweisen (attitudes) wie die Christen erkennen [304: 12, 15]. In die gleiche Richtung zielt die Bemerkung STERN-TÄUBLERS, die Juden dieser Zeit hätten von der allgemeinen Kultur des Landes profitiert [149: 106].

Diese aufgrund von Beobachtungen des Alltagslebens erarbeite-

Juden als Teil der sie umgebenden Kultur

3. Vom Dreißigjährigen Krieg bis zur Aufklärungszeit 123

ten Thesen wurden von der Forschung kaum zur Kenntnis genommen [287: BATTENBERG 442 ff.; 168: ULLMANN 443 ff.]. Selbst wenn man diese Beobachtungen relativiert, so bleibt doch die Erkenntnis, dass es zur Beurteilung der jüdischen Lebensrealität der Vormoderne nicht mehr ausreichen kann, von den halachischen Normen und dem „offiziellen" Erziehungssystem der *chadarim* und *jeschiwot* auf die gelebte Praxis zu schließen. Die stereotypen Warnungen der rabbinischen Gelehrten vor Kontakten mit der christlichen Umwelt sind so auch als Abgrenzungsstrategien zu deuten, die für das Überleben der Juden als Minderheit in der Fremde notwendig waren [304: POLLACK 81]. Sie enthalten Hinweise auf die bestehenden, kritisierten Verhältnisse, die zum Teil der ursprünglichen halachischen Norm entgegenstanden. Auch der Mitte des 18. Jh.s verfasste „*Libes-Brif*" des Isaak Wetzlar, der die drohende Vernachlässigung von jüdischer Erziehung und Rechtsleben beklagt, konstatiert so zugleich den ganz unter dem Einfluss der christlichen Umwelt stehenden Alltag der Gemeinde [294: FAIERSTEIN 240 f.; 42: BREUER 211 f.].

_{Umwelteinflüsse und Abgrenzungsstrategien}

Offensichtlich hatten die Erfahrungen der Verfolgungszeit des 15./16. Jh.s dazu geführt, dass die bedeutenderen Gelehrten der Zeit sich der Defizite der jüdischen Kultur bewusst wurden und deshalb „Anleihen" in der christlichen Umwelt befürworteten, manche von ihnen sogar für eine Synthese von (jüdischer) Religion und (christlicher) Wissenschaft eintraten [270: RÖMER 43]. Der Prager Astronom David Gans, dem humanistischen Geist der Zeit zugetan, nutzte für seine jüdische Weltchronik *Zemach David* deutsche Chronikvorlagen [42: BREUER 79; 4: DERS.]. Um die gleiche Zeit hatte Juda Löw Bezalel in Prag die Lektüre christlicher Schriften erlaubt, um beurteilen zu können, ob sie gegen jüdisches Recht verstoßen [14: GÜDEMANN 68]. Auch sein Bruder Chajim Bezalel in Friedberg zog die Lektüre solcher Werke in Betracht, um gegenüber der christlichen Umwelt bestehen zu können [14: 75 f.]. Das damit geöffnete Einfallstor für kulturelle Werte der die jüdischen Gemeinden umgebenden Mehrheitsgesellschaft provozierte in einer Zeit, als auch die christlichen Konfessionen sich als eigenständige Systeme etablierten, abgrenzende Voten halachischer „Dogmenwächter" gegen jede Tendenz der Aufweichung. Erfahrungen in Frankfurt und Prag veranlassten den 1621 nach Jerusalem ausgewanderten Rabbiner Jesaja Horowitz, das Studium der Philosophie wie auch der „fremden Wissenschaften" zu verbieten [14: 109; 304: 79; 146: NEWMAN 118 ff.]. Sein Bruder, der Prager Kabbalist Jakob Horowitz, hielt die Lektüre weltlicher Chroniken für wenig heilsam [14: 121]. Noch Jakob Emden, der eher für einen kulturellen Austausch mit der

_{christliche Wissenschaft und jüdische Religion}

Umwelt eintrat, hielt die Lektüre philosophischer Schriften für Zeitverschwendung [304: 79f.].

In den gleichen Zusammenhang – auch wenn sie nur Hinweise auf den kulturellen Hintergrund möglichen Wissenstransfers zwischen christlicher und jüdischer Gesellschaft geben – sind die zahlreichen innerjüdischen Stimmen zu stellen, die vor einer Nachahmung christlicher Gebräuche warnen [280: SCHOCHAT 9ff.; 287: BATTENBERG 446f.]. Juspa Schammes riet 1670 seinen Glaubensgenossen von christlichen Kleidermoden ab [7: EIDELBERG 39]. Der Frankfurter Rabbiner Zwi Hirsch Kojdanover warnte wenige Jahre später vor der Unsitte der Frauen, sich in nichtjüdischer Weise zu kleiden [14: GÜDEMANN 180], und gleichzeitig verurteilte der Schnaittacher Rabbiner Chanoch Henoch die Übernahme von Modetrachten der Nichtjuden [14: 300]. All dies kann als Beleg dafür genommen werden, dass viele Juden sich an der christlichen Kultur zu orientieren begannen, was als Gefahr für die Gruppenidentität jüdischer Gemeinden empfunden wurde. Es gab deshalb auch keine jüdische Kleidung, sondern wie bei der christlichen Gesellschaft unterschiedliche Trachten, durch die funktionale und soziale Differenzierungen deutlich gemacht wurden [304: POLLACK 95].

rabbinische Warnungen vor Adaptionen christlicher Gebräuche

Etwas mehr hat sich die sozialhistorische Forschung inzwischen Problemen des Geschlechterverhältnisses in der jüdischen Gesellschaft zugewandt. Drei wissenschaftliche Symposien in Heidelberg (Hochschule für jüd. Studien) 1991 [253: ELIAV], in Hamburg (Institut für die Geschichte der deutschen Juden)1996 (zu Glikl Hameln) und in Mülheim an der Ruhr (Ev. Akademie) 1999 waren einschlägigen Themen gewidmet. Für die ländliche Gesellschaft liegt inzwischen eine monographische Studie vor, die tiefere Einblicke in die Lebenssituation jüdischer Frauen im 18. Jh. vermittelt [167: ULBRICH]. Die Frage nach der Stellung der jüdischen Frau im Vergleich zur christlichen wurde angeregt durch die Analyse der autobiographischen Lebensgeschichte der Glikl Hameln [24: PAPPENHEIM; 298: JANCKE; G. MARWEDEL, Glückel, in 225: 70ff.; 278: SCHECHTER; 131: ZEMON DAVIS 11ff.; 132: DIES. 7ff.; DIES., Riches and Dangers, in 236: 45ff.; 148: SHEFFER 85ff.]. Aus ihr wird erkennbar, dass zumindest eine der Oberschicht angehörende Frau als Geschäftsfrau beträchtliche Möglichkeiten hatte, eigenständig zu wirken. ZEMON DAVIS grenzt diese Beobachtung unter Hinweis auf Frauen wie Cecilia Hinrichsen und Esther Schulhoff-Liebmann [auch: D. HERTZ, The Despised Queen, in 236: 67ff.] dahin ein, dass diese Ausnahmen eng mit der Lebensweise der Hofjuden zu tun haben [in 235: 49]. Die Reihe könnte durch Miriam Gumpertz [112:

Geschlechterverhältnisse und jüdische Geschäftsfrauen

KAUFMANN/FREUDENTHAL 38f.], Blümle Homburg [42: BREUER 180], „Madame" Kaulla [242/4: SCHNEE 149; C. PRESTEL, Jüdische Hoffaktoren, in 79: 205f.] und Rosina Mändle [218: BATTENBERG 322f.] ergänzt werden. RIES weist jedoch darauf hin, dass die Frauen der Hofjuden insgesamt den gewonnenen Spielraum eher durch Wohltätigkeit und fromme Werke nutzten, da sie bei Hofe weniger als Geschäftspartnerinnen akzeptiert waren [Hofjudenfamilien, in 160: 86f.]. Deren Selbständigkeit ließ sich auch daran aufzeigen, dass es unter den Frauen der Oberschicht mehrere „protesting wives" gab, die sich den Konversionsabsichten ihrer Ehemänner entzogen [335: HERTZ 100f.]. Die Sonderstellung jüdischer Geschäftsfrauen – auch über die Oberschicht hinaus – wurde auch von der christlichen Umwelt wahrgenommen, und zwar dadurch, dass von christlichen Obrigkeiten vielfach der generelle Haftungsausschluss der Frau bei Schulden ihrer Ehemänner *(beneficium muliebris,* „Weibliche Rechtswohltat") ausgeschlossen wurde, da – wie nach einer Verordnung von 1731 – *besagte Judenweiber mit ihren Männern [...] gemeinsame Handlung zu führen pflegen* [1: BATTENBERG 179f., 336, zu „Weibl. Rechtswohltaten"]. Ältere Autoren wie SOMBART wurden angesichts dieses Befunds dazu verleitet, eine besondere Beziehung der Juden zum Geldgeschäft anzunehmen, die Frauen wie Männer umfasst habe. Dies aber wurde zuletzt von ZEMON DAVIS dadurch widerlegt, dass sie die Beteiligung der Frauen am Geschäft ihres Mannes mit dem Gefühl gemeinsamer Verantwortung erklärte, die von einem tiefergehenden religiösen Ehrgefühl *(koved)* getragen wurde, das seinerseits in der halachischen Tradition seine Wurzeln hatte [132: 25f.]. Das Bestreben, dem Ehemann einen Freiraum für religiöse Studien zu ermöglichen, mag ein weiteres Motiv für das Engagement der Frauen gewesen sein.

Sieht man von diesem durch den Kontakt mit der christlichen Umwelt und die Notwendigkeit, sich als Minderheit in der Diaspora behaupten zu müssen, bedingten Sonderfall des Geschäftslebens ab, so lässt sich feststellen, dass die Stellung der Frau im halachischen Recht ebenso wie in der Lebensrealität der Vormoderne stärker als in der christlichen Kultur an einen fest umrissenen Bereich in Familie und Haushalt gebunden war [300: KATZ; 161: DERS. 113ff.; 151: WEISSLER 245ff.]. Die Mädchenerziehung war – wie schon im Mittelalter – direkt auf die Rolle zugeschnitten, die die Mädchen später in der Gesellschaft einnehmen sollten, nämlich die Rolle der Mutter und Erzieherin [254: ELIAV 97f.]. Infolgedessen hatten sie auch keinen Anteil an der religiösen Erziehung der *chadarim* und *jeschiwot;* sie waren angewiesen auf die Vermittlung praktischer Kenntnisse und von Grundbegriffen jüdi-

geschlechtsspezifische Erziehungsprinzipien

scher Kultur [148: SHEFFER 88; 257: FISHMAN 118 ff.]. Die Unterschiede zur Erziehung der männlichen Jugend zeigen sich besonders darin, dass sie keinen Zugang zur „heiligen" Sprache des Hebräischen hatten, sich vielmehr mit der Lektüre der speziell auf sie zugeschnittenen jüdisch-deutschen (westjiddischen) Kompendien begnügen mussten [257: 119f.; 42: BREUER 210f.]. In der Synagoge waren Frauen nur Randfiguren, die sich mit einem „Gaststatus" in Nebenräumen begnügen mussten. Ihre religiösen Pflichten beschränkten sich auf Einhaltung der Vorschriften über die rituelle Reinigung in den mikwot, die Zubereitung kosheren Essens und die Schabbatgestaltung, während die ihnen für verschiedene Gelegenheiten empfohlenen Gebete *(techines)* nur freiwillig waren [151: WEISSLER, 246ff.]. Als wohlhabendere jüdische Familien im 18. Jh. einen Ausgleich dadurch herbeizuführen suchten, dass sie ihre Töchter zur Verbesserung ihres gesellschaftlichen *status* durch Privatlehrer in „weltlichen" Themen wie Sprachen, Literatur und Musik unterrichten ließen [253: ELIAV 271], wurde dies von Gelehrten wie Jakob Emden, aber auch von Isaak Wetzlar in seinem *Libes-Brif* verurteilt, da man damit eine Aufweichung traditioneller Erziehungsprinzipien befürchtete [42: BREUER 179; 254: ELIAV 98]. Letzterer plädierte gleichzeitig für eine allgemeine Zulassung des Jiddischen als Gebetssprache [270: RÖMER 33f.].

ambivalente Stellung der jüdischen Frau

Im Ergebnis muss die Stellung der jüdischen Frau der Vormoderne als „ambivalent" charakterisiert werden [60: HERZIG 206]. Obwohl es keinen Anlass gibt, an der Frömmigkeit jüdischer Frauen dieser Zeit zu zweifeln, und auch die *techines*-Sammlungen ihr intensives religiöses Leben widerzuspiegeln scheinen [151: WEISSLER 268], gab es einen *hiatus* zwischen halachischer Tradition und gesellschaftlicher Realität, der nicht in erster Linie mit Adaptionen aus der christlichen Umwelt zu tun hatte, sondern auf die Ungleichgewichtigkeit der Geschlechterbeziehung hinweist. Diese wird deutlich in der starken Position des Mannes bei der Erfüllung religiöser Pflichten und zugleich der Verlagerung vieler seiner Tätigkeiten aus dem Bereich von Haus und Familie hinaus. In diesen beiden Punkten gab es signifikante Unterschiede zum christlichen Haushalt der Vormoderne, der zwar ebenfalls patriarchalisch organisiert war, sich aber doch durch eine stärkere Arbeitsteilung zwischen Mann und Frau sowie eine „Familiarisierung" von Arbeiten und Leben auszeichnete [H. WUNDER, „Er ist die Sonn', sie ist der Mond", München 1992, 102, 106]. In der vor allem auf dem Lande stark vernetzten jüdischen und christlichen Kultur konnte dieser Lebensstil jüdischen Frauen nicht verborgen bleiben, zumal auch die Frauen der Oberschicht bereits weitgehend aus dem begrenzten familiären Rahmen ausgebrochen waren. Dass sie damit die ersten waren, die ab 1700 bei der Erneuerung jüdischer Kultur die Vergangenheit hinter sich ließen, wie SHEFFER meint [148: 90], erscheint übertrieben. Dass sie eine bessere Erziehung genossen, als bisher angenommen wurde, wird man zugestehen können [148: 101].

3.8 Aufklärung und Haskala: Erschütterung traditioneller Gruppenidentitäten

Die Aufklärung als eine gegen Vorurteile und auf den Gebrauch der Vernunft im politischen und gesellschaftlichen Leben gerichtete Bewegung [N. HINSKE, Die tragenden Grundideen, in 259: 80f.] hatte für die deutschen Juden zwei Seiten: Einerseits war sie eine vornehmlich von der Hofbeamtenschaft der Landesfürstentümer getragene Initiative [H. J. BEHR, Judenschaft, Landstände und Fürsten, in 51: 129ff.] zur „bürgerlichen Verbesserung" der Juden und damit zur Angleichung jüdischer Existenz an den allgemeinen Standard. Andererseits war sie – als *haskala* - eine aus einer intellektuellen Schicht der Judenschaft heraus entstandene Konzeption, die die Modernisierung jüdischer Tradition im Blick hatte. Ihr zu unterstellen, sie habe von Anfang an bezweckt, die deutschen Juden aus ihrer isolierten Getto-Existenz herauszuführen und sie in sozialer Integration in die europäische Gesellschaft hineinzuführen, wie BREUER meint [249: 223], erscheint insofern nicht ganz zutreffend, als es zunächst nur um die weitere Öffnung der rabbinischen Kultur zur Umwelt hin, nicht um deren Angleichung an nichtjüdische Standards ging; diese konnte allenfalls das Ergebnis eines längeren historischen Prozesses sein. Es ging darum, „die intellektuellen Traditionen wieder zu beleben, die ein vernünftiges (im Unterschied zu einem mystischen oder kasuistischen) Verständnis der jüdischen Texte förderten und es dabei gleichzeitig möglich machten, sich auf europäische Wissenschaft und Philosophie zu beziehen" [126: SORKIN 278]. Wesentlich wurde dieser Prozess von Moses Mendelssohn angestoßen [95: ALTMANN 421ff., 638ff.; 122: SCHOEPS 126ff.]. In dessen Person und in dem mit ihm befreundeten preußischen Kriegsrat Christian Wilhelm Dohm begegneten sich beide Richtungen zu einer sich beiderseits ergänzenden Einheit [122: 449ff.; 135: BREUER 357f.]. Das von letzterem vertretene und heftig diskutierte Erziehungskonzept bringt, was H. MÖLLER herausgestellt hat [Bürgerliche Verbesserung, in 37: 76ff.], aus der Aufklärungsperspektive eine Auseinandersetzung mit den tradierten Vorurteilen gegen Juden und kann daher nicht als judenfeindlich qualifiziert werden [MÖLLER ebd. 77, gegen 265: MICHAEL, 12ff.].

Öffnung der rabbinischen Kultur durch Aufklärung

128 II. Grundprobleme und Tendenzen der Forschung

Stellung der Juden zur Aufklärung

Es gehört in den beginnenden Emanzipationsdiskurs als übergreifender Bewegung mit politischer Sprengkraft; diese wird hier nicht diskutiert, da sie ihre eigentliche Wirkung erst nach der Französischen Revolution entfaltete [vgl. EdG 16: VOLKOV]:
Nach einer These SORKINs wurden Aufklärung und Haskala durch die Transformation der obrigkeitlichen Ständegesellschaft zur bürgerlichen Gesellschaft [211: 14, 27] ermöglicht. Aus der Perspektive der Aufklärer waren die Juden nicht nur Teilhaber der Aufklärungsidee; sie waren auch „testing ground" bei der Umsetzung der neuen Vernunftkonzeption [211: 20]. Hier wird man insofern Zweifel haben, als die Wandlungsprozesse in Staat und Gesellschaft sich zwar unter Beteiligung von Juden vollzogen, deren Schicksal für die Gesamtentwicklung aber nicht entscheidend war. Die Ausbildung eines neuen jüdischen Selbstwertgefühls war sicher nur vor der Folie eines in dieser Zeit entstehenden bürgerlichen Selbstbewusstseins möglich; es war aber von diesem nicht abhängig. Seine Manifestation in der Bewegung der Haskala ging eigene Wege. Die These, es sei den Aufklärern nur um „Einzelemanzipationen" der Juden gegangen, nicht um die Emanzipation der Juden als einer Gruppe [K. H. RENGSTORF, Zeitalter der Aufklärung, in 263: 30f.], greift zu kurz, da sie nur den Aufklärungsgedanken als einer vernunftgemäßen Befreiung des Menschen von seiner selbstverschuldeten Unmündigkeit im Blick hat, nicht aber die politische und soziale Sprengkraft, die sich etwa im publizistischen Wirken der *maskilim* dokumentierte. Für diese letzteren ebenso wie für die nichtjüdischen Aufklärer vollzog sich der Aufklärungsprozess nicht nur in der Selbsterziehung des Menschen, sondern zugleich in einem Erziehungsvorgang für die Öffentlichkeit, vor dem Hintergrund des Bewusstseins, dass der Einzelne nur in einer vernünftig geordneten Gesellschaft Glückseligkeit erreichen konnte [R. VIERHAUS, Zur historischen Bedeutung der Aufklärung, in 263: 44]. Individuum und Gruppe bzw. Gesamtgesellschaft standen in einer Wechselbeziehung, die durch die Aufklärer nicht zugunsten des ersteren aufgehoben wurde. Dass Aufklärung und Haskala nicht unmittelbar die Emanzipation der Juden erreichten, lag nicht an einer etwaigen individuellen Ausrichtung, sondern daran, dass sie als „intellektuelle Vorbereitung" [in 263: 53] den Weg der Modernisierung zwar beschreiben, nicht aber in die Realität umsetzen konnten.

Aufklärungsgedanken und *haskala*

Offen ist, wie die gemeinsame Grundlage von Haskala und Aufklärung definiert werden kann, um so zu erklären, inwieweit die von einer anderen Ausgangslage her kommenden Juden von der Aufklärungsbewegung erfasst wurden. EISENSTEIN-BARZILAY hat hinsichtlich

3. Vom Dreißigjährigen Krieg bis zur Aufklärungszeit

der Berliner Haskala drei Kriterien benannt: Die Hochschätzung von Vernunft und Rationalität, die humanistische Idealisierung der allgemeinen Verbrüderung der Menschheit sowie das Betreben, die jüdischen Lebensbedingungen an die Realitäten in der Umwelt anzupassen [252: 1 ff., 7 ff., 13 ff.]. Die ersten beiden Faktoren sind ebenso der Aufklärungsbewegung zuzuordnen; der dritte Faktor konzentriert den Vernunftgebrauch auf Maßnahmen zur Umformung des Judentums. Damit wird die Ideologie der *maskilim* als Vertreter der Haskala zu einer der europäischen Aufklärung zugeordneten Konzeption, durch die die Gebote der Vernunft und der Toleranz eine spezifische, nur auf die besonderen Probleme der Juden ausgerichtete Ausprägung erhielten. Als Beispiel wird das 1772 formulierte Schulprojekt des Potsdamer „Judenschulmeisters" Josef Lewin genannt, der die Ersetzung der meist polnischen *melamedim* durch einheimische qualifizierte Lehrer, die Verlagerung des Schwerpunkts der religiösen Studien vom Talmud zur Bibel und die Erweiterung weltlicher Unterrichtsfächer forderte [252: 34]. Die ab 1784 erschienene Zeitschrift *ha-Me'assef* (Der Sammler), das Organ der Berliner *maskilim*, beschäftigte sich deshalb nicht mit der „bürgerlichen Verbesserung", sondern mit der Erziehungsreform und der Zurückdrängung des rabbinischen Einflusses [42: GRAETZ 305].

Nach BREUER brachte die Haskala damit als eine gegen das Rabbinertum gerichtete Bewegung die erste Begegnung des Judentums mit der Moderne [249: 29]. Er betont deshalb die Differenz Mendelssohns mit Dohm in der Frage der Reichweite rabbinischer Autorität. Während Dohm der jüdischen Gemeinde Autonomie im Rahmen der bestehenden Strukturen zugestand, lehnte ersterer jede religiöse Zwangs- und Hoheitsgewalt ab und demonstrierte so eine kompromisslose Übernahme der Prinzipien der allgemeinen Aufklärung [135: BREUER 360 f.; 43: BRUER 115 ff.]. Für ihn war die jüdische Gemeinde nur eine religiöse Vereinigung unter anderen, auf freiwilligem Zusammenschluss von Individuen beruhend [161: KATZ 227]. Mit dieser These wird die Idee der Haskala auf eine Strategie zur Abwehr antimoderner Kräfte des Rabbinats im Interesse der mit der allgemeinen Aufklärung verbundenen fortschrittlichen Kräfte der Gesellschaft reduziert. Das der halachischen Tradition entsprechende ganzheitliche Verständnis des Judentums wurde mit der Maßgabe aufgegeben, dass es zu einer Konfession unter anderen Konfessionen wurde, die ihre Zwangsbefugnisse an den Staat als alleinigen Träger der Hoheitsgewalt abgeben musste [161; KATZ 227 f.]. Die Dohmsche Position betonte mehr die gemeinsame Grundlage in der – geläuterten und vernunftgemäß interpretierten –

Aufklärung, Rabbinat und jüdische Tradition

christlichen Kultur, während es Mendelssohn eher um die Eigenständigkeit der Haskala in ihrer Spitze gegen die halachische Welt ging. Zur Verselbständigung der jüdischen Aufklärung als einer Bewegung gegen das traditionelle Judentum kam es erst nach Mendelssohn in den letzten beiden Jahrzehnten des 18. Jh.s [126: SORKIN 278].

In allen einschlägigen Forschungen wird unabhängig von der konkreten Definition ein Zusammenhang zwischen Aufklärung und Haskala hergestellt. Beide Bewegungen zusammen haben einen Wandlungsprozess in die Wege geleitet, der nach GRAETZ das moderne jüdische Selbstverständnis schuf [Judentum als Religion, in 259: 123]. Dieser Prozess wurde ausgelöst durch das Werk Mendelssohns und einiger seiner Mitstreiter, die sich für ein neues Verständnis des Judentums als einer Vernunftreligion einsetzten, die mit der modernen Philosophie nicht im Widerspruch stand [60: HERZIG 150]. Nach STERN-TÄUBLER war in Mendelssohns Generation eine Synthese zwischen traditionellem Judentum und europäischer Kultur, eine Harmonisierung des Judentums mit einer Religion der Vernunft entstanden, wie es nie zuvor und nie danach wieder erreicht worden sei. Der Jude dieser Zeit habe als „transitorischer Typ" das Zwischenglied zwischen dem Getto-Bewohner und dem emanzipierten Juden dargestellt, zwischen Mittelalter und Moderne [212: 110, 112]. Ob eine solche Synthese jemals bestanden hat, kann bezweifelt werden, da schon die nachfolgende Generation den Balanceakt nicht mehr nachvollziehen konnte, die Einheit der normativen jüdischen Tradition im Rahmen der Aufklärung aufrechtzuerhalten. Die „zwei Gesichter" Mendelssohns, der als Aufklärer und *maskil* ebenso wie als traditionsorientierter Jude dachte und handelte [126: SORKIN 275], waren schon in seiner Zeit kaum miteinander vereinbar. SORKIN hat die These aufgestellt, dass „kurz nach seinem Tode auch die Welt verschwand, die ihn ermöglicht hatte" [126: 287]. Hatte er selbst noch an der jüdischen Tradition festhalten und sich der Assimilation widersetzen können [246: ALLERHAND 127], so war bald darauf klar, dass dies mit der Liberalisierung von Staat und Gesellschaft kaum noch mit den Erwartungen der nichtjüdischen Aufklärer vereinbar war. Durch sie ebenso wie durch die jüdischen *maskilim* der zweiten Generation wurde vielmehr – in einem vielschichtigen, hier nicht näher darstellbaren Erosionsprozess – die religiöse von der säkularen Sphäre abgespalten und damit eine neue Hierarchie der Konzepte und Welten aufgebaut, die mit dem ganzheitlichen Verständnis der rabbinischen Kultur nichts mehr zu tun hatte [GRAETZ in 259: 124]. Ebenso wie sich am Ende der Entwicklung die Erwartung einer schnell erodierenden jüdischen Gemeinschaft als Ergebnis der Emanzipation als

Entstehung des modernen jüdischen Selbstverständnisses

Illusion erwies [192: KATZ 241; 361: POPPEL 90f.], war auch schon die Vorstellung der *maskilim* der zweiten Generation, durch die Redefinition des Judentums als Vernunftreligion die vollständige Integration in die nichtjüdische Gesellschaft erreichen zu können, unrealistisch. Die schon von Mendelssohn erhoffte „Eindeutschung der Juden" [246: ALLERHAND 70] blieb aus, weil sich die Umwandlung in eine Konfession unter anderen Konfessionen vorerst nicht ohne Aufgabe des eigenen, identitätsstiftenden Substrats erreichen ließ. Eine solche „Konfessionalisierung" unter der Aufgabe des Prinzips der Einheit von jüdischer Kultur und jüdischer Gemeinschaft war aber, wie spätestens in der Generation nach Mendelssohn deutlich wurde, notwendig, um die mit der Dohmschen Konzeption der „bürgerlichen Verbesserung" intendierte staatsbürgerliche Gleichberechtigung aller Juden zu erreichen [SCHOEPS, Aufklärung, Judentum und Emanzipation, in 263: 78f.].

Konfessionalisierung des Judentums

III. Quellen und Literatur

Außer den hier angegebenen allgemein gebräuchlichen Siglen der Historischen Zeitschrift werden für weitere Zeitschriften folgende Abkürzungen gebraucht:

AHG	Archiv für hessische Geschichte und Altertumskunde
BDLG	Blätter für deutsche Landesgeschichte
BLBI	Bulletin des Leo Baeck Instituts
ChH	Church History
HistJud	Historia Judaica
HThR	Harvard Theological Review
JGJJ	Jahrbuch für die Geschichte der Juden und des Judentums
JJLG	Jahrbuch der Jüdisch-Literarischen Gesellschaft
JJS	Journal of Jewish Studies
JudBoh	Judaica Bohemiae
PAAJR	Proceedings of the American Academy for Jewish Research
PIASH	Proceedings of the Israel Academy of Sciences and Humanities
REJ	Revue des études juives
RJVK	Rheinisches Jahrbuch für Volkskunde
SCJ	Sixteenth Century Journal
SMRH	Studies in Medieval and Renaissance History
TRE	Theologische Realenzyklopädie
YLBI	Year Book. Leo Baeck Institute of Jews from Germany
ZGJD	Zeitschrift für die Geschichte der Juden in Deutschland (Berlin)
ZGSG	Zeitschrift für die Geschichte der Saargegend
ZHVS	Zeitschrift des Historischen Vereins für Schwaben

1. Quellenveröffentlichungen

1. F. BATTENBERG, Judenverordnungen in Hessen-Darmstadt. Das Judenrecht eines Reichsfürstentums bis zum Ende des Alten Reiches. Eine Dokumentation. Wiesbaden 1987.
2. F. BATTENBERG (Bearb.), Quellen zur Geschichte der Juden im Hessischen Staatsarchiv Darmstadt 1080–1650. Wiesbaden 1995.
3. D. BLINN, Judenrecht im Fürstentum Pfalz-Zweibrücken. Quellen zum Recht für Juden eines Reichsterritoriums vom 16. bis zum 18. Jahrhundert. Eine Dokumentation, in: ZGSG 42 (1994) 31–114.
4. M. BREUER (Hg.), David Gans, Zemah David. A Chronicle of Jewish and World History (Prague, 1592). Jerusalem 1983 (hebr.).
5. K. H. BURMEISTER/A. NIEDERSTÄTTER (Bearbb.), Dokumente zur Geschichte der Juden in Vorarlberg vom 17. bis 19. Jahrhundert. Dornbirn 1988.
6. D. J. COHEN (Hg.), Die Landjudenschaften in Deutschland als Organe jüdischer Selbstverwaltung von der frühen Neuzeit bis ins 19. Jahrhundert. Eine Quellensammlung. Bdd.1 und 2. Jerusalem 1996–1998.
7. S. EIDELBERG, R. Juspa, Shammasch of Warmaisa (Worms). Jewish Life in 17th Century Worms. Jerusalem 1991.
8. D. v. FAASSEN, „Das Geleit ist kündbar". Quellen zum jüdischen Leben im Hochstift Paderborn von der Mitte des 17. Jahrhundert bis 1820. Paderborn 1999.
9. C. FRAENKEL-GOLDSCHMIDT (Hg.), Joseph of Rosheim. Historical Writings. Jerusalem 1996 (hebr.).
10. M. FREUDENTHAL, Leipziger Messgäste. Die jüdischen Besucher der Leipziger Messen in den Jahren 1675 bis 1764. Frankfurt/M 1928.
11. M. GINSBURGER (Hg.), Die Memoiren des Ascher Levy aus Reichshofen im Elsaß (1598–1635). Berlin 1913.
12. J. GRAF (Hg.), Judaeus conversus. Christlich-jüdische Konvertitenautobiographien des 18. Jahrhunderts. Frankfurt/M u. a. 1996.
13. H. M. GRAUPE, Die Statuten der drei Gemeinden Altona, Hamburg und Wandsbek. Hamburg 1973.
14. M. GÜDEMANN, Quellenschriften zur Geschichte des Unterrichts und der Erziehung bei den deutschen Juden von den ältesten Zeiten bis auf Mendelssohn. Berlin 1891. ND Amsterdam 1968.
15. A. HALLER, Das Protokollbuch der jüdischen Gemeinde Trier (1784–1836). Frankfurt/M u. a. 1992.

16. M.-R. HAYOUN (Hg.), Mémoires de Jacob Emden ou l'anti-Sabbatai Zewi. Paris 1992.
17. H. HOLM (Hg.), Denkwürdigkeiten des Aron Isak 1730–1817. Berlin 1930.
18. I. M. JOST (Hg.), Eine Familien-Megillah aus der ersten Hälfte des 18. Jahrhunderts. Nach dem jüdisch-deutschen Urtext vom Jahre 1738 ins Hochdeutsche übertragen, in: JGJJ 1 (1861) 39–82.
19. A. LANDAU/B. WACHSTEIN (Hgg.), Jüdische Privatbriefe aus dem Jahre 1619. Wien/Leipzig 1911.
20. A. LEINZ-V. DESSAUER (Hg.), Johannes Reuchlin. Gutachten über das jüdische Schrifftum. Stuttgart 1965.
21. S. H. LIEBEN (Hg.), Briefe von 1744–1748 über die Austreibung der Juden aus Prag, in: Zs. f.d. Geschichte der Juden in der Czechoslovakischen Republik 4 (1932), 353–479.
22. U. LÖWENSTEIN (Bearb.), Quellen zur Geschichte der Juden im Hessischen Staatsarchiv Marburg .1267–1600. Wiesbaden 1989.
23. G. MARWEDEL, Die Privilegien der Juden in Altona. Hamburg 1976.
24. B. PAPPENHEIM (Hg.), Die Memoiren der Glückel von Hameln. Nach der Übersetzung v. D. Kaufmann. Weinheim 1994.
25. A. F. PRIBRAM (Hg.), Urkunden und Akten zur Geschichte der Juden in Wien, 1. Abt., 1526–1847 (1849). Wien/Leipzig 1918.
26. M. ROEST, Het verhaal van een reis door een groot gedeelte van Europa in het eerste vierde der 18e eeuw, door een Israeliet, in: Israelitische Letterbode Jg. 10 (Amsterdam 1884) 148–189, und 11 (1885/6) 21–40 (jidd.; Ausz. bei: B. Mandl, Beschreibung Wiens von einem jüdischen Touristen aus dem Jahre 1719, in: Die Neuzeit Jg. 1896, 402f., 411–413).
27. H. RUBIN (Hg.), Die Memoiren des Simeon von Geldern, Heinrich Heines Großoheim, in: Arch. f. Jüd. Familiengeschichte 1 (1912) 18–22, 33–42.
28. H. SCHRECKENBERG, Die christlichen Adversus-Judaeos-Texte und ihr literarisches und historisches Umfeld (13.–20. Jahrhundert). Frankfurt/M 1994.
29. Johann Jacob SCHUDT, Jüdische Merckwürdigkeiten. Frankfurt/Leipzig 1714.
30. S. SIMONSOHN, The Apostolic See and the Jews. Documents 1464–1555; Addenda, Corrigenda, Bibliography and Indexes; History (6 Bde.). Toronto 1990–1991.
31. S. STERN, Der Preußische Staat und die Juden. Teile 1–4 (in 7 Bden.). Tübingen 1962–1975.

32. J. TAGLICHT (Hg.), Nachlässe der Wiener Juden im 17. und 18. Jahrhundert. Wien/Leipzig 1917.
33. M. THOM (Hg.), Moses Mendelssohn. Schriften über Religion und Aufklärung. Darmstadt 1989.
34. B. WACHSTEIN (Bearb.), Die Inschriften des Alten Judenfriedhofes in Wien. 1–2. Wien/Leipzig 1912/1917. Nachträge Wien 1936.
35. G. WOLF, Die Juden unter Ferdinand II., nach Aktenstücken in den Archiven der k.k. Ministerien des Innern und Äußern, in: JGJJ 1 (1860) 219–279.
36. A. WÜRFEL, Historische Nachricht von der Judengemeinde in dem Hofmarkt Fürth unterhalb Nürnberg, in zween Theilen. Frankfurt/M/Prag 1754.

2. Nachschlagewerke, Bibliographien, Sammelwerke und Handbücher

37. M. AWERBUCH/S. JERSCH-WENZEL (Hgg.), Bild und Selbstbild der Juden Berlins zwischen Aufklärung und Romantik. Berlin 1992.
38. S. W. BARON, A Social and Religious History of the Jews. 1–16. New York u. a. 1952–1976.
39. F. BATTENBERG, Das Europäische Zeitalter der Juden. Bde. 1 (Von den Anfängen bis 1650), 2 (von 1650 bis 1945). 2. Aufl. Darmstadt 2000.
40. H. H. BEN-SASSON (Hg.), Geschichte des jüdischen Volkes. Bde. 2 (vom 7. bis zum 17. Jahrhundert) und 3 (S. Ettinger: Vom 17. Jahrhundert bis zur Gegenwart). München 1979–1980.
41. M. BRANN/F. ROSENTHAL (Hgg.), Gedenkbuch zur Erinnerung an David Kaufmann. Breslau 1900.
42. M. BREUER/M. GRAETZ, Deutsch-jüdische Geschichte in der Neuzeit. Bd. 1. München 1996.
43. A. A. BRUER, Geschichte der Juden in Preußen (1750–1820). Frankfurt/M/New York 1991.
44. J. M. DAVIS, The Cultural and Intellectual History of Ashkenazic Jews 1500–1700. A Selective Bibliography and Essay, in: YLBI 38 (1993) 343–390.
45. S. DUBNOW, Die Geschichte des jüdischen Volkes in der Neuzeit. Aus dem Russischen übersetzt von A. Steinberg, 1. (1498–1648) und 2. Periode (1648–1789). 2 Bde. Berlin 1927/28.
46. A. ECKSTEIN, Geschichte der Juden im ehem. Fürstbistum Bamberg. Bamberg 1898. Nachträge ebd. 1899.
47. U. EISENBACH u. a. (Bearbb.), Bibliographie zur Geschichte der Juden in Hessen. Wiesbaden 1992.

2. Nachschlagewerke, Bibliographien, Sammelwerke und Handbücher 137

48. A. G. ELLMANN-KRÜGER (Bearb.), Auswahlbibliographie zur jüdischen Familienforschung vom Anfang des 19. Jahrhunderts bis zur Gegenwart. Wiesbaden 1992.
49. ENCYCLOPAEDIA JUDAICA, hgg. v. C. Roth u. a. 16 Bde. Jerusalem/ New York 1972.
50. ENZYKLOPAEDIA JUDAICA. Das Judentum in Geschichte und Gegenwart. Red.: J. Klatzkin/I. Elbogen. Bde. 1–10 (Buchst. A-L). Berlin 1928–1934.
51. P. FREIMARK/H. R (Hgg.), Gedenkschrift für Bernhard Brilling. Hamburg 1988.
52. M. GRAETZ (Hg.), Schöpferische Momente des europäischen Judentums. Heidelberg 2000.
53. K. E. GRÖZINGER (Hg.), Judentum im deutschen Sprachraum. Frankfurt/M 1991.
54. K. E. GRÖZINGER (Hg.), Jüdische Kultur in Frankfurt am Main. Wiesbaden 1997.
55. S. HAENLE, Geschichte der Juden im ehemaligen Fürstenthum Ansbach. ND der Ausg. 1867 bearb. v. H. Süß. Ansbach 1990.
56. A. HAVERKAMP (Hg.), Zur Geschichte der Juden im Deutschland des späten Mittelalters und der frühen Neuzeit. Stuttgart 1981.
57. A. HAVERKAMP/F.-J. ZIWES (Hgg.), Juden in der christlichen Umwelt während des späten Mittelalters. Berlin 1992.
58. CH. HEINEMANN (Red.), Neunhundert Jahre Geschichte der Juden in Hessen. Wiesbaden 1983.
59. M. HEITMANN/A. REINKE (Hgg.), Bibliographie zur Geschichte der Juden in Schlesien. München 1995.
60. A. HERZIG, Jüdische Geschichte in Deutschland. Von den Anfängen bis zur Gegenwart. München 1997.
61. S. HÖDL, Zur Geschichte der Juden in Österreich unter der Enns 1550–1625. Wien 1998 [phil. Diss.].
62. J. I. ISRAEL, European Jewry in the Age of Mercantilism 1550– 1750. Oxford 1985.
63. S. JERSCH-WENZEL/R. RÜRUP (Hgg.), Quellen zur Geschichte der Juden in den Archiven der neuen Bundesländer. 1–2. München 1996–99.
64. R. JÜTTE/A. KUSTERMANN (Hgg.), Jüdische Gemeinden und Organisationsformen von der Antike bis zur Gegenwart. Wien u. a. 1996.
65. U. R. KAUFMANN (Hg.), Bibliographie zur Geschichte der Juden in der Schweiz. München 1993/94.

66. M. KOMOROWSKI, Bio-bibliographisches Verzeichnis jüdischer Doktoren im 17. und 18. Jahrhundert. München 1991.
67. R. PO-CHIA HSIA/H. LEHMANN (Hgg.), In and out of the Ghetto. Jewish-Gentile Relations in Late Medieval and Early Modern Germany. Cambridge 1995.
68. H. REYER/M. TIELKE (Hgg.), Frisia Judaica. Beiträge zur Geschichte der Juden in Ostfriesland. Aurich 1988.
69. R. RIES, Jüdisches Leben in Niedersachsen im 15. und 16. Jahrhundert. Hannover 1994.
70. R. RIES, Literatur zur Geschichte der Juden in Niedersachsen seit 1945. Eine kommentierte Bibliographie. Teile 1 und 2, in: ASCHKENAS 3 (1993) 239–266 und 4 (1994) 489–517.
71. M. N. ROSENFELD, Jewish Printing in Wilhermsdorf. A concise Bibliography of hebrew and yiddish Publications, printed in Wilhermsdorf between 1670 and 1739. London 1995.
72. R. SABELLECK (Hg.), Juden in Südniedersachsen. Hannover 1994.
73. H. M. SACHAR, The Course of Modern Jewish History. New York 1990.
74. J. H. SCHOEPS (Hg.), Handbuch zur Geschichte der Juden in Europa. 1–2. Darmstadt 2001.
75. J. H. SCHOEPS (Hg.), Neues Lexikon des Judentums. Überarb. Neuausg. Gütersloh 1998.
76. F. SEIBT (Hg.), Die Juden in den böhmischen Ländern. München/Wien 1981.
77. M. STEINSCHNEIDER, Hebräische Drucke in Deutschland (Berlin 1762–1800), in: ZGJD (B) 5 (1892) 154–186.
78. M. STUDEMUND-HALÉVY (Bearb.), Bibliographie zur Geschichte der Juden in Hamburg. München u. a. 1994.
79. M. TREML/J. KIRMEIER (Hgg.), Geschichte und Kultur der Juden in Bayern: Aufsätze. München u. a. 1988.
80. H. WASSERMANN (Bearb.), Bibliographie des Jüdischen Schrifttums in Deutschland 1933–1943. München u. a. 1989.
81. F. WIESEMANN (Bearb.), Bibliographie zur Geschichte der Juden in Bayern. München u. a. 1989.

3. Methodische Probleme, Grundfragen und Historiographie

82. F. BATTENBERG; Antisemitismus als „kultureller Code" in der deutschen Geschichte, in: Der Aufklärung zum Trotz. Antisemitismus und politische Kultur in Deutschland, hgg. v. D. Kiesel/L. Siegele-Wenschkewitz. Frankfurt/M 1998, 15–51.

83. F. BATTENBERG, Grenzen und Möglichkeiten der Integration von Juden in der Gesellschaft des Ancien Régime, in: Migration und Integration. Aufnahme und Eingliederung im historischen Wandel, hgg. v. M. Beer/M. Kintzinger/M. Krauss. Stuttgart 1997, 87–110.
84. F. BATTENBERG, Strukturen jüdische Bevölkerung in Oberhessen im 17. Jahrhundert, in: MENORA 7 (1996) 267–298.
85. A. FUNKENSTEIN, Jüdische Geschichte und ihre Deutungen. Frankfurt/M 1995.
86. A. HERZIG, Juden und Judentum in der sozialgeschichtlichen Forschung, in: Sozialgeschichte in Deutschland IV, hgg. v. W. Schieder/V. Sellin. Göttingen 1987, 108–132.
87. A. HERZIG, Zur Problematik deutsch-jüdischer Geschichtsschreibung, in: MENORA 1 (1990) 209–234.
88. S. M. LOWENSTEIN, Suggestions for Study of the Mediene Based on German, French and English Models, in: Studia Rosenthaliana 10 (1985) 342–354.
89. M. A. MEYER, Where Does the Modern Period of Jewish History Begin?, in: Judaism 24 (1975) 329–338.
90. R. PO-CHIA HSIA, Die Juden im Alten Reich. Forschungsaufgaben zur Geschichte der Juden im späten Mittelalter und in der frühen Neuzeit, in: Stände und Gesellschaft im Alten Reich, hg. v. G. Schmidt. Stuttgart 1989, 211–221.
91. R. RIES, Eine Chance zur Überwindung der Dichotomien. Zu den Impulsen moderner geschichtswissenschaftlicher Diskurse für die Geschichte der deutschen Juden in der Frühen Neuzeit, in: ASCHKENAS 11 (2001).
92. E. SHMUELI, Seven Jewish Cultures. A Reinterpretation of Jewish History and Thought. Cambridge u. a. 1990.
93. B. D. WEINRYB, Responsa as a Source for History, in: Essays presented to Chief Rabbi Israel Brodie 1, hgg. v. H.J. Zimmels u. a. London 1967, 399–417.
94. Y. H. YERUSHALMI, Ein Feld in Anatot. Versuche über jüdische Geschichte. Berlin 1993.

4. Biographische Arbeiten

95. A. ALTMANN, Moses Mendelssohn. A Biographical Study. Alabama 1973.
96. F. BACKHAUS, „... da dergleichen Geschäfte eigentlich durch

große Konkurrenz gewinnen." Meyer Amschel Rothschild in Kassel, in: Ders. u. a., gleicher Titel. Kassel 1994, 9–61.
97. W. BARTUSCHAT, Baruch de Spinoza. München 1996.
98. F. BATTENBERG, Art. „Rosheim, Josel von (ca. 1478–1554)", in: TRE 29, Lfg. 3/4. Berlin/New York 1998, 424–427.
99. C. W. BERGHOEFFER, Meyer Amschel Rothschild, der Gründer des Rothschildschen Bankhauses. Frankfurt/M 1922.
100. J. COHEN, Jacob Emden. A Man of Controversy. Philadelphia 1937.
101. C. DUSCHINSKY, Rabbi David Oppenheimer, in: Jewish Quarterly Review NS 3 (1929/30) 217–247.
102. K. EDEL, Karl Abraham Wetzlar Freiherr von Plankenstern 1715(16)-1700. Wien 1975.
103. A. ELON, Der erste Rothschild [Meyer Amschel Rothschild]. Biographie eines Frankfurter Juden. Deutsch von Matthias Fienbork. Reinbek bei Hamburg 1998.
104. L. FEILCHENFELD, Rabbi Josel von Rosheim. Straßburg 1898.
105. N. FERGUSON, The House of Rothschild: Money's Prophets, 1798–1848. New York u. a. 1998.
106. M. FREUDENTHAL, R. David Fränckel, in: Gedenkbuch zur Erinnerung an David Kaufmann, hgg. v. M. Brann/F. Rosenthal. Breslau 1900, 569–598.
107. B. GERBER, Jud Süß. Ein Beitrag zur historischen Antisemitismus- und Rezeptionsforschung. Hamburg 1990.
108. B. GILLE, Histoire de la Maison Rothschild 1: Des Origines à 1848. Paris 1965.
109. M. GRUNWALD, Samuel Oppenheimer und sein Kreis. Wien/Leipzig 1913.
110. D. KAUFMANN, Aus Heinrich Heines Ahnensaal. Breslau 1896.
111. D. KAUFMANN, Samson Wertheimer, der Oberhoffactor und Landesrabbiner (1658–1724) und seine Kinder. Wien 1888.
112. D. KAUFMANN/M. FREUDENTHAL, Die Familie Gomperz. Frankfurt/M 1907.
113. S. KRAUSS, Joachim Edler von Popper. Ein Zeit- und Lebensbild aus der Geschichte der Juden in Böhmen. Wien 1926.
114. S. H. LIEBEN, David Oppenheim, in: JJLG 19 (1928) 1–68.
115. M. A. MEYER, Von Moses Mendelssohn zu Leopold Zunz. Jüdische Identität in Deutschland 1749–1824. München 1994.
116. D. MICHAELIS, The Ephraim Family and their Descendants, in: YLBI 21 (1976) 201–228 und 24 (1979) 225–246.

117. S. ROHRBACHER, Isaak Wetzlar in Celle – ein jüdischer Reformer vor der Zeit der Aufklärung, in: Juden in Celle. Celle 1996, 33–65.
118. P. SAVILLE, Le Juif de Cour. Histoire du Résident royal Berend Lehman (1661–1730). Paris 1970.
119. J. J. SCHACTER, Rabbi Jacob Emden. Life and Major Works. Diss. Harv. Univ. 1988.
120. B. SCHEDLITZ, Leffmann Behrens. Untersuchungen zum Hofjudentum im Zeitalter des Absolutismus. Hildesheim 1984.
121. J. H. SCHOEPS, Ephraim Veitel Ephraim. Ein Vorkämpfer der Judenemanzipation, in: Mendelssohn-Studien 2. Berlin 1975, 51–70.
122. J. H. SCHOEPS, Moses Mendelssohn. Königstein 1979.
123. G. SCHOLEM, Sabbatai Zwi. Der mystische Messias. Ins Deutsche übertragen von A. Schweikhart. Frankfurt/M 1992.
124. S. u. H. SCHWARZSCHILD, Two Lives in the Jewish Frühaufklärung. Raphael Levi Hannover and Moses Abraham Wolff, in: YLBI 29 (1984) 229–276.
125. B. L. SHERWIN, In the Shadows of Greatness. Rabbi Hayyim ben Betzalel of Friedberg, in: JSocS 37 (1975) 35–61.
126. D. SORKIN, Die zwei Gesichter des Moses Mendelssohn, in: MENORA 4 (1993) 275–289.
127. G. STEINER, Drei preußische Könige und ein Jude. Erkundungen über Benjamin Veitel Ephraim und seine Welt. Berlin 1994.
128. S. STERN, Josel von Rosheim. Befehlshaber der Judenschaft im Heiligen Römischen Reich Deutscher Nation. Stuttgart 1959.
129. S. STERN, Jud Süß. Ein Beitrag zur deutschen und zur jüdischen Geschichte. Berlin 1929. ND München 1973.
130. S. ULLMANN, Zwischen Fürstenhöfen und Gemeinde: Die jüdische Hoffaktorenfamilie Ulman in Pfersee während des 18. Jahrhunderts, in: ZHVS 90 (1997) 159–185.
131. N. ZEMON DAVIS, Drei Frauenleben: Glikl, Marie de l'Incarnation, Maria Sibylla Merian. Berlin 1996.
132. N. ZEMON DAVIS, Lebensgänge. Glikl. Zwi Hirsch. Leone Modena. Martin Guerre. Ad me ipsum. Aus dem Amerikanischen von W. Kaiser. Berlin 1998.
133. E. ZIMMER, R. Chajim b. Bezalel von Friedberg. Der Bruder des Maharal von Prag. Jerusalem 1987 [hebr.].

5. Probleme der Halacha und der jüdischen Religion

134. B. Z. BOKSER, From the World of the Cabbalah. The Philosophy of R. Judah Loew of Prague. New York 1954.

135. E. BREUER, Politics, Tradition, History: Rabbinic Judaism and the Eighteenth-Century Struggle for Civil Equality, in: Harvard Theological Review 85 (1992) 357–383.
136. E. CARLEBACH, The Pursuit of Heresy. Rabbi Moses Hagiz and the Sabbatian Controversies. New York 1990.
137. G. COHEN, Messianic Postures of Ashkenazim and Sefardim (prior to Sabbethai Zevi), in: Studies of the Leo Baeck Institute, hg. v. M. Kreutzberger. New York 1967, 3–42.
138. T. DREYFUS, Dieu parle aux hommes: la théologie juive de la révélation selon le Maharal de Prague 1512–1609. Paris 1969.
139. S. FREEHOF, The Responsa Literature. Philadelphia 1955.
140. A. GOTZMANN, Jüdisches Recht im kulturellen Prozess. Die Wahrnehmung der Halacha im Deutschland des 19. Jahrhunderts. Tübingen 1997.
141. M. IDEL, Die Rezeption der Kabbala in der zweiten Hälfte des 18. Jahrhunderts (hebr.) [Zusammenfassung in: Hebr. Beitr. z. Wissenschaft des Judentums, deutsch angezeigt, 2 (1986) 136–159].
142. L. JACOBS, Theology in the Responsa. London 1975.
143. J. KATZ, The „Shabbes Goy". A Study in Halakhic Flexibility. Philadelphia/New York 1989.
144. L. KOCHAN, Jews, Idols and Messiahs. The Challenge from History. London 1990.
145. J. LIEBES, Über eine geheime judenchristliche Sekte mit sabbatianischem Hintergrund, in: Tarbiz 37/3 (1988) 349–375 (hebr.) [Zusammenfassung: Hebr. Beitr. z. Wissenschaft des Judentums, deutsch angezeigt, 6 (1990) 138–158].
146. E. NEWMAN, Life and Teachings of Isaiah Horowitz. London 1972.
147. V. SADEK, Réponses des rabbins (she'eloth u-teshuvoth) et leur importance dans le contexte de l'histoire des juifs aux pays tchèques, in: JudBoh 20 (1984) 31–42.
148. A. SHEFFER, Beyond Heder, Haskalah and Honeybees: Genius and Gender in the Education of 17th- and 18th Century Judeo-German Women, in: P.J. Haas (Hg.), Recovering the Role of Women. South Florida 1992, 85–112.
149. S. STERN-TÄUBLER, The Jew in the Transition from Ghetto to Emancipation, in: HistJud 2 (1940) 102–119.
150. I. TISHBY, Glaube und Häresie. Aufsätze zur Kabbala und zum Sabbatianismus. 2. Aufl. Jerusalem 1982 (hebr.) [Zusammenfas-

sung: Hebr. Beitr. z. Wissenschaft des Judentums, deutsch angezeigt, 2 (1986) 120–136].
151. C. WEISSLER, The Traditional Piety of Ashkenazic Women, in: A. Green (Hg.), Jewish Spirituality 2: From the 16th century revival to the Present, New York 1987, 245–275.
152. H. J. ZIMMELS, Ashkenazim and Sephardim. Their Relations, Differences and Problems as Reflected in the Rabbinical Responsa. Oxford 1958.

6. Sozialgeschichtliche Entwicklungen, Unterschichten, Landjuden

153. K. ANDERS, Sara, Ester, Thobe und Hanna. Vier jüdische Frauen am Rande der Gesellschaft im 18. Jahrhundert. Flensburg 1998.
154. M. BURSCH, Judentaufe und frühneuzeitliches Strafrecht. Die Verfahren gegen Christian Treu aus Weener/Ostfriesland 1720–1728. Frankfurt/M 1996.
155. M. DIEMLING, Christliche Ethnographien über Juden und Judentum in der Frühen Neuzeit: Die Konvertiten Victor von Carben und Anthonius Margaritha und ihre Darstellung jüdischen Lebens und jüdischer Religion. Wien 1999 [phil. Diss.].
156. F. EGMOND, Contours of Identiy: Poor Ashkenazim in the Dutch Republic, in: Dutch Jewish History 3 (1993) 205–225.
157. F. EGMOND, Crime in Context: Jewish Involvement in Organized Crime in the Dutch Republic, in: Jewish History 4 (1989) 75–100.
158. F. EGMOND, Limits of Toleranz: Justice and Antisemitism in a Sixteenth-Century Dutch Towen, in: Jewish History 8 (1994) 73–94.
159. R. GLANZ, Geschichte des niederen jüdischen Volkes in Deutschland. New York 1968.
160. S. HÖDL/M. KEIL (Hgg.), Die jüdische Familie in Geschichte und Gegenwart. Berlin/Bodenheim 1999.
161. J. KATZ, Tradition and Crisis. Jewish Society at the End of the Middle Ages [ca. 1650–1770]. New York 1993.
162. R. KIESSLING/S. ULLMANN (Hgg.), Landjudentum im deutschen Südwesten während der Frühen Neuzeit. Berlin 1999.
163. T. KOLLATZ, Zum Umgang mit jüdischer Armut im 18. Jahrhundert am Beispiel Friedbergs. Wege der Tradition und Wege der Aufklärung, in: MENORA 7 (1996) 299–323.
164. G. PARTINGTON, Bettlejuden in Lippe, in: Kontinuität und Umbruch in Lippe. Sozialpolitische Verhältnisse zwischen Aufklärung und Restauration 1750–1820, hgg. v. J. Arndt/P. Nitschke. Detmold 1994, 253–272.

165. M. RICHARZ/R. RÜRUP (Hgg.), Jüdisches Leben auf dem Lande. Studien zur deutsch-jüdischen Geschichte. Tübingen 1997.
166. S. ROHRBACHER, Die Entstehung der jüdischen Landgemeinden in der Frühneuzeit, in: „Mappot... gesegnet, der da kommt." Das Band jüdischer Tradition, hgg. v. A. Weber/E. Friedländer/F. Armbruster. Osnabrück 1997, 35–41.
167. C. ULBRICH, Schulamit und Margarete. Macht, Geschlecht und Religion in einer ländlichen Gesellschft des 18. Jahrhunderts. Wien u. a. 1999.
168. S. ULLMANN, Nachbarschaft und Konkurrenz. Juden und Christen in den Dörfern der Markgrafschaft Burgau 1650–1750. Göttingen 1999.

7. Verfassungsfragen, Beziehungen zu Reich und Territorien

169. F. BAER, Das Protokollbuch der Landjudenschaft des Herzogtums Kleve. Berlin 1922.
170. J. BARNAI, The Jews in Palestine in the Eighteenth Century. Tuscaloosa (Alabama) 1992.
171. F. BATTENBERG, Gesetzgebung und Judenemanzipation im Ancien Régime, in: ZHF 13 (1986) 43–63.
172. F. BATTENBERG, Des Kaisers Kammerknechte. Gedanken zur rechtlich-sozialen Situation der Juden in Spätmittelalter und Früher Neuzeit, in: HZ 245 (1987) 545–599.
173. F. BATTENBERG; Die „privilegia contra iudaeos", in: Das Privileg im europäischen Vergleich 2, hgg. v. B. Dölemeyer/H. Mohnhaupt. Frankfurt/M 1999, 85–115.
174. F. BATTENBERG; Die Privilegierung von Juden und der Judenschaft im Bereich des Heiligen Römischen Reiches, in: Das Privileg im europäischen Vergleich 1, hgg. v. B. Dölemeyer/H. Mohnhaupt. Frankfurt/M 1996, 139–190.
175. F. BATTENBERG; Zur Rechtsstellung der Juden am Mittelrhein in Spätmittelalter und Früher Neuzeit, in: ZHF 6 (1979) 129–183.
176. F. BATTENBERG, Das Reichskammergericht und die Juden des Heiligen Römischen Reiches. Geistliche Herrschaft und korporative Verfassung der Judenschaft in Fürth im Widerspruch. Wetzlar 1992.
177. F. BATTENBERG, Josel von Rosheim, Befehlshaber der deutschen Judenheit und die kaiserliche Gerichtsbarkeit, in: „Zur Erhaltung guter Ordnung". Beiträge zur Geschichte von Recht und Justiz, hgg. v, J. Hausmann/T. Krause. Köln u. a. 2000, 183–224.

7. Verfassungsfragen, Beziehungen zu Reich und Territorien 145

178. E. O. BRÄUNCHE, Vom Schutzjuden zum Bürger zweiter Klasse, in: H. Schmitt (Hg.), Juden in Karlsruhe, Karlsruhe 1988, 41–80.
179. R. CALIMANI, Die Kaufleute von Venedig. Die Geschichte der Juden in der Löwenrepublik. Deutsch von S. Höfer. Düsseldorf 1988.
180. D. J. COHEN, Die Landjudenschaften der brandenburgisch-preußischen Staaten im 17. und 18. Jahrhundert, in: Ständetum und Staatsbildung in Brandenburg-Preußen, hg. v. P. Baumgart. Berlin/New York 1983, 202–229.
181. J. DEVENTER, Das Abseits als sicherer Ort? Jüdische Minderheit und christliche Gesellschaft im Alten Reich am Beispiel der Fürstabtei Corvey (1550–1807). Paderborn 1996.
182. H. DUCHHARDT (Hg.), Beiträge zur Geschichte der Mainzer Juden in der Frühneuzeit. Mainz 1981.
183. S. FREY, Rechtsschutz der Juden gegen Ausweisungen im 16. Jahrhundert. Frankfurt/M u. a. 1983.
184. J. GOLDBERG, Der Vierländer-Rat der polnischen Juden und seine Beziehungen zu den jüdischen Gemeinden und Juden in Deutschland im 17. und 18. Jahrhundert, in: Die wirtschaftlichen und kulturellen Beziehungen zwischen den jüdischen Gemeinden in Polen und Deutschland vom 16. bis zum 20. Jahrhundert, hg. v. K. E. Grözinger. Wiesbaden 1992, 39–51.
185. W. GÜDE, Die rechtliche Stellung der Juden in den Schriften deutscher Juristen des 16. und 17. Jahrhunderts. Sigmaringen 1981.
186. A.-M. HAARSCHER, Les Juifs du Comté de Hanau-Lichtenberg entre le XIVe siècle et la fin de l'Ancien Régime. Straßburg 1997.
187. J. HEŘIMAN, La communauté juive de Prague et sa structure au commencement des temps modernes, in: JudBoh 5 (1969) 31–71.
188. A. HERZIG, Die Judischeit teutscher Nation. Zur Krise der deutschen Judenheit im Reich im 16. und 17. Jahrhundert, in: ASCHKENAS 4 (1994) 127–132.
189. W. J. HEYMANN (Hg.), Kleeblatt und Davidstern. Aus 400 Jahren jüdischer Vergangenheit in Fürth. Emskirchen 1990.
190. A. H. HUUSSEN, The Legal Position of Sephardi Jews in Holland, circa 1600, in: Dutch Jewish History 3 (1993) 19–41.
191. J. I. ISRAEL, Empires and Entrepots. The Dutch, The Spanish Monarchy and the Jews, 1585–1713. London 1990.
192. J. KATZ, Aus dem Ghetto in die bürgerliche Gesellschaft. Jüdische Emanzipation 1770–1870. Frankfurt/M 1986.
193. R. KIESSLING (Hg.), Judengemeinden in Schwaben im Kontext des Alten Reiches. Berlin 1995.

194. R. Kiessling, „Under deß Römischen Adlers Flügel". Das Schwäbische Judentum und das Reich, in: Bilder des Reiches, hg. v. R. Müller. Sigmaringen 1994, 221–253.
195. I. König, Judenverordnungen im Hochstift Würzburg (15.–18. Jahrhundert). Frankfurt/M 1999.
196. S. Litt, Joachim Ferber von Nordhausen – Gesandter der deutschen Juden am kaiserlichen Hof?, in: Aschkenas 9 (1999) 145–150.
197. J. Lokers, Die Juden in Emden 1530–1806. Eine sozial- und wirtschaftsgeschichtliche Studie zur Geschichte der Juden in Norddeutschland. Aurich 1990.
198. S. M. Lowenstein, The Berlin Jewish Community. Enlightenment, Family and Crisis, 1770–1830. New York/Oxford 1994.
199. W. Marzi, Judentoleranz im Territorialstaat der Frühen Neuzeit. Judenschutz und Judenordnung in der Grafschaft Nassau-Wiesbaden-Idstein und im Fürstentum Nassau-Usingen. Wiesbaden 1999.
200. P.-A. Meyer, La communauté juive de Metz au XVIIe siècle. Nancy 1993.
201. P.-A. Meyer, Les Juifs de la Province des Trois-Évêches en 1702, d'après l'État qui sont dans l'entendue du département Metz, in: REJ 150 (1991) 5–69.
202. L. Müller, Aus fünf Jahrhunderten. Beiträge zur Geschichte der jüdischen Gemeinden im Riess, in: ZHVS 25 (1898) 1–182.
203. B. Nosek, Soziale Differenzierungen und Streitigkeiten in jüdischen Kultusgemeinden der Böhmischen Länder im 17. Jahrhundert und Entstehung der „Landesjudenschaft", in: JudBoh 12 (1976) 59–92.
204. R. Po-Chia Hsia, The Emperor and the Jews, in: The Making of the Habsburg Monarchy, hg. v. C. Ingrao. West Laffayette (In.) 1994.
205. B. Post, Judentoleranz und Judenemanzipation in Kurmainz 1774–1813. Wiesbaden 1985.
206. F. Priebatsch, Die Judenpolitik des fürstlichen Absolutismus im 17. und 18. Jahrhundert, in: Forschungen und Versuche zur Geschichte des Mittelalters und der Neuzeit. Festschrift Dietrich Schäfer. Jena 1915, 564–651.
207. B. Purin, Die Juden in Vorarlberg und die süddeutsche Judenheit im 17. und 18. Jahrhundert, in: Studien zur Geschichte der Juden in Österreich, hgg. v. M. Keil/K. Lohrmann. Wien u. a. 1994, 121–129.

208. R. RIES, Ein ambivalentes Verhältnis – Soest und seine Juden in der frühen Neuzeit, in: Soest: Geschichte der Stadt, 3, hg. v. E. Widder. Soest 1995, 549–635.
209. S. ROHRBACHER, Die Drei Gemeinden Altona, Hamburg, Wandsbek zur Zeit der Glikl, in: ASCHKENAS 8 (1998) 105–124.
210. F. SCHÜTZ, Magenza, das jüdische Mainz, in: Mainz. Die Geschichte der Stadt, hgg. v. F. Dumont u. a.. Mainz 1998, 679–702.
211. D. SORKIN, The Transformation of German Jewry 1780–1840. New York/Oxford 1987.
212. S. STERN-TÄUBLER, The Jew in the Transition from Ghetto to Emancipation, in: Historia Judaica 2 (1940) 102–119.
213. M. STEINBACH, Juden in Venedig 1516–1797. Zwischen Isolation und Integration. Frankfurt/M u. a. 1992.
214. H. WALLENBORN; „Portugiesische Nation" und „hochdeutsche Juden". Die Hamburger sephardische Gemeinde, in: MENORA 8 (1997) 121–149.
215. E. ZIMMER, Jewish Synods in Germany During the Late Middle Ages (1286–1603). New York 1978.

8. Berufsstruktur, Handel und Gewerbe, jüdische Wirtschaftselite

216. H. ARENDT, Privileged Jews, in: JSocS 8 (1946) 3–30.
217. P. AUFGEBAUER, Der Hoffaktor Michael von Derenburg (gest. 1549) und die Polemik gegen ihn, in: BDLG 120 (1984) 371–399.
218. F. BATTENBERG, Hofjuden in Residenzstädten der Frühen Neuzeit, in: Juden in der Stadt, hgg. v. F. Mayrhofer/F. Opll. Linz 1999, 297–325.
219. F. BATTENBERG, Die jüdische Wirtschaftselite der Hoffaktoren und Residenten im Zeitalter des Absolutismus, in: ASCHKENAS 9 (1999) 31–66.
220. F. BATTENBERG, Das Schutz- und Hofjudensystem der Grafschaft Erbach, in: AHG NF 53 (1995) 103–144.
221. F. BATTENBERG/R. RIES (Hgg.), Ökonomische Potenz und Interkulturalität. Bedeutungen und Wandlungen der mitteleuropäischen Hofjudenschaft auf dem Weg in die Moderne. Wien u. a. 2002.
222. P. BAUMGART; Joseph Süß Oppenheimer, in: Geschichte und Kultur des Judentums, hgg. v. K. Müller/K. Wittstadt. Würzburg 1988, 91–110.
223. H. I. BLOOM, The Economic Activities of the Jews of Amsterdam in the Seventeenth and Eighteenth Centuries. Williamsport 1937.

224. F. L. CARSTEN, The Court Jew. A Prelude to Emancipation., in: YLBI 3 (1958) 140–156.
225. P. FREIMARK u. a. (Hgg.), Judentore, Kuggel, Steuerkonten. Hamburg 1983.
226. J. HEŘIMAN, Die wirtschaftliche Betätigung und die Berufe der Prager Juden vor ihrer Ausweisung im Jahre 1541, in: JudBoh 4 (1968) 20–63.
227. G. D. HUNDERT, Was There an East European Analogue to Court Jews?, in: The Jews in Poland 1, hg. v. A. K. Paluch. Krakau 1992, 67–75.
228. N. HORTZITZ, Der „Judenarzt". Historische und sprachliche Untersuchungen zur Diskriminierung eines Berufsstands in der frühen Neuzeit. Heidelberg 1994.
229. N. HORTZITZ, Der „Judenarzt". Zur Diskriminierung eines Berufsstandes in der Frühen Neuzeit, in: ASCHKENAS 3 (1993) 85–112.
230. R. JAKOB, Frühneuzeitliche Erwerbs- und Sozialstrukturen der schwäbischen Judenschaft, in: ASCHKENAS 3 (1993) 65–84.
231. S. JERSCH-WENZEL, Juden und „Franzosen" in der Wirtschaft des Raumes Berlin/Brandenburg. Berlin 1978.
232. H. KELLENBENZ, Diego und Manoel Texeira und ihre Hamburger Unternehmen, in: VSWG 42 (1955) 289–352.
233. H. KELLENBENZ, Sephardim an der unteren Elbe. Ihre wirtschaftliche und politische Bedeutung vom Ende des 16. bis zum Beginn des 18. Jahrhunderts. Wiesbaden 1958.
234. A. KOBER, Rheinische Judendoktoren, vornehmlich des 17. und 18. Jahrhundert, in: Festschrift zum 75jährigen Bestehen des Jüd.-Theol. Seminars Fraenckelscher Stiftung. Bd. 2. Breslau 1929, 173–236.
235. S. M. LOWENSTEIN, Jewish Upper Crust and Berlin Jewish Enlightenment: the Family of Daniel Itzig, in: From East zu West. Jews in a changing Europe, hgg. v. F. Malino/D. Sorkin. Oxford 1990, 182–201.
236. V. B. MANN/R. I. COHEN (Hgg.), From Court Jews to the Rothschilds. Art, Patronage, and Power 1600–1800. München/New York 1996.
237. B. MEVORAH, The Imperial Court-Jew Wolf Wertheimer as diplomatic Mediator (during the War of the Austrian Succession), in: Hierosolymitana 23 (1972) 184–213.
238. H. RACHEL/P. WALLICH, Berliner Großkaufleute und Kapitalisten 2: Die Zeit des Merkantilismus 1648–1806. Neu hg. v. J. Schultze u. a. Berlin 1967.

239 R. Ries, Identitätsfindungen ohne Modell: Wege der Neuorientierung in Hofjudenfamilien, in: Aschkenas 9 (1999) 353 – 370.
240 M. Schmidt, Hofjude ohne Hof. Issachar Baermann-ben-Jehuda ha-Levi, sonst Berend Lehmann genannt, Hoffaktor in Halberstadt, in: Wegweiser durch das jüdische Sachsen-Anhalt, hgg. v. J. Dick u. a. Potsdam 1998, 198–211.
241 H. Schnee, Das Hoffaktorentum in der deutschen Geschichte, Göttingen 1964.
242 H. Schnee, Die Hoffinanz und der moderne Staat. Geschichte und System der Hoffaktoren an deutschen Fürstenhöfen im Zeitalter des Absolutismus. Bde. 1–5. Berlin 1953–1965.
243 K. Schubert (Hg.), Die österreichischen Hofjuden und ihre Zeit. Eisenstadt 1991.
244 S. Stern, The Court Jew. A Contribution to the History of Absolutism in Europe. New Brunswick/Oxford 1950. ND 1985.

9. Kultur- und Geistesgeschichte, Haskala

245. C. Abramsky, The Crisis of Authority Within European Jewry in the Eighteenth Century, in: Studies in Jewish Religious and Intellectual History, presented to Alexander Altman, hgg. v. S. Stein/ R. Loewe. Alabama 1979, 13–28.
246. J. Allerhand, Das Judentum in der Aufklärung. Stuttgart-Bad Cannstatt 1980.
247. S. Berger, The Desire to Travel: A Note on Abraham Levy's Yiddish Itinerary (1719–1723), in: Aschkenas 6 (1996) 497–506.
248. J. Braden, Abraham Meldola, ein jüdischer kaiserlicher Notar in Hamburg am Ende des 18. Jahrhundert, in: Aschkenas 6 (1996) 507–513.
249. E. Breuer, The Limits of Enlightenment. Jews, German, and the Eighteenth-Century Study of Scripture. Cambridge (Mass.)/London 1996.
250. B. Cooperman (Hg.), Jewish Thought in the 16th Century. Cambridge (Mass.) 1983.
251. J. Davis, R. Yom Tov Lipman Heller, Joseph b. Isaac ha-Levi and Rationalism in Ashkenazic Jewish Culture 1550–1650. Phil. Diss. Harv. Univ. 1990.
252. I. Eisenstein-Barzilay, The Ideology of the Berlin Haskalah, in: PAAJR 25 (1965) 1–37.

253. M. ELIAV, Jüdische Erziehung in Deutschland im Zeitalter der Aufklärung und Emanzipation. Aus dem Hebräischen von M. Strobel. Münster u. a. 2001.
254. M ELIAV, Die Mädchenerziehung im Zeitalter der Aufklärung und der Emanzipation, in: Zur Geschichte der jüdischen Frau in Deutschland, hg. von J. Carlebach. Berlin 1993, 97–111.
255. R. ELIOR, Messianic Expectations and Spiritualization of Religious Life in the Sixteenth Century, in: REJ 145 (1986) 35–49.
256. J. ESCHELBACHER, Die Anfänge allgemeiner Bildung unter den deutschen Juden vor Mendelssohn, in: Beiträge zur Geschichte der deutschen Juden. Festschrift Martin Philippson. Leipzig 1916, 168–177.
257. I. FISHMAN, The History of Jewish Education in Central Europe from the End of the 16th Century to the End of the 18th Century. London 1944.
258. K. E. GRÖZINGER/J. DAN (Hgg.), Mysticism, Magic and Kabbalah in Ashkenazi Judaism. Berlin/New York 1995.
259. K. GRÜNDER/N. ROTENSTREICH (Hgg.), Aufklärung und Haskala in jüdischer und nichtjüdischer Sicht. Heidelberg 1990.
260. D. HERTZ, Die jüdischen Salons im alten Berlin. Aus dem Amerikanischen von G. Neumann-Kloth. Frankfurt/M. 1991.
261. A. HERZIG, Die Anfänge der deutsch-jüdischen Geschichtsschreibung in der Spätaufklärung, in: Sozialgeschichte der Juden in Deutschland, hgg. v. S. Volkov/F. Stern. Tel Aviv 1991, 59–75.
262. D. S. KATZ/J. I. ISRAEL (Hgg.), Sceptics, Millenarians and Jews. Leiden u. a. 1990.
263. LESSING-AKADEMIE (Hg.), Judentum im Zeitalter der Aufklärung. Wolfenbüttel 1977.
264. A. MARX, The History of David Oppenheimer's Library, in: Ders., Studies in Jewish History and Booklore, New York 1944, 238–255.
265. R. MICHAEL, Die antijudaistische Tendenz in Christian Wilhelm Dohms Buch ‚Die Bürgerliche Verbesserung der Juden', in: BLBI 77 (1987) 12–48.
266. A. NEHER, Jewish Thought and the Scientific Revolution of the Sixteenth Century. David Gans (1541–1613) and his Times. Oxford 1986.
267. B. NOSEK/V. SADEK, Georgio Diodato und David Oppenheim, in: JudBoh 6 (1970) 4–27.
268. R. PO-CHIA HSIA, Christian Ethnographies of Jews in Early Modern Germany, in: The Expulsion of the Jews: 1492 and After,

9. Kultur- und Geistesgeschichte, Haskala 151

hgg. v. R. B. Waddington/A. H. Williamson, Westport (Ct.) 1994, 223–235.
269. R. H. POPKIN/G. WEINER (Hgg.), Jewish Christians and Christian Jews. From the Renaissance to the Enlightenment. Dordrecht u. a. 1994.
270. N. RÖMER, Tradition und Akkulturation. Zum Sprachwandel der Juden in Deutschland zur Zeit der Haskalah. Münster/New York 1995.
271. P. T. van ROODEN, Theology, Biblical Scholarship and rabbinical Studies in the Seventeenth Century. Constantijn L'Empereur (1591–1648), Professor of Hebrew and Theology at Leiden. Leiden u. a. 1989.
272. M. N. ROSENFELD, Der jüdische Buchdruck in Augsburg in der ersten Hälfte des 16. Jahrhunderts. London 1985.
273. M. ROZEN, Jewish Identity and Society in the 17th Century. Reflections on the Life and Work of Refael Mordekhai Malki. Tübingen 1992.
274. D. RUDERMAN, Science, Medicine and Jewish Culture in Early Modern Europa. Tel Aviv 1987.
275. V. SADEK, Social Aspects in the Work of Prague Rabbi Löw (Maharal, 1512–1609), in: JudBoh 19 (1983) 3–21.
276. W. SALMEN, „... denn die Fiedel macht das Fest." Jüdische Musikanten und Tänzer vom 13. bis 20. Jahrhundert. Innsbruck 1991.
277. J. J. SCHACHTER, Cultural Receptivity versus Ethnic Pride in Early Modern Times. „Hakham Zevi", Hirsch Ashkenazi and Rabbi Jacob Emden, in: Ashkenaz. The German Jewish Heritage, hg. v. G. Hirschler. New York 1988, 69–78.
278. S. SCHECHTER, The Memoirs of a Jewess of the 17th Century, in: Ders., Studies in Judaism. Second Series. Philadelphia 1908, 126–147.
279. M. SCHMELZER, Hebrew Printing and Publishing in Germany 1650–1750, in: YLBI 33 (1988) 369–383.
280. A. SCHOCHAT, Der Ursprung der jüdischen Aufklärung in Deutschland. Frankfurt/M 2000.
281. M. STUDEMUND-HALÉVY, Die portugiesisch-spanischen Grabinschriften in Norddeutschland: Glückstadt und Emden, in: ASCHKENAS 7 (1997) 389–439.
282. M. STUDEMUND-HALÉVY (Hg.), Die Sefarden in Hamburg. Zur Geschichte iner Minderheit 1. Hamburg 1994.
283. M. STUDEMUND-HALÉVY, Sephardische Bücher und Bibliotheken in Hamburg, in: MENORA 8 (1997) 150–180.

284. H. TEUFEL, Ein Schüler Mendelssohns – Herz Homberg als jüdischer Propagandist der josephinischen Aufklärung, in: Ambivalenzen der Aufklärung. Festschrift für Ernst Wangermann, hgg. v. G. Ammerer/H. Haas. Wien/München 1997, 187–204.
285. I. TWERSKY/B. SEPTIMUS (Hgg.), Jewish Thought in the Seventeenth Century. Cambridge (Mass.)/London 1987.
286. S. ZÖLLER, Abraham und Melchisedech in Deutschland oder: Von Religionsgesprächen, Unbelehrbarkeit und Toleranz. Zur Rezeption der beiden Juden aus Giovanni Boccaccios „Decamerone" in der deutschen Schwankliteratur des 16. Jahrhundert, in: ASCHKENAS 7 (1997) 303–339.

10. Jüdischer Alltag: Familie, Gemeinde, Minhagim

287. F. BATTENBERG, Zwischen Integration und Segregation. Zu den Bedingungen jüdischen Lebens in der vormodernen christlichen Gesellschaft, in: ASCHKENAS 6 (1996) 421–454.
288. F. BATTENBERG, Zur „Demokratisierung" des Wissens im 16. und 17. Jahrhundert. Die Auswirkungen unterschiedlicher Lern- und Lehrkonzepte auf das christlich-jüdische Verhältnis, in: Aspekte protestantischen Lebens. Festschrift Karl Dienst. Darmstadt 1995, 55–78.
289. A. CHILL, The Minhagim. The Customs and Ceremonies of Judaism, Their Origins and Rationale. New York 1979.
290. R. CURIEL/B.D. COOPERMAN, The Ghetto of Venice. London 1990.
291. C. DAXELMÜLLER, Der Jude als Leser. Von religiösen Pflichten und irdischen Vergnügungen, in: Hören Sagen Lernen. Bausteine zu einer Geschichte der kommunikativen Kultur, hgg. v. U. Brunold-Bigler u. a. Bern u. a. 1995, 173–189.
292. C. DAXELMÜLLER, Die Entdeckung der jüdischen Erzählliteratur. Rezeption und Bewertung populärer jüdischer Erzählstoffe in der Gesellschaft des 17. und 18. Jahrhunderts, in: RJVK 26 (1985/86) 7–36.
293. R. VAN DÜLMEN, Das Frankfurter Ghetto, in: Ders., Gesellschaft der Frühen Neuzeit: Kulturelles Handeln und Sozialer Prozeß. Wien u. a. 1993, 279–305.
294. M. M. FAIERSTEIN, The Liebes Brief. A Critique of Jewish Society in Germany (1749), in: YLBI 27 (1982) 219–241.
295. S. A. GOLDBERG, Les lectures mortuaires des Juifs dans les communautés Ashkénazes (XVVIIe-XVIIIe siècles), in: REJ 204 (1987) 249–278.

296. J. HEŘIMAN; Das Steuerregister der Prager Juden aus dem Jahre 1540 (1528), in: JudBoh 1 (1965) 26–58.
297. E. HOROWITZ, Jüdische Jugend in Europa:1300–1800, in: Geschichte der Jugend 1: Von der Antike bis zum Absolutismus, hgg. v. G. Levi/J.-C. Schmidt. Frankfurt/M 1996, 113–165.
298. G. JANCKE, Die Memoiren der jüdischen Kauffrau Glückel von Hameln zwischen Autobiographie, Geschichtsschreibung und religiösem Lehrtext, in: Religion und ich in der Frühen Neuzeit in Autobiographien von Frauen, hg. v. M. Heuser. Tübingen 1996, 93–134.
299. Y. KAPLAN, Die portugiesischen Juden und die Modernisierung. Zur Veränderung jüdischen Lebens vor der Emanzipation, in: Jüdischen Lebenswelten. Essays, hgg. v. A. Nachama u. a. Berlin 1992.
300. J. KATZ, Family, Kinship, and Marriage among Ashkenazim in the 16th to 18th Centuries, in: Journal of Jewish Studies 1 (1989) 4–22.
301. I. KRACAUER, Die Geschichte der Judengasse in Frankfurt am Mainz. Frankfurt/M. 1906.
302. L. MATUŠÍKOVÁ; Bestandaufnahme der Hinterlassenschaft von Abraham Stern, Kaufmanns und Pächters einer Schnapsbrennerei in Třeboň (Wittingau), in: JudBoh 30/31 (1996) 47–71.
303. O. MUNELES, The Prague Ghetto in the Renaissance Period. Prag 1965.
304. H. POLLACK, Jewish Folkways in Germanic Lands (1648–1806). Studies in Aspects of Daily Life. Cambridge (Mass.)/London 1971.
305. E. ZIMMER, The Fiery Embers of the Scholars. The Trials and Tribulations of German Rabbis in the 16th and 17th Centuries. Jerusalem 1999 [hebr.].

11. Verhältnis zur christlichen Umwelt

306. M. AGETHEN, Bekehrungsversuche an Juden und Judentaufen in der frühen Neuzeit, in: ASCHKENAS 1 (1991) 65–94.
307. P. G. ARING, Die Theologie der Reformationszeit und die Juden, in: Antisemitismus. Erscheinungsformen der Judenfeindschaft gestern und heute, hg. v. G.B. Ginzel. Köln 1991, 100–122.
308. P. G. ARING, „Wage du, zu irren und zu träumen ...". Juden und Christen unterwegs. Theologische Biographien – Biographische

Theologie im christlich-jüdischen Dialog der Barockzeit. Köln/ Leipzig 1992.

309. M. AWERBUCH, Judentum im 16. und 17. Jahrhundert zwischen Inquisition und Reformation, in: Judentum und Antisemitismus von der Antike bis zur Gegenwart, hgg. v. T. Klein u. a. Düsseldorf 1984, 77–102.

310. F. BATTENBERG, Reformation, Judentum und Landesherrliche Gesetzgebung, in: Reformation und Reformationes. Festschrift Lothar Graf zu Dohna, hgg. v. A. Mehl/W. Ch. Schneider. Darmstadt 1989, 315–346.

311. F. BATTENBERG, Ritualmordprozesse gegen Juden in Spätmittelalter und Frühneuzeit, in: Die Legende vom Ritualmord. Zur Geschichte der Blutbeschuldigungen gegen Juden, hg. v. R. Erb. Berlin 1993, 95–132.

312. H. H. BEN-SASSON, Jewish Christian Disputation in the Setting of Humanism and Reformation in the German Empire, in: HThR 59 (1966) 360–390.

313. H. H. BEN-SASSON, The Reformation in contemporary Jewish eyes, in: PIASH 4 (1971) 239–326.

314. G. H. BOX, Hebrew Studies in the Reformation Period and After: Their Place and Influence, in: The Legacy of Israel, hgg. v. E. R. Bevan/C. Singer. Oxford 1969, 315–375.

315. J. BRADEN, Hamburger Judenpolitik im Zeitalter lutherischer Orthodoxie (1590–1710). Hamburg 2001.

316. F. BURGARD/A. HAVERKAMP/G. MENTGEN (Hgg.), Judenvertreibungen in Mittelalter und früher Neuzeit. Hannover 1999.

317. K. H. BURMEISTER, Der Würfelzoll, eine Variante des Leibzolls, in: ASCHKENAS 3 (1993) 49–64.

318. S. G. BURNETT, From Christian Hebraism to Jewish Studies. Johannes Buxdorf (1564–1629) and Hebrew Learning in the 17th. Century. Leiden 1996.

319. E. L. EHRLICH, Luther und die Juden, in: Antisemitismus. Von der Judenfeindschaft zum Holocaust, hgg. v. H.A. Strauss/H. Kampe. Frankfurt/M./New York1985, 47–65.

320. R. ERB, Der gekreuzigte Hund. Antijudaismus und Blutaberglaube im fränkischen Alltag des frühen 18. Jahrhunderts, in: ASCHKENAS 2 (1992) 117–150.

321. S. ETTINGER; The Beginnings of the Change in the Attitude of European Society towards the Jews, in: Scripta Hierosolymitana 7 (1961) 193–219.

322. J. FRIEDMAN, Sebastian Münster, the Jewish Mission and Protestant Antisemitm, in: ARG 70 (1979) 238–259.
323. J. FRIEDMAN, The Reformation and Jewish Anti-Christian Polemics, in: BHR 41 (1979) 83–97.
324. J. FRIEDMAN, The Reformation in Alien Eyes. Jewish Perceptions of Christian Troubles, in: SCJ 14 (1983) 23–40.
325. M. FRIEDRICH, Zwischen Abwehr und Bekehrung. Die Stellung der deutschen evangelischen Theologie zum Judentum im 17. Jahrhundert. Tübingen 1986.
326. C. R. FRIEDRICHS, Anti-Jewish Politics in Early Modern Germany: The Uprising in Worms, 1613–17, in: Central European History 23 (1990) 91–152.
327. L. GEIGER, Johann Reuchlin, sein Leben und seine Werke. Leipzig 1871.
328. B. GREENBERG, Rabbi Jacob Emden: The Views of An Enlightened Traditionalist on Christianity, in: Judaism 27 (1978) 351–363.
329. E. W. GRITSCH, The Jews in Reformation Theology, in: Jewish-Christian Encounters over the Centuries, hgg. M. Perry/F. M. Schweitzer. New York u. a. 1994.
330. B. HÄGLER, Die Christen und die ‚Judenfrage'. Am Beispiel der Schriften Osianders und Ecks zum Ritualmordvorwurf. Erlangen 1992.
331. B. HÄGLER, Judenhaß und Ritualmordlegende: Zur ‚Rationalisierung' des Judenhasses im 16. Jahrhundert, in: ASCHKENAS 4 (1994) 425–448.
332. R. M. HEALEY, The Jew in Seventeenth-Century Protestant Thought, in: ChH 46 (1977) 63–79.
333. J. HEIL, Antijudaismus und Antisemitismus. Die Bedeutung des 16. Jahrhunderts als Wendezeit. Ungedruckter Vortrag Arnoldshain 1999 [erste Fassung: ‚Antijudaismus' und ‚Antisemitismus'. Begriffe als Bedeutungsträger, in: Jb. f. Antisemitismusforschung 6 (1997) 92–116].
334. J. HEŘIMAN, The Conflict between Jewish and non-Jewish Population in Bohemia before the 1541 Banishment, in: JudBoh 6 (1970) 39–53.
335. D. HERTZ, Women at the Edge of Judaism: Female Converts in Germany, 1600–1750, in: Jewish Assimilation, Acculturation and Accommodation: Past Traditions, Current Issues and Future Prospects, hg. v. M. Mor. Lanham u. a. 1989, 87–109.
336. A. HERZIG/J. H. SCHOEPS (Hgg.), Reuchlin und die Juden. Sigmaringen 1993.

337. N. HORTZITZ, „die Art kan nicht nachlassen [...]." (Rechtanus 1606). Rassistisches Denken in frühneuzeitlichen Texten?, in: ASCHKENAS 8 (1998) 71–103.
338. J. HUGHES ROBINSON, John Calvin and the Jews. New York u. a. 1992.
339. M. JAKUBOWSKI-TIESSEN u. a., Jüdische Existenz zwischen Ablehnung und Duldung, in: Im Zeichen der Krise. Religiosität im Europa des 17. Jahrhunderts, hgg. v. H. Lehmann/A. C. Trepp. Göttingen 1999, 203–309.
340. R. JÜTTE, Ehre und Ehrverlust im spätmittelalterlichen und frühneuzeitlichen Judentum, in: Verletzte Ehre. Ehrkonflikte in Gesellschaften des Mittelalters und der Frühen Neuzeit, hgg. v. K. Schreiner/G. Schwerhoff. Köln u. a. 1995, 144–166.
341. M. JUNG, Die württembergische Kirche und die Juden in der Zeit des Pietismus (1675–1780). Berlin 1992.
342. Y. KAPLAN, From Christianity to Judaism: The Story of Isaac Orobio de Castro. Oxford 1989.
343. J. KATZ, Exklusiveness and Tolerance. Studies in Jewish-Gentile Relations in Medieval and Modern Times. Oxford 1961. ND New York 1973.
344. J. KATZ, Vom Vorurteil bis zur Vernichtung. Der Antisemitismus 1700–1933. Aus dem Englischen von U. Berger. München 1989.
345. D. KAUFMANN, Die letzte Vertreibung der Juden aus Wien und Niederösterreich. Ihre Vorgeschichte (1625–1670) und ihre Opfer. Wien 1889.
346. R. LEWIN, Luthers Stellung zu den Juden. Berlin 1911. ND Aalen 1973.
347. A.-R. LÖWENBRÜCK, Judenfeindschaft im Zeitalter der Aufklärung. Eine Studie zur Vorgeschichte des modernen Antisemitismus am Beispiel des Göttinger Theologen und Orientalisten Johann David Michaelis (1717–1791). Frankfurt/M 1991.
348. H.-M. KIRN, Das Bild vom Juden im Deutschland des frühen 16. Jahrhunderts. Tübingen 1989.
349. G. KISCH, Zasius und Reuchlin. Stuttgart 1961.
350. J. W. KLEINER, The Attitudes of the Strasbourg Reformers toward Jews and Judaism. Ann Arbor 1980 (microfilm).
351. H. KREMERS (Hg.), Die Juden und Martin Luther – Martin Luther und die Juden. Neukirchen-Vluyn 1987. 2. Aufl.
352. W. MAURER, Reuchlin und das Judentum, in: Johannes Reuchlin (1455–1522), hgg. v. H. Kling/S. Rhein. Sigmaringen 1994, 267–276.

353. G. MENTGEN, Der Würfelzoll und andere antijüdische Schikanen in Mittelalter und Früher Neuzeit, in: ZHF 22 (1995) 1–48.
354. J. MIESES, Die ältestes gedruckte deutsche Übersetzung des jüdischen Gebetbuchs aus dem Jahre 1530 und ihr Autor Antonius Margaritha. Wien 1916.
355. G. MÜLLER, Christlich-jüdische Religionsgespräche im Zeitalter der protestantischen Orthodoxie. Die Auseinandersetzung Johann Müllers mit Rabbi Isaak Trokis „Hizzuk Emunah", in: Glaube, Geist, Geschichte. Festschrift für Ernst Benz. Leiden 1967, 513–524.
356. H. A. OBERMAN, Wurzeln des Antisemitismus. Christenangst und Judenplage im Zeitalter von Humanismus und Reformation. Berlin 1981.
357. H. OVERFIELD, A New Look at the Reuchlin Affair, in: SMRH 8 (1971) 167–207.
358. H. PETERSE, Jacobus Hoogstraeten gegen Johannes Reuchlin. Ein Beitrag zur Geschichte des Antijudaismus im 16. Jahrhundert. Mainz 1995.
359. R. PO-CHIA HSIA, The Myth of Ritual Murder. Jews and Magic in Reformation Germany. New Haven/London 1988.
360. K. POHLMANN, Juden in Lippe in Mittelalter und Früher Neuzeit. Detmold 1995.
361. S. M. POPPEL, New Views on Jewish Integration in Germany, in: Central European History 9 (1976) 86–108.
362. A. PUTÍK, Fight for a Conversion in Kolín nad Labem, Bohemia, in the Year 5426/1666. A Contribution on the Subject of Reverberations in Bohemia of Shabbatai Zevi's Messianic Appearance, in: JudBoh 32 (1998) 4–32.
363. A. PUTÍK, The Hebrew Inscription on the Crucifix at Charles Bridge in Prague. The Case of Elias Backoffen and Berl Tabor in the Appellation Court, in: JudBoh 32 (1997) 26–103.
364. H. L. REICHRATH, Martin Bucer und die Juden, in: BPfKG 59 (1992) 37–51.
365. R. RIES, Zum Zusammenhang von Reformation und Judenvertreibung. Das Beispiel Braunschweig, in: Civitatum Communitatis 2, hgg. v. H. Jäger u. a.. Köln/Wien 1984, 630–654.
366. R. RIES, Zur Bedeutung von Reformation und Konfessionalisierung für das christlich-jüdische Verhältnis in Niedersachsen, in: ASCHKENAS 6 (1996) 353–419.

367. K. H. RENGSTORF/S. v. KORTZFLEISCH (Hgg.), Kirche und Synagoge. Handbuch zur Geschichte von Christen und Juden. Bde. 1–2. Stuttgart 1968–70.
368. S. ROHRBACHER, Deutschland – Aschkenas. Deutsche Kultur und jüdische Identität in einer tausendjährigen Beziehungsgeschichte, in: Nationale oder kulturelle Identitäten? Zur Landeskunde der deutschsprachigen Länder, hgg. v. H. Bruland/P. Langemeyer. Tromsø 1997, 25–41.
369. M. SAPERSTEIN, Christians and Jews – Some Positive Images, in: HThR 79 (1986) 236–246.
370. J. SCHOEPS, Philosemitismus im Barock. Religions- und geistesgeschichtliche Untersuchungen. Tübingen 1952.
371. H. A. STRAUSS, Juden und Judenfeindschaft in der frühen Neuzeit, in: Antisemitismus. Von der Judenfeindschaft zum Holocaust, hgg. v. H. A. Strauss/N. Kampe. Frankfurt/M/New York 1985, 66–87.
372. W. TRUSEN, Die Prozesse gegen Reuchlings „Augenspiegel". Zum Streit um die Judenbücher, in: Reuchlin und die politischen Kräfte seiner Zeit, hg. v. S. Rhein. Sigmaringen 1998, 87–131.
373. S. ULLMANN, Kontakte und Konflikte zwischen Landjuden und Christen in Schwaben während des 17. und zu Anfang des 18. Jahrhunderts, in: Ehrkonzepte in der Frühen Neuzeit. Identitäten und Abgrenzungen, hgg. v. S. Backmann u. a. Berlin 1998, 288–315.
374. R. WALZ, Der nahe Fremde. Die Beziehungen zwischen Christen und Juden in der Frühen Neuzeit, in: Essener Unikate. Berichte aus Forschung und Lehre. Geisteswissenschaften 6/7 (1995) 56–63.
375. R. WALZ, Der vormoderne Antisemitismus: Religiöser Fanatismus oder Rassenwahn?, in: HZ 260 (1995) 719–748.
376. M. WAYSBLUM, Isaac b. Abraham of Troki and Christian Controversy in the 16th Century, in: JJS 3 (1952) 62–77.
377. C. WILKE, Jüdisch-christliches Doppelleben im Barock. Zur Biographie des Kaufmanns und Dichters Antonio Enriques Gómez. Frankfurt/M 1994.
378. G. WOLF, Judentaufen in Oesterreich. Wien 1863.
379. E. ZIMMER, Jewish and Christian Hebraist Collaboration in 16th Century Germany, in: JQR 71 (1980) 69–88.
380. S. ZÖLLER, Judenfeindschaft in den Schwänken des 16. Jahrhunderts, in: Daphnis 23 (1994) 345–369.

Register

Mehrgliedrige Namen von Juden werden grundsätzlich unter ihrem zuerst genannten Hauptnamen eingeordnet. Ausnahmen wurden nur in Fällen eines in der Forschung häufiger zitierten „Familiennamens" (z. B. Samuel Oppenheimer) gemacht.

Aargau, Juden 33
Abraham ben Elieser ha-Levi, Kabbalist in Jerusalem 88
Abraham ben Isaak Troki, Karäer aus Litauen 89
Abraham Landau, jüdischer Deputierter am Kaiserhof 74
ABRAMSKY, C. 79, 119f.
Adelserhebung 45
admodiation (Monopolverleihung) 73, 108
AGETHEN, M. 84
Ahlen, Judengemeinde 35
Alexander David, Hofjude in Braunschweig 73
ALLERHAND, J. 130f.
Alltagskultur, jüdische 120–127
ALTMAN, A. 127
Altona, Juden, s. auch Hamburg-Altona-Wandsbek, Dreigemeinde
Altona, Judengemeinde 4, 12, 46, 71, 99
Amsterdam, Judengemeinden 29, 46, 49, 99, 110, 121
Amsterdam, sefardische Gemeinde 6, 12, 29, 69
Amulettenstreit 49; s. auch Emden-Eybeschütz-Kontroverse
Ancona, Judengemeinde 17
ANDERS, K. 113, 115
Anhalt, Herzogtümer, Juden 11
Anleitung zu gründlicher Verständnis..., Schrift der Johanna Eleonora Petersen 38
Ansbach-Bayreuth, Markgrafschaft, Juden 10
Antezipation, s. unter Vorfinanzierung

Antijudaismus (Judenfeindschaft) 16–21, 36–39, 82–86, 102–104
Antitrinitarier 89
Anton, Carl, zu Helmstedt 50
Antwerpen, sefardische Gemeinde 12, 68
Apostasie 48f., 117f.
ARENDT, H. 111
ARING, P. G. 85, 89
Armenhaus, jüdisches 113
Armut, jüdische 45–47, 112–116, 120
Arnheim, Judengemeinde 11
Aron Salomon Gumpertz, Hofjude in Berlin 56
Arztberuf, jüdischer 96f.
Ascher Lemlein aus Istrien, Pseudo-Messias 26, 88
Ascher Levy, Kaufmann in Reichshofen 29
Aschkenasi, Josef, s. unter Josef, Samuel, Zwi Hirsch
aschkenasim (Aschkenasen, „Deutsche" Juden) 6–8, 67–70, 119
Assimilationsentwicklung 120–123
Aufklärer, jüdische, s. *maskilim*
Aufklärung(-sdiskurs) 55–58, 60f., 114, 116, 120, 127–131; s. auch *haskala*
Aufklärung, jüdische, s. unter *haskala*
Augsburg 33
Augsburg, Hochstift, Juden 35
Augustin, Kirchenvater 17
Aurich, Judengemeinde 35
Auswanderung, jüdische 26
avoda zara, s. Idolatrie
AWERBUCH, M. 60, 69, 99

Baal Schem, Ehrentitel 28
Babylonisches Judentum 7
bachurim (Schüler) 53
BACKHAUS, F. 107
Baden, Markgrafschaft, Juden 35, 76
Baden-Durlach, Markgrafen 35
BAER, F. 77, 105 f.
BAER, W. 76, 97
Baiersdorf, Juden 4, 34
Baisingen, Juden 4
Balkan 6
Bamberg 33
Bann (kleiner) jüdischer (*hachrasa*, Ausrufen) 41
Bann, (großer) jüdischer (*cherem ha-jischuw*) 21, 41, 49 f.
BARNAI, J. 67
BARON, S. W. 61, 76
BARTUSCHAT, W. 69
Basel 33
Basel, Judenvertreibung 3
BATTENBERG, F. 58 f., 61 f., 64–66, 68 f., 71–79, 81–90, 95–111, 114–119, 121 f., 124 f.
Bauernkrieg 24
BAUMGART, P. 107
Bayern, Herzog Wilhelm IV. 31
Bayern, Herzogtum, Juden 10
Bayern, Kurfürstentum 33
Beck, Jodocus, Ratskonsulent in Nürnberg 50
Beckum, Judengemeinde 35
Beerdigungsbruderschaft, s. *chewra kadischa*
Begräbinsgeld 54
BEHR, H. J. 127
Behrend Lehmann, Hofjude in Halberstadt 44, 53, 109
BELL, D. 93 f.
BEN-SASSON, H. H. 61, 63, 67 f., 75, 80, 88 f., 94, 117 f.
beneficia muliebria („Weibliche Rechtswohltaten"), Haftungsausschluss 52, 125
Benjamin de Musafia, jüdischer Arzt in Hamburg 29
Bensheim, Judengemeinde 3
BERDING, H. 114
BERGER, S. 63
BERGHOFFER, C. W. 107
Berlin, Judengemeinde 4, 11, 34, 98–100
Berlin, Residenz 42

Berliner Kreis um Moses Mendelssohn 57
Besançon, Judengemeinde 4
Besold, Christoph, Jurist in Tübingen 31
bet din, s. Gericht, jüdisches
Betteljudentum 45–47, 112–116, 120
Bettlerschübe 47, 115
Beverungen, Judengemeinde 35
Bevölkerungsentwicklung, s. unter Demographie
Billigkeitsgrundsatz 82
Bingen, Judengemeinde 3
Bingen, jüdische Steuerlegstätte 25
Binswangen bei Augsburg, Juden 3, 98
BLINN, D. 62, 82, 114
BLOOM, H. I. 99
Blümchen Hertz, Hofjüdin in Kassel 52
Blümle Homburg, Hofjüdin in Mainz 52, 124
Blutbeschuldigungen gegen Juden 19, 85
Blutreinheitsgesetze, spanische (*estatutos de limpieza de sangre*) 84
Bodenschatz, Johann Christoph Georg, Orientalist zu Baiersdorf 50
Bodin, Jean, Jurist 90
Bodman, Juden 13
Böhmen, Juden 3, 10, 33 f., 78
Bonn, Judengemeinde 98
Bonum nuncium Israeli (Gute Botschaft für Israel), Schrift des Paul Felgenhauer 38 f.
BOX, G. H. 90 f.
BRADEN, J. 69, 86, 99
BRADY, T. A. 102
Brandenburg-Ansbach, Markgraf 48
Brandenburg-Preußen, Kurfürstentum, Juden 11, 34
BRÄUNCHE, E. O. 99 f.
Braunsbach, Juden 4
Braunschweig, Juden 11
Braunschweig-Lüneburg, Herzog 43
Braunschweig-Lüneburg, Herzog Georg Wilhelm 38
Braunschweig-Lüneburg, Herzogtum, Juden 11, 86
Braunschweig-Wolfenbüttel, Judenvertreibung 11, 19
Breslau, Judengemeinde 34, 98, 100
BREUER, E. 63, 122

BREUER, M. 60, 63, 65, 69, 71, 75f., 79f., 86–88, 90–94, 105f., 108f., 112–115, 117f., 123f., 126f., 129
BRILLING, B. 74, 99
Brody, *Waad* (jüdische Versammlung) 48f.
BROSSEDER, J. 85
BRUER, A. A. 99, 129
Brünn 49
Bucer, Martin, Straßburger Reformator 16, 18, 24, 85f., 87
Buchau, Judengemeinde 4
Buchdruck, jüdischer (hebräischer) 5, 94
Bürgerliche Verbesserung der Juden, Reformkonzept 47, 58, 127–131
Bürgerrecht, römisches, der Juden 14f., 83
BURGARD, F. 76
Burgau, Markgrafschaft, Juden 13, 36, 77, 91f., 95, 98
BURNETT, S. G. 91
BURSCH, M. 114, 116
BUSCH, R. 73
Buseckertal, Ganerbschaft, Juden 35
Buttenwiesen, Juden 4, 98
Buxtorf, Johann, d.Ä., Theologe und Hebraist 91

CALIMANI, R. 68, 100
Callenberg, Johann Heinrich, pietistischer Theologe 37f.
Calvinismus 9, 103f.
Capito, Wolfgang, Reformator 18
CARSTEN, F. L. 108, 110, 112
Castro, Rodrigo, s. unter Rodrigo
Cecilia Hinrichsen, Hofjüdin in Mecklenburg 52, 124
chachme Aschkenas (jüdische Gelehrten Deutschlands) 80
Chajim Bezalel, Rabbiner zu Friedberg 22, 28, 64, 80, 89, 92, 123
Chajm Vital, Rabbiner in Safed 89f.
chamsanuta demelech („Raub durch den König", willkürliches Landesrecht) 80
Chanoch Hennoch, Rabbiner in Schnaittach 124
Chassid, Juda, s. unter Juda
chassidei aschkenas („Fromme" Deutschlands) 6, 28
chassidische Bewegung 6, 47
Chawat Jair (Gut Jairs), Responsensammlung des Jair Chajim Bacharach 51
chawrussen, s. unter Gaunerbanden
chawura, s. jüdische Gemeinschaft
cheder („Stube", jüdische Grundschule, Pl. *chadarim*) 51, 121, 123, 125
Cheile („Madame Kaulla"), Hofjüdin in Hechingen 52, 124
cherem ha-jischuw, s. Bann, jüdischer
chewra kadischa (Heilige Bruderschaft, Beerdigungsbruderschaft) 42, 45, 53f.
chewra, s. jüdische Gemeinschaft
Chiduschei Halachot (Gesetzessammlungen), Werk des Meir Jakob Schiff 28
Chizzuk Emuna (Glaubensbefestigung), Traktat des Abraham ben Isaak Troki 89
Chmelniecki-Aufstand, s. unter Ukrainischer Aufstand
Chronistik, jüdische 1, 28, 123
Chronistik, weltliche 123
Coesfeld, Judengemeinde 35
COHEN, D., 23, 61, 63, 65, 71, 74, 77, 92f., 105–107
COHEN, J. 117, 119
COHEN, R. I. 107
COHN, W. 122
Colloquium Heptaplomeres, Traktat des Jean Bodin 90
Comenius, Johann Amos, Pädagoge 121
Confessio Augustana (Augsburger Bekenntnisschrift) 9
Contractus Germanici, deutsche Zinspraxis 31
conversos (jüdische Konvertiten), s. unter *maranos*
COOPERMAN, B. D. 100
CORRÉ, A. D. 69f.
Corvey, Fürstabtei, Juden 35, 77
Crailsheim, Judengemeinde 4
CURIEL, R. 100
CZERMAK, G. 83

Daberstadt bei Erfurt, Juden 3
Dänemark, König 33
Dänemark, König Christian IV. 29
Dänemark, König Friedrich V. 50
damnatio memoriae 117
DAN, J. 118

David Fränkel, Oberrabbiner in
  Dessau 56
David Isaak Cohen de Lara, Rabbiner
  (chacham) in Hamburg 29f.
David Moses von Rheindorf 28
David Oppenheim(er), Rabbiner in
  Nikolsburg und Prag 51, 80, 110
David Reubeni aus Jemen, Pseudo-
  Messias 26, 88
DAXELMÜLLER, Ch. 101, 122
Demographie (Bevölkerungsentwick-
  lung) der Juden 10–13, 32–36,
  76–79
Der gantz Iüdisch Glaub, Traktat des
  Antonius Margaritha 90f.
Der Jüden Feind, Traktat des Georg
  Nigrinus 91
Der Teutsche Fürstenstaat, Traktat Veit
  Ludwigs v. Seckendorf 108
Dessau, Judengemeinde 34
Deutsche Juden, s. *aschkenasim*
DEVENTER, J. 62, 72, 77
Diaspora- (*galut-*)Erfahrung 1, 64,
  88
Diego d'Aguilar, Hofjude in Wien 44
Dikduk Tefilla (Gebetsgrammatik),
  Traktat des Naftali Hirz Treves 27
dina de'malchuta dina (halachischer
  Grundsatz) 1, 80
Disputationsverbot zwischen Juden
  und Christen 103
Dohm, Christian Wilhelm von, preußi-
  scher Reformer 47, 58, 127, 129,
  131
Donauwörth, Judenvertreibung 3
„Doppelgemeinde", christlich-jüdi-
  sche 98f.
Dortmund, Juden 11
Dortmund, Judenvertreibung 3
Dreigemeinde, s. unter Hamburg-
  Altona-Wandsbek
Dresden, Judengemeinde 4
Dresden, Residenz 42
Dreyzehen Gebot und Verpot der Iuden,
  Traktat des Sebastian Franck 90
Druckapprobation, rabbinische (*has-
  kama, haskamot*) 25, 94
DUBNOW, S. 59f., 76
DUCHHARDT, H. 99
Dülmen, Judengemeinde 35
DÜLMEN, R.van 99, 101
Duisburg, Universität
DUSCHINSKY, C. 110

Eck, Johann, katholischer Theologe
  19, 85
ECKERT, W. P. 85f., 103
EDEL, K. 107
Edzardi, Esdras, Orientalist zu Ham-
  burg 37, 104
EGMOND, F. 115f.
Ehrgefühl, religiöses (*koved*) 125
EHRLICH, E. L. 84f.
Ehrlosigkeit der Juden 15, 83
EIDELBERG, S. 62f., 100, 124
Einbeck, Juden 11
EISENBACH, U. 100
Eisenhütte, jüdische, in Gießen 96
Eisenmenger, Johann Andreas, Orien-
  talist in Heidelberg 36f., 104
Eisenstadt, Judengemeinde 10
EISENSTEIN-BARZILAY, I. 128f.
ELBOGEN, I. 92
Elia Levita aus Neustadt an der Aisch,
  Rabbiner 26
Elia Mosche Loans, Rabbiner aus
  Frankfurt am Main 28
ELIAV, M. 121, 124–126
ELIOR, R. 89f., 118
Elitenfunktion der Hofjuden 43
Eljakim Gottschalk Rothenberg, Rab-
  biner 22
ELON, A. 107
Elsass, Judenschaft 13, 76, 78f.
Emanzipationsdiskurs 127f.
Emden, Judengemeinde 4, 12, 35, 71,
  96, 98f.
Emden, sefadische Gemeinde 68
Emden/Eybeschütz-Kontroverse 49f.,
  118–120
Emek ha-Melech (Tal des Königs),
  Traktat des Naftali Bacharach 29
Emmerich, Judengemeinde 11
Endingen, Judengemeinde 33
Endzeiterwartungen 47f., 85
England 6, 110
Entdecktes Judenthum …, Schrift Jo-
  hann Andreas Eisenmengers 36
Entrepreneuer (Unternehmer), jüdi-
  scher 96
Epochengrenzen 60
ERB, R. 85
Erbach im Odenwald, Grafschaft 54
Erez Israel, s. Palästina
eruw (Schabbat-Umgrenzung) 54, 87,
  99
Erziehungssystem, jüdisches 120–122

Eschatologie 85; s. auch Endzeiterwartungen
ESCHELBACHER, J. 121
Eskeles, Bernhad, Hofjude zu Wien 41
Essen, Juden 11
estatutos de limpieza de sangre, s. unter Blutreinheitsgesetze
Esther Schulhoff-Liebmann, Hofjüdin in Berlin 52, 124
ETTINGER, S. 59, 61–64, 68, 71, 90, 119
Eybeschütz, Jonathan, s. unter Jonathan
Ez Chajim (Baum des Lebens), Traktat Chajim Bezalels 28
Ez Chajim (Baum des Lebens), Traktat des Israel Sarug 89 f.
Ezechiel Landau, Rabbiner in Prag 51, 57

FAASSEN, D. v. 62, 66, 77, 114
Fabius, Paulus, Hebraist in Straßburg 26
FAIERSTEIN, M. M. 123
Familie, jüdische 51–53, 124–127
Familiengröße 78
Färberei, jüdische 32
FEILCHENFELD, L. 24, 66
Felgenhauer, Paul, Theologe in Hamburg 38 f.
Ferdinand II., Ferdinand III., Kaiser, s. unter Reich
FERGUSON, N. 107
Fettmilch, Vinzenz, Zunftführer in Frankfurt 20
Fettmilchaufstand, s. unter Frankfurt am Main
Fischach, Juden 4
FISHMAN, I. 121, 125 f.
Fränkel, s. unter David, Henoch
FRAENKEL-GOLDSCHMIDT, CH. 63
Franck, Sebastian 90
Frank, Jakob, aus Podolien 48 f.
Franken, Judenschaft 12, 34, 76
Frankfurt am Main 44
Frankfurt am Main, Fettmilchaufstand von 1612 ff. (Bürgerunruhen) 20 f., 86
Frankfurt am Main, Judengemeinde 3, 12, 20 f., 28, 35, 39, 49, 54, 75, 77, 88, 92, 99, 110, 123 f.
Frankfurt am Main, jüdische Steuerlegstätte 25

Frankfurt am Main, *klaus* (Stiftungssynagoge) 41
Frankfurt am Main, Messe 30
Frankfurt am Main, Rabbinatsgericht 25, 93
Frankfurt an der Oder, Judengemeinde 34
Frankfurt an der Oder, Universität 97
Frankfurter „Rabbinerverschwörung" von 1603 25 f., 75, 77
Frankismus 48 f., 117 f.
Frankreich 110
Frankreich, Juden 4
Frau, jüdische 51 f., 124 f.
FREEHOF, S. 63, 80, 88, 124–127
Freiburg im Breisgau 33
FREIMARK, P. 87, 99
FREUDENTHAL, M. 107, 124
FREUDENTHAL, R. 64, 72 f.
FREY, S. 62, 72 f., 81
Friedberg in der Wetterau, Judengemeinde 3, 12, 28, 35, 39, 88, 92, 100
Friedberg in der Wetterau, jüdische Steuerlegstätte 25
Friedberg in der Wetterau, Rabbinatsgericht 25
Friedländer, David, jüdischer Fabrikant in Berlin 57
FRIEDMAN, J. 62, 89 f.
Friedrich III., Kaiser. s. unter Reich
FRIEDRICH, M. 62, 85, 90 f., 103
FRIEDRICHS, Ch. 86, 99 f.
Friedrichstadt, Judengemeinde 4, 12, 68, 71, 96, 99
Fritzlar, Judengemeinde 3
Fromme Deutschlands, s. *chassidei aschkenas*
Fürsprecherschaft, jüdische, s. *schtadlanut*
Fürstenberg, Landgrafschaft, Juden 13
Fürth, Judengemeinde 10, 34, 40, 54 f., 93, 96, 99–101
Fürth, jüdische Waisenanstalt 46
Fugger, Kaufmannsfamilie 108
Fulda, Judengemeinde 3, 12, 28, 92, 100
Fulda, Rabbinatsgericht 25, 88
FUNKENSTEIN, A. 67, 70, 80

Gailingen, Juden 4, 13
Galilei, Galileo, Astronom 29

Gallipoli 48
galut, s. Diaspora
Gans, David, aus Lippstadt, jüdischer Astronom in Prag 1, 28, 88, 123
Gaunerbanden (*chawrussen*) 114
Gaunerwesen, jüdisches 46 f.
Gebetbuch, s. unter *siddur*
Gebete, jüdische (*techines*) 126
Gebräuche, religiöse, s. *minhagim*
Geistliche Staaten, Juden 103
Geldwechselgeschäft, jüdisches 32
Gelehrtenelite 110
Gelnhausen, Judengemeinde 3
Gemeinde, s. jüdische Gemeinde
Gemeindeautonomie 70–72
Gemeindegründungen der Juden 68 f., 71
Gemeindestatuten, s. unter *takkanot*
Gemeindevorstand, sefardischer, s. *mahamad*
Gemeindevorsteher (*parnassim, raschim*) 21, 53 f., 93 f.
Gemeiner Pfennig, Abgabe 26
Gemeinschaft, s. jüdische Gemeinschaft
Generalreglement, preußisches, von 1750 45
Generationenmodell 111
GERBER, B. 73, 107, 112
Gericht, jüdisches (*bet din*) 21
Gerichtsverfassung, landjudenschaftliche 40 f.
gerusch, s. Judenvertreibung
Geschlechtergeschichte, jüdische 124 f.
Getto-Periode 60 f.
Gettoisierung 17, 105
gezera (Katastrophe), s. unter Judenvertreibung
Ghetto Nuovo, s. Venedig
Gießen, Juden 96
Gießen, Universität 97
GINSBURGER, M. 63, 66
GLANZ, R. 47, 61, 113–116
Glasereigewerbe, jüdisches 32, 96
Glikl Hamoln, jüdische Kauffrau aus Hamburg 48, 124
Glogau in Oberschlesien, Judengemeinde 34
Glückstadt, Judengemeinde 4, 12, 68, 71, 96, 99
gojim, s. Nichtjuden
GOLDBERG; S. A. 99

Goldschmiederei, jüdische 32
Goslar, Juden 11
Göttingen, Juden 11
GOTZMANN, A. 70, 79, 122
GRAETZ, M. 59 f., 63, 107, 111, 129 f.
GRAF, J. 63, 104, 116
GRAUPE, M. 63, 99
GREENBERG, B. 79, 119 f.
Gregor XIII., Papst 31
GRITSCH, E. W. 85
Großen-Buseck bei Gießen, Juden 4
Grotius, Hugo (Hugo de Groot), niederländischer Jurist 90 f.
GRÖZINGER, K. 83, 89, 99
Grundschule, jüdische, s. unter *cheder*
GRUNWALD, M. 107
GÜDE, W. 24, 62, 72, 81–83, 90
GÜDEMANN, M. 121–124
Günzburg, Judengemeinde 4, 13
Günzburg, jüdische Steuerlegstätte 25
Günzburg, Rabbinatsgericht 25, 88, 91 f.
Günzburg, Rabbinerversammlung von 1529 23 f.
GUGGENHEIM, Y. 113
Gumpertz, Aron, s. unter Aron
Gumpertz, Hofjudenfamilie 107
Gumpertz, s. unter Mirjam, Ruben

ha-Lewanon (der Libanon), Traktat des Naftali Herz Wessely 57
ha-Me'assef (Der Sammler), Aufklärungszeitschrift 129
HAARSCHER, A.-M. 70, 73, 77
hachrasa (Ausrufen), s. Bann, kleiner jüdischer
HÄGLER, B. 85
HAENLE, S. 93, 96, 100
Hagenau, Judengemeinde 3
Hagenau, unterelsässische Reichslandvogtei, Juden 13, 23
halacha, s. Jüdisches Recht
Halachisches System 117
Halberstadt 44
Halberstadt, Judengemeinde 4, 34, 46, 71, 98 f.
Halle, Judengemeinde 4, 34
Halle, Universität 97
HALLER, A. 63, 65, 100
Hamburg 44
Hamburg, aschkenasische Gemeinden 12, 68, 70

Hamburg, Hauptkirche St. Michaelis 37
Hamburg, Judengemeinden 4, 12, 29f., 71, 86, 98f., 110, 118
Hamburg, sefardische Gemeinde 6, 12, 29, 34, 68–70
Hamburg-Altona-Wandsbek, jüdische Dreigemeinde 34f., 49, 55, 119
Hanau, Grafschaft, Juden 13
Hanau, Judengemeinde 13, 28, 35, 71, 96, 100
Hanau, Rabbinerversammlung von 1659 26, 35
Hanau-Lichtenberg, Grafschaft, Juden 13, 70, 73, 77
Handel, jüdischer 7, 30–32, 94–97
Handelsobjekte 7, 31
Handwerksausübung durch Juden 32
Hannover, Judengemeinde 4, 11, 99
Hannover, Residenz 42
Harburg an der Wörnitz (im Ries), Judengemeinde 4, 36
Hardt, Hermann von der, Hebraist zu Helmstedt 37
haskala (jüdische Aufklärung) 55–59, 117, 127–131
haskama (haskamot), s. Druckapprobation
Hausgemeinschaft, jüdische 52f., 126
Haushalt, jüdischer 126f.
HAYOUN, M.-R. 119
HEALEY, R.M. 86, 89, 104
Heidelberg, Judengemeinde 4
Heidelberg, Universität 97
Heidingsfeld bei Würzburg, Juden 3
HEIL, J. 83, 86
Heilbronn 33
Heilbronn, Judengemeinde 76
HEIMANN-JELINEK, F. 109
Heiratsnetz, jüdisches 53
HEITMANN, M. 100
Hennoch Fränkel, Rabbiner in Wien 38
HEŘIMAN, J. 99
HERTZ, D. 60, 112, 117f., 120, 124f.
HERZIG, A. 61f., 68, 72, 74f., 77, 86f., 91, 94, 103, 109, 112, 114f., 117, 119, 126, 130
Hessen 46
Hessen, Landgraf Philipp der Großmütige 16

Hessen, Landgrafen 35
Hessen, Landgrafschaft, Juden 12, 98
Hessen, Oberfürstentum (Oberhessen), Juden 13, 77f.
Hessen-Darmstadt, Landgraf Georg II. 14
Hessen-Darmstadt, Landgraf Ludwig VI. 20
HEYMANN, W. J. 99
Hildesheim, Juden 11
HILLERBRAND, H. 83
HINSKE, N. 127
Historische Nachricht von der Judengemeinde in dem Hofmarkt Fürth, Schrift Andreas Würfels 50
Höchberg bei Würzburg, Juden 3
Hochheim bei Erfurt, Juden 3
Hofbefreite 109
Hoffnung der Erlösung Israelis, Schrift Johann Christoph Wagenseils 38
Hofjudentitel 43, 73
Hofjudentum (Hofjudensystem, Hoffaktorentum) 32f., 41–45, 61, 71–73, 99, 107–112, 115, 124f.
Hohenems, Grafschaft, Juden 36
Hohenzollern, Grafschaft, Juden 36
HOLM, H. 63
Homburg, hebräische Druckwerkstätte 28
HOROWITZ, E. 121
Horowitz, s. unter Jakob, Jesaja
HORTZITZ, N. 96f.
Hugenottenansiedlung 100
Humanismus 83
HUNDERT, G. D. 110
Hürben bei Giengen, Juden 4
HUUSSEN, A. 68

Iberische Halbinsel *(Sefarad)* 6f.
IDEL, M. 119
Idolatrie *(avoda zara)* 1
Iggeret Nechama (Trostschreiben), Traktat Josels von Rosheim 24
ILLIAN, M. 95
Inhaberpapier *(manrem)*, Zahlungsmittel 30f.
Inqusition, katholische 17
Institutum Judaicum in Halle 38
Integrationsentwicklung 55f., 101–104
Isaak Abraham Chajim Jessurun, Rabbiner *(Chacham)* in Hamburg 30

Isaak ben Salomon Luria, Rabbiner in
  Safed 5, 29, 47, 50, 89
Isaak Bernhard, Seidenfabrikant in
  Berlin 56
Isaak Misea, Rabbiner zu Günzburg
  92
Isaak Satanov, jüdischer Dichter 57
Isaak Segal ha-Levi aus Mantua, Rabbiner in Günzburg 92
Isaak Uziel, Rabbiner (chacham) in
  Amsterdam 29
Isaak Wetzlar, Kaufmann aus Celle
  50f., 123, 126
Isaak Zarfati 67
Isaak, s. unter Joseph, Raphael
Isenburg-Büdingen, Grafen 49
Isenburg-Büdingen, Grafschaften,
  Juden 13
Isny, Druckwerkstätte 26
Israel Aron aus Landsberg, Hofjude zu
  Berlin 43, 52
Israel Hönig, Tabakpächter und Hofjude in Wien 45
Israel Sarug, Rabbiner in Safed 89
ISRAEL, J. 60f., 69, 97, 108, 111f., 114
Israels freundliche Botschaft, Schrift
  Anders Kempes 38
Itzig, Daniel, Hofjude in Berlin 44, 57
ius regalis recipiendi Iudeos, s. Judenschutzrechte

JACOB, R. 95
JACOBS, L. 63, 80, 88
Jägerndorf, Fürstentum 68
Jair Chajim Bacharach, Rabbiner aus
  Worms 48, 51, 94
Jakob Bassevi von Treuenburg, Primator der böhmischen Judenschaft 32
Jakob Berab, Rabbiner in Safed 5
Jakob Chajim, „Reichsrabbiner" zu
  Worms 25, 88, 92
Jakob Hebraeus y Rosales (Emanuel
  Bocarro Frances) aus Lissabon, jüdischer Arzt in Hamburg 29
Jakob Herschel Emden, Rabbiner aus
  Altona 49–51, 56, 110f., 121, 123
Jakob Horowitz, Rabbiner und Kabbalist zu Prag 123
Jakob Jechiel Loans, Rabbiner in
  Hagenau 23
Jakob Sasportas, Rabbiner in Amsterdam 48f., 118
Jakob Weil, Rabbiner 92

JAKUBOWSKI-TIESSEN, M. 90
JANCKE, G. 124
Jaroslaw, Waad 49
Jebenhausen bei Göppingen, Juden 4
JEGGLE, U. 98
JERSCH-WENZEL, S. 71, 94–96, 99f.
Jerusalem, Judengemeinde 5, 48, 67,
  123
Jesaja Berlin, Rabbiner in Breslau 56
Jesaja Horowitz, Rabbiner in Frankfurt
  und Prag 28f., 67, 123
jeschiwa, s. Lehrhaus, jüdisches
Jesus von Nazareth 17
Jiddische Sprache 6f., 126
jischuw, s. Jüdische Ansiedlung
Joachim Ferber, jüdischer Deputierter
  am Kaiserhof 74
Jochanan Luria, Rabbiner in Straßburg
  und Worms 23, 26, 80, 91
jom ha-waad (Judenkonvent), s. unter
  Landjudenschaft
Jona Jakob Weil, Rabbiner in Günzburg 23, 92
Jonas, Justus, Reformator 18
Jonathan Eybeschütz, Rabbiner aus
  Krakau 49–51, 56f., 119f.
Josef Ephraim Caro aus Toledo, Rabbiner in Safed 5, 7, 30, 70, 80
Josef (Juspa) Schammes aus Worms
  50, 124
Josef Isaak Aschkenasi, Rabbiner in
  Metz 28
Josef Juspa Hahn aus Nördlingen, Rabbiner in Frankfurt 28, 50
Josef Lewin, Judenschulmeister in
  Potsdam 129
Josef Omez (Josefs Stärke), Traktat des
  Josef Juspa Hahn 28, 50
Josef Rainer aus Mantua, Rabbiner in
  Günzburg 23, 92
Josef Salomon Delmedigo gen. Rofe
  Yaschar, jüdischer Arzt in Prag 29
Josel von Rosheim, Befehlshaber der
  deutschen Juden 15, 23f., 26, 65f.,
  74f.
Joseph Isaak, Buchhändler in Gochsheim 47
Jost Liebmann, Hofjude in Berlin 52
JOST, I. M. 63
Juda Bezalel (Maharal) aus Worms, der
  „Hohe Rabbi Löw" zu Prag 27f.,
  92, 123
Juda Chassid aus Litauen 48

Juda Leib ben Moses, Rabbiner aus Selichow 55
Juda Poliastro, Rabbiner 5
Judaeus Christicida (Der Jude als Gottesmörder), Traktat von Johann Jacob Schudt 37
Judenbild 1
„Judendörfer" 2, 4, 33, 35, 97f., 122
Judenemanzipation 111f.
Judenfeindschaft, s. unter Antijudaismus
Judenherberge 115
Judenhochmeister 21
Judenkommissar 40
Judenkonvent, s. unter Landjudenschaft
Judenlandtag, s. unter Landjudenschaft
Judenmission 37f., 103f.
Judenordnung *(Judenstättigkeit)* für Frankfurt, von 1617 16, 20
Judenordnung, burgauische, von 1534 16
Judenordnung, hessische, von 1539 16
Judenordnung, kurkölnische, von 1599 16
Judenordnung, kurpfälzische, von 1515 31
Judenordnungen 15f., 82
Judenrecht 79–82
Judenregalien 14–16, 72
Judenschaftsvorsteheramt 40f.
Judenschutz(-rechte) 8–10, 14, 18f.
Judenstättigkeit, s. unter Judenordnung
Judentaufen 116f.
Judenvertreibung *(gerusch;* auch *gezera:* Katastrophe) 2f., 6f., 10–14, 17, 19, 23f., 33f., 64, 68
Jüdische Ansiedlung *(jischuw)* 22, 67, 87
jüdische Gemeinde *(kehila kadoscha;* Pl.: *kehilot)* 3, 21f., 87
jüdische Gemeinschaft *(chewra, chawura)* 3, 87
Jüdische Merckwürdigkeiten..., Schrift von Johann Jacob Schudt 50
Jüdisches Ceremoniel, Schrift des Paul Christian Kirchner 50
Jüdisches Recht *(halacha)* 21, 79–82, 117f., 121
Jüngster Reichsabschied von 1654 10
JÜTTE, R. 97
JUNG, M. 103

Kabbala (jüdische Mystik) 5, 89f.
Kabbalistik 27f., 47, 118
Kaisernähe der Juden 73f.
Kameralismus 72, 108f.
Kammerknechtschaft, kaiserliche, der Juden *(servitus camere imperialis)* 9, 14, 72
Kann, jüdische Familie zu Frankfurt am Main 54
KAPLAN, Y. 61, 68f., 108
Karl V., Karl VI., Kaiser, s. unter Reich
Karlsruhe, Judengemeinde 4, 35, 71, 96, 99f.
Karlsruhe, Residenz 42
kaschrut, s. Reinheitsgebote
Kassel, Residenz 42
Katholizismus 9
KATZ, J. 59–66, 68, 70f., 75, 78f., 81f., 94, 101, 105, 112f., 119, 121, 125, 129, 131
Katzenelnbogen, Ober- und Niedergrafschaft, Juden 13
KAUFMANN, D. 72f., 100, 107, 109, 124
Kaulla, „Madame", s. unter Cheile
Kaw ha-jaschar („gerade Linie"), Traktat des Zwi Kojdanover 55
kehila [kadoscha], s. jüdische Gemeinde
KELLENBENZ, H. 69, 99, 107, 110
Kempe, Anders Pederson, Stadtphysikus zu Buxtehude und Hamburg 38
Kennzeichnungspflicht für Juden 17, 80
Keter Kehunah (Krone des Priestertums), Traktat des David Isaak Cohen 30
KIESSLING, R. 72, 74f., 77, 88, 97f.
kijunim (Ordnungen) 81
Kirchenstaat, Judenvertreibung 17
Kirchenzucht 9
Kirchliche Verfassung der heutigen Juden, Schrift von Johann Christoph Georg Bodenschatz 50
Kirchner, Paul Christian, konvertierter Jude in Nürnberg 50
KIRN, H.-M. 80, 83
KISCH, G. 79, 81
klaus (jüdische Stiftungssynagoge) 54
klaus, s. auch Frankfurt am Main, klaus (Stiftungssynagoge)
Kleidermode, jüdische 124
KLEINER, J.W. 83, 86

Kleve, Herzogtum, Juden 11, 35, 77, 106
Kleve, Judengemeinde 98
Kleve, Judenvertreibung 11
Knechtschaft der Juden (*schi'abud malchujot*) 64
Knechtschaft, ewige, der Juden (*servitus iudeorum [perpetua]*) 9
KOBER, A. 97
KOCHAN, L. 71, 79f.
Köln 33
Köln, Erzbistum, Juden 11
KÖNIG, I. 62, 72f., 81f.
Königsberg in Preußen, Judengemeinde 34
Kohärenzmodell 102
KOLLATZ, T. 112–114, 116
KOMOROWSKI, M. 97
Konfessionalisierung der christlichen Religionen 9
Konfessionalisierung des Judentums 131
Konstantinopel, Judengemeinde 48
Konstanz 33
Konversionen von Juden 116f, 125
Konvertiten, jüdische, s. *maranos*
Korban ha-eda (Opfer der Gemeinde), Traktat des David Fränkel 56
Kossmann zum Rade, jüdischer Deputierter am Kaiserhof 74
koved, s. unter Ehrgefühl
KRACAUER, I. 99
Krakau, Rabbinat 49
KRAUSS, S. 110
Kreditgeschäft, jüdisches 30–32
Kreditzins 31
Kreuzestod Jesu 117
Kriegshaber bei Augsburg, Juden 3, 98
Kriminalisierung der Juden 113–116
Krönungssteuer 14
Krypto-Sabbatianismus, s. unter Sabbatianismus
Kulp, jüdische Familie zu Frankfurt am Main 54
Kultureller Code 84
Kurzer Entwurf der Erklärung Jüdischer Gebräuche, Traktat des Carl Anton 50

L'Empereur, Konstantin, Hebraist in Leiden 91

ladino (spaniolische Sprache) 7
LANDAU, A. 63
Landau, s. unter Abraham, Ezekiel
Landbotenamt, jüdisches 40
Landeshoheit (*superioritas territorialis*) 8, 14, 72
Landesrichteramt 41
Landjudenschaft (auch Judenlandtag; Judenkonvent/*jom ha-waad*) 39–41, 61, 105–107
Landrabbinat 23, 40f.
Landsberg an der Warthe, Judengemeinde 34
Landschreiberamt, jüdisches 40
Landwirtschaft, jüdische 96
Lateranisches Konzil, Viertes 17
Lebernsstil (life-cycle), jüdischer 120f., 126
Leer, Judengemeinde 35
Leffmann Behrens, Hofjude in Hannover 43f., 51, 53, 109
Lehrer, jüdische, s. *melamedim*
Lehrhaus, jüdisches (*jeschiwa*, Pl.: *jeschiwot*) 21, 54, 121, 123, 125
Lehrprogramm, jüdisches 121f.
Leibnitz, Gottfried Wilhelm, Philosoph 56
Leibzollpflicht 11, 54
Leiden, Universität 96
Leipziger Messe 11, 30
Lemberg, Rabbinat 49
Lemgo, Juden 11
Lengnau, Judengemeinde 33
Leopold I., Kaiser, s. unter Reich
Les six livres de la république, Werk von Jean Bodin 90
Lessing, Gotthold Ephraim, Dichter 56
LEWIN, R. 84f.
LEWITTES, M. 79
Libes-Brif, Traktat des Isaak Wetzlar 50f., 123, 126
LICHTENBERG, J. P. 86
LIEBEN, S.H. 63, 80, 99, 110
Liechtenstein, Fürst Carl von 68
limpieza de sange, s. unter Blutreinheitsgesetze
Lippe, Grafschaft, Juden 11
Lippold, jüdischer Münzmeister in Brandenburg 32
Lippstadt, Juden 11
Lissa, Judengemeinde 121

LITT, S. 74, 77
Loans, Jakob, s. unter Jakob
LÖWENBRÜCK, A.-R. 104
LOKERS, J. 71, 99
Lothringen, Provinz, Juden 77–79
LOTTER, F. 81, 83
LOWENSTEIN (LÖWENSTEIN), S. 61, 64, 66, 68, 99, 102, 111
Luchot Edut (Tafeln des Zeugnisses), Traktat des Jonathan Eybeschütz 49f., 119
Lübeck 33
LUFT, R. R. 77, 106
Luria, s. unter Isaak, Jochanan
Lurianische Kabbalah 47, 49
Luther, Martin, Reformator 17–19, 38, 83, 85f., 88f., 104
Lutherische Orthodoxie 38f., 103f.
Luthertum 9
Luxusverbote 25

„M" (anonymer Autor) 69
Mähren, Juden 3, 10, 33f.
Magdeburg, Judengemeinde 34
Magdeburg, Judenvertreibung 11
mahamad (sefardischer Gemeindevorstand) 68
Mailand, Judenvertreibung 6
MAIMON, A. 76
Mainz, Judengemeinde 4, 48, 78, 99
Mainz, Judensand 87
Mainz, jüdische Steuerlegstätte 25
Mainz, Kurfürst Johann Schweikhard v. Kronberg 20
Mainz, Kurfürsten 35
Mainz, Kurfürstentum (Ober- und Unterstift), Juden 12f.
malchut (Obrigkeit) 81
MANN, V.B. 107
Mannheim, Judengemeinde 4, 35, 40, 71, 96, 100
Mannheim, *klaus* 48
Mannheim, Residenz 42
manrem, s. Inhaberpapier
Mantua, Judengemeinde 92
Manuel Texeira, jüdischer Resident in Hamburg 44
Manufakturwesen, jüdisches 95
maranos (Maranen, *conversos*, jüdische Konvertiten/Neuchristen) 6
Marcus Herz, jüdischer Philosoph 57
Margaritha, Antonius, Hebraist 18, 90
MARWEDEL, G. 62, 99, 124

MARX, A. 110
MARZI, W. 62, 71, 73, 81
maskilim (jüdische Aufklärer) 56–58, 112, 118, 128–130
Matthias, Kaiser, s. unter Reich
MAURER, W. 83
Maximilian I., Kaiser, s. unter Reich
Mecklenburg, Herzogtümer, Juden 11, 33
Mecklenburg, Judenvertreibung 11
medina, s. Region
Medizinausbildung, jüdische 32
Megilat Eiva (Buch der Feindschaft), Traktat Yomtov Lipmann Hellers 27
Megillat Sefer, Autobiographie des Jakob Emden 119
Meir Jakob Schiff (Maharam), Rabbiner in Fulda 28
melamedim (jüdische Lehrer) 46, 51
Melanchthon, Philipp, Reformator 18
Menachem Mendel Krochmal, Rabbiner in Krakau 51
Mendelssohn, Moses, jüdischer Philosoph und Aufklärer 56–59, 129–131
Merkantilismus 32, 42, 61, 100
messianische Idee (Messianismus) 1, 26f., 88f., 116–120
Messias Christianorum et Iudaeorum, Traktat des Sebastian Münster 90
Messiasglaube 39
Metz, Judengemeinde 3, 13, 35, 49, 92, 99
MEVORAH, B. 107
Meyer Amschel Rothschild, Bankier und Hofjude 44
MEYER, M. 61
MEYER, P.-A. 77, 92, 99
MICHAEL, R. 127
Michaelis, Johann David, Orientalist in Halle 104
Michel Abrahams (Christian Treu) aus Wittmund 47, 116
Michel von Derenburg, Hofjude in Brandenburg 32
Michelbach an der Lücke, Juden 4
MIESES, J. 91
Migrationen 5
Migrationswelle 63f.
Miltenberg, Judengemeinde 3
Minden, Judengemeinde 35, 98

Minderheitenstellung der Juden 1f.
minhagim (religiöse Gebräuche) 7,
  23, 29, 50f., 62, 65, 68f., 80, 105
minjan (Mindestzahl der Gebetsgemeinde) 22, 41
Mirjam Gumpertz, Hofjüdin in Kleve 52, 124
Missionspredigt 38
Mittelrhein, Juden 12f.
mizwot, s. Toragebote
Mobilität der Juden 63–67
„Moderner" Antisemitismus 82f.
Modernisierung 59, 120, 127f.
Moisling bei Lübeck, Judengemeinde 33
MÖLLER, H. 127
Monopolverleihung, s. unter *admodiation*
Morada, jüdische Ärztin in Günzburg 97
Mordechai Jaffe, Rabbiner in Prag 27
Mordechai Meisel, Hofjude Kaiser Rudolfs II. 32
morenu-Titel („Unser Lehrer") 22, 93
Mosche Cohen, Rabbiner in Metz 28
Moses ben Israel (Isserles), Rabbiner in Krakau 6, 80
Moses Isaac, Hofjude in Berlin 44
Mühlhausen im Elsaß, Judengemeinde 4
Mühlhausen in Thüringen, Judenvertreibung 3
Mühringen, Juden 4
MÜLLER, G. 91, 104
MÜLLER, L. 77
München, Juden 71, 99
München, Residenz 42
Münden (Hannoversch Münden), Juden 11
Münster in Westfalen 33
Münster in Westfalen, Bistum (Hochstift), Juden 11, 35
Münster, Sebastian, Humanist in Basel 26, 90
Münzverschlechterungsverbote 25
MUNELES, O. 99

Naftali Bacharach, Rabbiner aus Frankfurt 29
Naftali Herz Homberg, jüdischer Aufklärer aus Lieben 57
Naftali Herz Wessely (Hartwig Weisel), jüdischer Aufklärer 57

Naftali Hirz Treves, Vorsänger in Frankfurt am Main 27, 90
Nassau, Grafschaften, Juden 13
Nathan aus Gaza, „Prophet" des Schabtai Zwi 48
Nathan Schotten, Kaufmann in Oberhausen bei Augsburg 93
Neckarsulm bei Heilbronn, Juden 3
NEHER, A. 63
Nellenburg, Landgrafschaft, Juden 13
NEMOY, L. 89
Neuchristen, jüdische, s. *maranos*
Neudenau, Judenfriedenhof 87
Neustadtgödens, Judengemeinde 35
NEWMAN, E. 123
NICHOLLS, W. 83f.
Nichtjuden (*gojim*) 1
Niederlande, Vereinigte, Juden 6, 11f., 79
Niederösterreich, Judenvertreibung 33
Niederrhein, Juden 11
Nigrinus, Georg, Theologe 91
Nikolsburg, Judengemeinde 10, 27, 33f., 48
Nini Levi, Judenvorgänger in Münster 72
Noda bi-Jehuda, Sammlung von Rechtsgutachten des Ezekiel Landau
Nördlingen 33
Nördlingen, Juden 77
Norden, Judengemeinde 35
Nordfrankreich 6
Nordhausen, Judenvertreibung 3
Nordstetten, Juden 4
Northeim, Juden 11
NOSSEK, B. 110
Nürnberg 33

Oberehnheim, Judenvertreibung 23
Oberitalien (Norditalien), Juden 4, 6
OBERMAN, H. 83, 85
Oberpfalz, Juden 10, 34
Oberrhein, Juden 13
Oberrheinischer Reichskreis 47
Obervorsteheramt, jüdisches 40
Obrigkeit, s. unter *malchut*
Österreich, Erzherzogin Maria Theresia 34
Österreichische Erblande, Juden 10, 78f.
Oettingen, Grafschaft, Juden 36
Offenbach 49

Oppenheim(er), David, s. unter David
Oppenheim, Judengemeinde 4
Oppenheimer, Gnendel, Ehefrau Samuels 51
Oppenheimer, Samuel, Hofjude in Wien 36, 44, 51, 53, 75, 109
Oppenheimer, Süß, Hofjude in Stuttgart 112
Ordination, rabbinische (*semicha*) 22, 25, 93 f.
Ordnungen, s. unter *kijunim*
Osiander, Andreas, Nürnberger Reformator 18 f., 26
Osmanisches Reich 6, 67
Osmanisches Reich, Sultan Suleiman II. 5
Ostfriesland, Fürstentum, Juden 35, 77
Ottensoos in der Oberpfalz, Judengemeinde 4, 34
OVERFIELD, H. 83

Paderborn, Hochstift, Juden 11, 35, 77
Padua, Universität 96
Palästina (*Erez Israel*) 5 f., 28 f., 38, 63–67
Palatinat, kaiserliches Adelspatent 29
Panim Chadaschot (Neue Aspekte), Traktat des Isaak Abraham Jessurun 30
PAPPENHEIM, B. 63, 66, 117, 124
Pappenheim, Herrschaft, Juden 13
Paraenesis ad doctores Judaeos (Aufruf an die jüdischen Gelehrten), Traktat Hermanns v.d. Hardt 37
parnassim, s. Gemeindevorsteher
PARTINGTON, G. 112, 114–116
Passau 33
Patriotische Gedanken über den Zustand der Juden, Traktat des Karl August Schazmann 114
Paul IV., Papst 17
Periodisierung 2, 59–63
PETERSE, H. 82
Petersen, Johanna Eleonora, geb. v. Merlau, Pietistin 38
Peuplierungspolitik 4, 71, 87, 98, 100
Pfalz, Kurfürst Friedrich II. v. der 13
Pfalz, Kurfürst Friedrich V. v. der 20
Pfalz, Kurfürst Karl Ludwig v. der 100
Pfalz, Kurfürsten 35
Pfalz, Kurfürstentum, Juden 13

Pfandhandel, jüdischer 95
Pfandleihe, jüdische 31, 94 f.
Pfefferkorn, Johannes, jüd. Konvertit 14, 46, 83 f.
Pferdehandelsgeschäft 95
Pfersee bei Augsburg, Juden 3, 98
PHILIPP, W. 104
Philosemitismus 38 f., 83, 90, 104
Philosophie 121, 123, 127
Pia Desideria (Fromme Wünsche), Traktat Philipp Jakob Speners 37, 104
Pietismus 37 f., 103 f.
pilpul-Methode (sophistischer Disputationsstil) 27 f.
PINKUS, O. 69
Pius IV., Papst 16
Pius V., Papst 17
Plettenwesen 45
PO-CHIA HSIA, R. 62, 64, 66, 70, 72, 74, 84, 90 f., 93
Pösing, Judengemeinde 19
POHLMANN, K. 96
Polen, König Sigmund I. 5
Polen, König Sigmund II. August 5
Polen-Litauen, Juden 2, 4 f., 6, 33, 51, 116
POLLACK, H. 99, 101, 120–124
Pommern, Herzogtümer 33
Pommern, Herzogtümer, Juden 11
POPPEL, S.M. 61, 79, 131
Portugal 6
Portugiesische Juden, s. *sefardim*
POST, B. 62, 78, 114–116
Prag, Judengemeinde 4, 10, 27 f., 33 f., 77 f., 88, 91, 99, 110, 118, 123
Prag, sefardische Gemeinde 6
Prager Kreis jüdischer Gelehrter 27
PRESS, V. 73, 75
Pressburger, Samuel Simon, s. unter Samuel
PRESTEL, C. 124
Preußen, König Friedrich I. 36, 52
PRIBRAM, A. F. 100
Priestertum aller Gläubigen 18
Priestertum, katholisches 17
Privileg, kaiserliches, von 1544 15, 24
Privilegienpraxis für Juden 15
„Privilegierte" Hofjuden 32
Professionalisierung des Rabbinats 22, 93 f.
Proletarisierung der Juden 115
Proselytenkasse 37

Protestantismus 9
PURIN, B. 65

RABB, Th. K. 95
Rabbinat 21f., 49, 77, 91–94, 118–120, 129
Rabbinerversammlung von 1603, s. unter Frankfurter „Rabbinerverschwörung"
RACHEL, H. 107
Randegg, Juden 4, 13
Raphael Isaak, Hofjude in Hechingen 52
raschim, s. Gemeindevorsteher
RASPE, L. 94
Rassissmus, gentiler 84
RAVID, B. 80
Rechtsbegriff, jüdischer 79f.
Rechtsschutz für Juden 16
Reformation, lutherische 9, 17f., 85
Regensburg 33
Regensburg, Judenvertreibung 3
Regensburg, Reichstag von 1532 27
Region (*medina*, Pl.: *medinot*) 22f., 64f, 105
Reich, Kaiser Ferdinand II. 14, 32
Reich, Kaiser Ferdinand III. 29
Reich, Kaiser Friedrich III. 15
Reich, Kaiser Karl V. 14f., 24f., 66
Reich, Kaiser Karl VI. 15, 34, 44
Reich, Kaiser Leopold I. 36
Reich, Kaiser Matthias 20f., 32
Reich, Kaiser Maximilian I. 25, 66
Reich, Kaiser Rudolf II. 26f., 32, 73, 75
Reich, Kaiser Sigmund 14
REICHERT, K. 89
REICHRATH, H. L. 85f., 87
Reichsabschiede 73f.
Reichshofrat 74f.
Reichsjudenschaft 15, 25f., 75
Reichskammergericht 74
Reichskammergericht, jüdische Prozesse 24, 72, 93
Reichspoliceyordnungen von 1548 und 1577 14, 31, 74
„Reichsrabbinat" 88, 92
Reichsritterschaft 8f., 73
Reichsstädte, Freie 8
Reichsstifte und -klöster 8
Reichstag zu Speyer 15
Reichsunmittelbarkeit der Juden 73f.
Reinheitsgebote (*kaschrut*) 7, 25, 52

Reinheitsideologie 84
REINKE, A. 100
Reinkingk, Johannes, Jurist in Gießen 16, 24
Religionsfrieden von 1555 9
Remonstrantie, Traktat des Hugo Grotius 90
RENDA, G. 93, 99f.
RENGSTORF, K. H. 128
Resident, jüdischer 109
Responsenliteratur 51
Responsenpraxis 21, 41, 65, 80
Reuchlin, Johannes, Humanist 14f., 82–84, 90
Reurbanisierung der Juden 33
REUTER, F. 100
Rexingen im Schwarzwald, Juden 4
REYER, H. 77
Rezeptionseid der Juden 81
RICHARZ, M. 77, 95f.
Ries, Landschaft, Juden 77, 95, 98
RIES, R. 60, 62, 64, 72, 78, 84, 86, 88, 90, 93, 96, 99f., 107–111
Riess, David, Hofjude in Berlin 57
Riess, Isaak, Hofjude in Berlin 57
Ritualmordlegende 19, 38, 84f.
Rodrigo de Castro, jüdischer Arzt in Hamburg 29
RÖMER, N. 60, 71, 119, 123
ROEST, M. 63
ROHRBACHER, S. 22, 60, 62f., 64–67, 74, 76f., 86–88, 91–93, 95, 97, 99–101
Rom, Judengemeinde 17
ROODEN, P.T. van 91
ROSENFELD, M. 94
Rosheim, Judengemeinde 3
Rosheim, Reichsstadt 24
Rosina Mändle, Hofjüdin in München 52, 125
Rotenburger Quart (Herrschaft in Hessen) 46f.
Rothenburg ob der Tauber 33
Rothenburg ob der Tauber, Judenvertreibung 3
Rothschild, Meyer Amschel, s. unter Meyer
Rottweil 33
Rottweil, kaiserliches Hofgericht 74
Rottweil, kaiserliches Hofgericht, jüdische Prozesse 24
Rotwelsch (Gauneridiom) 46, 114
ROZEN, M. 67

Ruben Elias Gumpertz, Oberrezeptor der Juden in Kleve 72, 109
RUBIN, H. 63
RUDERMAN, D. 97, 102
Rudolf II., Kaiser, s. unter Reich
Russland, Zarin Anna Iwanowna 44

Sabbatianische Bewegung (Sabbatianismus) 47–50, 67, 117–120
SACHAR, H. M. 61
Sachsen, Kurfürst August der Starke 44
Sachsen, Kurfürstentum 33
Sachsen, Kurfürstentum, Juden 11
SADEK, V. 63
Safed (Zefad), Judengemeinde 5, 7, 28f., 67
Sakramentslehre, katholische 17
Salomon Chelm, jüdischer Aufklärer aus Zamosch 57
Salomon Dubno, jüdischer Aufklärer aus Lemberg 57
Salomon Hanau, jüdischer Aufklärer 57
Salomon Maimon, jüdischer Philosoph 57
Saloniki, Judengemeinde 48
Samuel Aschkenasi, jüdischer Arzt in Prag 29
Samuel Elieser Mise, „Reichsrabbiner" in Worms 25, 88
Samuel Halevy, Rabbiner aus Meseritz 65
Samuel Margulies, Rabbiner in Regensburg 91
Samuel Oppenheimer, s. unter Oppenheimer
Samuel Schott, Landrabbiner in Darmstadt 41
Samuel Simon Pressburger, Hofjude in Wien 44
SAPERSTEIN, M. 62, 89
Saumaise, Claude de, französischer Jurist 31
SAVILLE, P. 107, 110, 112
Schabbat-Umgrenzung. s. unter *eruw*
schabbesgoj (christlicher Schabbatdiener) 51
Schabtai (Sabbatai) Zwi, falscher Messias 48–50, 117
Schachtpraxis 32
SCHACTER, J. J. 119
Schalantjuden (vagierende Juden) 46, 113

Schay, jüdische Finanziersfamilie 87
Schazmann, Karl August, Aufklärer in Friedberg 114
Sche'ilat Jawez (Problem-Ratgeber), Responsensammlung des Jakob Herschel Emden 51
SCHECHTER, S. 63, 124
SCHEDLITZ, B. 73, 107–109, 112
schi'abud malchujot, s. unter Knechtschaft der Juden
SCHILLING, H. 90
schireh Yehuda (Judas Lieder), Traktat des Leib ben Moses aus Selichow 55
Schlesien, Herzogtümer, Juden 11
Schleswig-Holstein, Herzogtum, Juden 11
Schlomo Efraim Lunschitz, Rabbiner in Prag 27
Schlomo Molcho, Pseudo-Prophet 26f.
SCHMELZER, M. 94
SCHMIDT, M. 99, 103, 109f.
Schnaittach in der Oberpfalz, Judengemeinde 4, 10, 34, 45, 124
Schnaittach in der Oberpfalz, jüdische Steuerlegstätte 25
SCHNEE, H. 73, 107–110, 124
SCHOCHAT, A. 60, 63, 71, 74, 93, 101, 124
SCHOEPS, H. J. 90
SCHOEPS, J. H. 62, 104, 127, 130f.
SCHOLEM, G. 90, 117f.
Schotten, Juden 96
SCHRECKENBERG, H. 62, 83, 90f.
SCHREINER, S. 85
schtadlanut (jüdische Fürsprecherschaft) 23f., 40, 66, 74f., 108
SCHUBERT, K. 73
Schudt, Johann Jacob, Rektor in Frankfurt am Main 37, 50
Schüler, jüdische, s. unter *bachurim*
SCHÜTZ, F. 99
Schulchan Aruch („Der gedeckte Tisch"), Werk des Josef Caro 6f., 29, 70
Schwaben, Landrabbinat 92
Schwarzenburg, Fürstentum, Juden 13
Schweden, Königin Christine 44
Schweinfurt, Judenvertreibung 3

Seckendorff, Veit Ludwig v., Kameralist 108
Sefarad, s. Iberische Halbinsel
sefardim (Sefarden, "Portugiesische" Juden) 6–8, 67–79, 119
sefardischer Ritus 7
Sefer ha-Chajim (Buch des Lebens), Traktat Chajim Bezalels 28, 80
Sefer ha-Mikneh (Buch des Erwerbs), Traktat Josels von Rosheim 24
Sefer Jefe Nof (Buch der schönen Landschaft), Traktat Isaak Miseas 92
Sefer Meschiwat Nefesch (Buch der Seelenerquickung), Traktat Jochanan Lurias 26
Segregationsentwicklung 101–104
SELLIN, V. 100
semicha, s. Ordination, rabbinische
Sepulchralkultur 7
servitus camere imperialis, s. Kammerknechtschaft
servitus iudeorum [perpetua], s. Knechtschaft der Juden
SHEFFER, A. 124f., 127
SHERWIN, B. L. 80, 86, 88f., 92
SHMUELI, E. 60
siddur (jüdisches Gebetbuch) 55
SIEGELE-WENSCHKEWITZ, L. 84
Sigmund, Kaiser, s. unter Reich
Simon Günzburg, jüdischer Großfinanzier 74, 88, 92
Simon van Geldern, jüdischer Reisender 5, 53, 58
SIMONSOHN, S. 62
Singen, Juden 13
Sisit Novel Zwi, Traktat des Jakob Sasportas 118
Soest, Juden 11, 100
Solidargemeinschaft der Juden 113
Solms, Grafschaften, Juden 13
SOMBART, W. 108, 125
SORKIN, D. 61, 66, 114, 127f., 130
Sozialdisziplinierung 113
Späth, Johann Peter (Moses Germanus), Mystiker in Amsterdam 39
Spangenberg, Cyriak, Chronist in Nordhausen 28
Spanien 6
Spaniolische Sprache, s. *ladino*
Spener, Philipp Jakob, pietistischer Theologe 37f., 104
Speyer, Judengemeinde 4

Spinoza, Baruch, jüdischer Philosoph 69
Spiritualismus 38f.
Sprachunterricht 126
Stade, Judengemeinde 68
STEINBACH, M. 68, 100
STERN, M. 88
STERN[-TÄUBLER], S. 24, 34, 60, 62, 66, 68, 73, 75, 87, 99, 107–109, 122, 130
Stiftungssynagoge, s. *klaus*
STÖHR, M. 85
Straßburg 33
Straßburg, Judenvertreibung 3
STRAUS, R. 94
STUDEMUND-HALÉVY, M. 68, 99
Stuttgart 33
Stuttgart, Juden 71
Stuttgart, Residenz 42
Substitutionstheorie 85
Süß Oppenheimer, s. unter Oppenheimer
Sulz, Grafschaft, Juden 13
Sulzbach, Judengemeinde 34
Synagoga Judaica, Traktat des Johann Buxtorf d.Ä. 91
Synagogenverbot 17

Ta'alumot Chochmah (Geheimnisse der Weisheit), Traktat von Josef Salomon Delmedigo 29
Tabakmonopol 44, 73; s. auch *admodiation*
TAGLICHT, J. 63, 100
takkanot (Statuten der jüdischen Gemeinden) 40, 50, 54f., 65
Taufbetrug 47, 116
Taufbewegung 117f.
"Taufjuden" 84
techines, s. unter Gebete, jüdische
Telgte, Judengemeinde 35
Terlinden, R. F., preußischer Jurist 81
Territorialisierung der Juden 8f., 72
Textilherstellung, jüdische 32
Thannhausen, Juden 4
Thomas von Aquin, Theologe 17
Thüringen 46
Thüringen, Juden 77
Tiberias, Jüdische Gemeinde 67
TIELKE, M. 77
Tiengen im Klettgau, hebräische Druckerei 13, 27

Register 175

Tiengen im Klettgau, Judengemeinde 4, 13
TISHBY, I. 117f.
TOCH, M. 59, 64, 76, 78, 87f., 94f.
Toleranzdenken 37, 83
Toragebote (*mizwot*) 45, 80
TOURY, J. 61
Tractatus de Juribus Judaeorum, Traktat des Jodocus Beck 50
Trauzeremonium, jüdisches 99
Trientiner Konzil (Tridentinum) 16f., 103
Trier, Judengemeinde 4, 99
Triest, Judengemeinde 4
Trostschreiben, s. *Iggeret Nechama*
TRUSEN, W. 83
Türkheim, Judengemeinde 3

Ukrainischer (Chmelniecki-) Aufstand 5, 33, 46, 51, 116
ULBRICH, C. 62, 97f., 124
ULLMANN, S. 61f., 70, 72–74, 76–78, 86–88, 92–99, 102, 105f., 109f., 116, 1200
Ulm 33
Ungarn, Landrabbinat 41
Unmaßgebliche Gedanken über Betteljuden, Traktat des Joseph Isaak 47
Unterelsass, Landvogtei, s. unter Hagenau
urbanes Judentum 2f.
Urbanisierungsentwicklung 99
Uriel da Costa, jüdischer Philosoph 69

Veitel Ephraim, Hofjude in Berlin 44, 57
Venedig, Druckwerkstätte 7
Venedig, *Ghetto Nuovo* 4
Venedig, Judengemeinde 4, 100
Venedig, *nazione Levantina* 4, 68f.
Venedig, *nazione Tedesca* 4, 68f.
Verländlichung der Juden 3, 76
Verrechtlichung jüdisches Existenz 14–16
Verwandtschaftsfamilie, jüdische 53
Viehhandelsgeschäft 54, 95f.
VIERHAUS, R. 128
Viktor von Carben, christlicher Prediger 46
Visitationswesen 9
VOLKOV, S. 59, 128

Vorderösterreich, Judenvertreibung 13
Vorfinanzierung (*Antezipation*) 108
Vorkaufsvorwurf an Juden 20

WACHSTEIN, B. 63, 100
Wagenseil, Johann Christoph, Orientalist zu Altdorf 38, 89, 104
Waisenanstalt, jüdische 46
WALLENBORN, H. 68f., 99
Wallenstein, Albrecht von, Generalissimus Kaiser Ferdinands II. 32
Wallerstein, jüdische Steuerlegstätte 25
WALLICH, P. 107
WALZ, R. 79, 84, 88, 101
Wandsbek, Judengemeinde 12
Wandsbek, Judengemeinde, s. auch Hamburg-Altona-Wandsbek, Dreigemeinde
Wangen, Juden 4, 13
Warendorf, Judengemeinde 4
Warenhandel, jüdischer 95
WAYSBLUM, M. 89
WEBER, A. 99
Wechselgeschäft 30f.
Weende bei Göttingen, Juden 3
Weibliche Rechtswohltaten, s. unter *beneficia muliebria*
Weil, s. unter Jakob, Jona
WEINRYB, B. D. 63, 80
Weisenau bei Mainz, Juden 3
WEISS, J. 83
Weißenburg im Elsass, Judengemeinde 3
Weißenburg im Nordgau, Judenvertreibung 3
WEISSLER, C. 125f.
Welser, Kaufmannsfamilie 108
Weltchronik 1
Wertheimer, Samson, Hofjude zu Wien 41, 44, 53, 75, 109
Wertheimer, Wolf, Hofjude in Wien und München 44, 53, 109
Wesel, Judengemeinde 11
Wessely, Naftali, s. unter Naftali
Westfälischer Frieden von 1648 9f., 102f.
Westfalen, Herzogtum, Juden 11
Wetterau, Juden 12
Wetzlar, Judengemeinde 3, 12f.
Wetzlar, Karl Abraham, Großkaufmann und Tabakpächter in Wien 44f.

Wien, Judengemeinde (Leopoldstadt) 4, 10, 33f., 71, 88, 100, 109
Wien, sefardische („türkische") Gemeinde 6f.
Wimpfen, Judengemeinde 4
Wirtschaftselite 110
Wohltätigkeit (*zedaka*) 45, 112–116, 125
Wolff, Christian, Philosoph 56
WOLGAST, E. 66, 99
Worblingen, Juden 4, 13
Worms, Bürgerunruhen von 1613ff. 20f., 86
Worms, Judengemeinde 3, 12, 28, 35, 39, 75, 88, 92, 100, 110
Worms, jüdische Steuerlegstätte 25
Worms, Rabbinatsgericht 25
Wormser Rabbinerversammlung von 1542 93
WÜRFEL, A. 99
Würfel, Andreas, Theologe in Nürnberg 50
WUNDER, H. 126
Wunstorf, Juden 11
Würfelmacherei, jüdische 32
Württemberg, Herzogtum 33
Württemberg, Herzogtum, Juden 13, 76
Würzburg 33

YERUSHALMI, Y.H. 64, 67–69, 84, 88
Yomtov Lipmann Heller aus Wallerstein, Rabbiner in Prag 27
YUVAL, I. 79, 94

Zeckendorf bei Bamberg, Judengemeinde 3, 34
Zeckendorf bei Bamberg, Landrabbinat 34
zedaka, s. Wohltätigkeit
Zemach David (Spross Davids), Traktat des David Gans 28, 88, 123
Zemach Zedek (Pflanze der Gerechtigkeit), Responsensammlung des Menachem Krochmal 51
ZEMON DAVIS, N. 102, 108f., 124f.
ZIMMELS, H. J. 63, 67–70, 80
ZIMMER, E. 23, 25, 63, 66, 88, 91, 94
Zinsnahme 31, 80
Zinsverbot, kirchliches 31
Zülz in Oberschlesien, Judengemeinde 34
Zunftpraxis 95
Zunftverfassung 19f.
Zwangspredigt 38
Zweireichelehre, lutherische 19
Zwi Hirsch Aschkenasi, Rabbiner in Altona 49
Zwi Hirsch Kojdanover, Rabbiner in Frankfurt 55, 124

Enzyklopädie deutscher Geschichte
Themen und Autoren

Mittelalter

Agrarwirtschaft, Agrarverfassung und ländliche Gesellschaft im Mittelalter (Werner Rösener) 1992. **EdG 13** Adel, Rittertum und Ministerialität im Mittelalter (Werner Hechberger) Die Stadt im Mittelalter (Michael Matheus) Armut im Mittelalter (Otto Gerhard Oexle) Geschlechtergeschichte im Mittelalter (Hedwig Röckelein) **Die Juden im mittelalterlichen Reich (Michael Toch) 1998. EdG 44**	Gesellschaft
Wirtschaftlicher Wandel und Wirtschaftspolitik im Mittelalter (Michael Rothmann)	Wirtschaft
Wissen als soziales System im Frühen und Hochmittelalter (Johannes Fried) Die geistige Kultur im späteren Mittelalter (Johannes Helmrath) **Die ritterlich-höfische Kultur des Mittelalters (Werner Paravicini) 1994. EdG 32**	Kultur, Alltag, Mentalitäten
Die mittelalterliche Kirche (Michael Borgolte) 1992. EdG 17 Religiöse Bewegungen im Mittelalter (N. N.) Formen der Frömmigkeit im Mittelalter (Arnold Angenendt)	Religion und Kirche
Die Germanen (Walter Pohl) 2000. EDG 57 Die Slawen in der deutschen Geschichte des Mittelalters (Thomas Wünsch) **Das römische Erbe und das Merowingerreich (Reinhold Kaiser) 2. Aufl. 1997. EdG 26** Das Karolingerreich (Bernd Schneidmüller) **Die Entstehung des Deutschen Reiches (Joachim Ehlers) 2. Aufl. 1998. EdG 31** **Königtum und Königsherrschaft im 10. und 11. Jahrhundert (Egon Boshof) 2. Aufl. 1997. EdG 27** **Der Investiturstreit (Wilfried Hartmann) 2. Aufl. 1996. EdG 21** **König und Fürsten, Kaiser und Papst nach dem Wormser Konkordat (Bernhard Schimmelpfennig) 1996. EdG 37** **Deutschland und seine Nachbarn 1200–1500 (Dieter Berg) 1996. EdG 40** Die kirchliche Krise des Spätmittelalters (Heribert Müller) **König, Reich und Reichsreform im Spätmittelalter (Karl-Friedrich Krieger) 1992. EdG 14** **Fürstliche Herrschaft und Territorien im späten Mittelalter (Ernst Schubert) 1996. EdG 35**	Politik, Staat, Verfassung

Frühe Neuzeit

Bevölkerungsgeschichte und historische Demographie 1500–1800 (Christian Pfister) 1994. **EdG 28** **Bauern zwischen Bauernkrieg und Dreißigjährigem Krieg (André Holenstein) 1996. EdG 38**	Gesellschaft

Bauern 1648–1806 (Werner Troßbach) 1992. EdG 19
Adel in der Frühen Neuzeit (Rudolf Endres) 1993. EdG 18
Der Fürstenhof in der Frühen Neuzeit (Rainer A. Müller) 1995. EdG 33
Die Stadt in der Frühen Neuzeit (Heinz Schilling) 1993. EdG 24
Armut, Unterschichten, Randgruppen in der Frühen Neuzeit
  (Wolfgang von Hippel) 1995. EdG 34
Unruhen in der ständischen Gesellschaft 1300–1800 (Peter Blickle)
  1988. EdG 1
Frauen- und Geschlechtergeschichte 1500–1800 (Heide Wunder)
Die Juden in Deutschland vom 16. bis zum Ende des 18. Jahrhunderts
  (J. Friedrich Battenberg) 2001. EdG 60
Militärgeschichte des späten Mittelalters und der Frühen Neuzeit
  (Bernhard Kroener)

Wirtschaft
Die deutsche Wirtschaft im 16. Jahrhundert (Franz Mathis) 1992. EdG 11
Die Entwicklung der Wirtschaft im Zeitalter des Merkantilismus 1620–1800
  (Rainer Gömmel) 1998. EdG 46
Landwirtschaft in der Frühen Neuzeit (Walter Achilles) 1991. EdG 10
Gewerbe in der Frühen Neuzeit (Wilfried Reininghaus) 1990. EdG 3
Kommunikation, Handel, Geld und Banken in der Frühen Neuzeit (Michael
  North) 2000. EdG 59

Kultur, Alltag, Mentalitäten
Medien in der Frühen Neuzeit (Stephan Füssel)
Bildung und Wissenschaft im 15. und 16. Jahrhundert (Notker Hammerstein)
Bildung und Wissenschaft in der Frühen Neuzeit 1650–1800
  (Anton Schindling) 2. Aufl. 1999. EdG 30
Die Aufklärung (Winfried Müller) 2002. EdG 61
Lebenswelt und Kultur des Bürgertums in der Frühen Neuzeit (Bernd Roeck)
  1991. EdG 9
Volkskultur in der Frühen Neuzeit (Robert von Friedeburg)
Umweltgeschichte der Frühen Neuzeit (Christian Pfister)

Religion und Kirche
Die Reformation. Voraussetzungen und Durchsetzung (Olaf Mörke)
Konfessionalisierung im 16. Jahrhundert (Heinrich Richard Schmidt)
  1992. EdG 12
Kirche, Staat und Gesellschaft im 17. und 18. Jahrhundert (Michael Maurer)
  1999. EdG 51
Religiöse Bewegungen in der Frühen Neuzeit (Hans-Jürgen Goertz)
  1993. EdG 20

Politik, Staat und Verfassung
Das Reich in der Frühen Neuzeit (Helmut Neuhaus) 1997. EdG 42
Landesherrschaft, Territorien und Staat in der Frühen Neuzeit (Joachim Bahlcke)
Die Entwicklung der landständischen Verfassung (Kersten Krüger)
Vom aufgeklärten Reformstaat zum bürokratischen Staatsabsolutismus
  (Walter Demel) 1993. EdG 23

Staatensystem, internationale Beziehungen
Das Reich im Kampf um die Hegemonie in Europa 1521–1648 (Alfred Kohler)
  1990. EdG 6
Altes Reich und europäische Staatenwelt 1648–1806 (Heinz Duchhardt)
  1990. EdG 4

19. und 20. Jahrhundert

Demographie des 19. und 20. Jahrhunderts (Josef Ehmer)   Gesellschaft
Umweltgeschichte des 19. und 20. Jahrhunderts (Arne Andersen)
Adel im 19. und 20. Jahrhundert (Heinz Reif) 1999. EdG 55
Geschichte der Familie im 19. und 20. Jahrhundert (Andreas Gestrich) 1998. EdG 50
Urbanisierung im 19. und 20. Jahrhundert (Klaus Tenfelde)
Soziale Schichtung, soziale Mobilität und sozialer Protest im 19. und 20. Jahrhundert (N.N.)
Von der ständischen zur bürgerlichen Gesellschaft (Lothar Gall) 1993. EdG 25
Die Angestellten seit dem 19. Jahrhundert (Günter Schulz) 2000. EdG 54
Die Arbeiterschaft im 19. und 20. Jahrhundert (Gerhard Schildt) 1996. EdG 36
Frauen- und Geschlechtergeschichte im 19. und 20. Jahrhundert (Karen Hagemann)
Die Juden in Deutschland 1780–1918 (Shulamit Volkov) 2. Aufl. 2000. EdG 16
Die Juden in Deutschland 1914–1945 (Moshe Zimmermann) 1997. EdG 43
Militärgeschichte des 19. und 20. Jahrhunderts (Ralf Pröve)

Die Industrielle Revolution in Deutschland (Hans-Werner Hahn)   Wirtschaft
1998. EdG 49
Die deutsche Wirtschaft im 20. Jahrhundert (Wilfried Feldenkirchen) 1998. EdG 47
Agrarwirtschaft und ländliche Gesellschaft im 19. Jahrhundert (Stefan Brakensiek)
Agrarwirtschaft und ländliche Gesellschaft im 20. Jahrhundert (Ulrich Kluge)
Gewerbe und Industrie im 19. und 20. Jahrhundert (Toni Pierenkemper) 1994. EdG 29
Handel und Verkehr im 19. Jahrhundert (Karl Heinrich Kaufhold)
Handel und Verkehr im 20. Jahrhundert (Christopher Kopper)
Banken und Versicherungen im 19. und 20. Jahrhundert (Eckhard Wandel) 1998. EdG 45
Staat und Wirtschaft im 19. Jahrhundert (bis 1914) (Rudolf Boch)
Staat und Wirtschaft im 20. Jahrhundert (Gerold Ambrosius) 1990. EdG 7

Kultur, Bildung und Wissenschaft im 19. Jahrhundert (Hans-Christof Kraus)   Kultur, Alltag und
Kultur, Bildung und Wissenschaft im 20. Jahrhundert (Frank-Lothar Kroll)   Mentalitäten
Lebenswelt und Kultur des Bürgertums im 19. und 20. Jahrhundert (Andreas Schulz)
Lebenswelt und Kultur der unterbürgerlichen Schichten im 19. und 20. Jahrhundert (Wolfgang Kaschuba) 1990. EdG 5

Formen der Frömmigkeit in einer sich säkularisierenden Gesellschaft (Karl Egon Lönne)   Religion und Kirche
Kirche, Politik und Gesellschaft im 19. Jahrhundert (Gerhard Besier) 1998. EdG 48
Kirche, Politik und Gesellschaft im 20. Jahrhundert (Gerhard Besier) 2000. EdG 56

Der Deutsche Bund und das politische System der Restauration 1815–1866 (Jürgen Müller)   Politik, Staat, Verfassung
Verfassungsstaat und Nationsbildung 1815–1871 (Elisabeth Fehrenbach) 1992. EdG 22

Politik im deutschen Kaiserreich (Hans-Peter Ullmann) 1999. EdG 52
Die innere Entwicklung der Weimarer Republik (Andreas Wirsching) 2000. EdG 58
Nationalsozialistische Herrschaft (Ulrich von Hehl) 2. Auflage 2001. EdG 39
Die Bundesrepublik Deutschland. Verfassung, Parlament und Parteien (Adolf M. Birke) 1996. EdG 41
Die Sozialgeschichte der Bundesrepublik Deutschland (Axel Schild)
Die Sozialgeschichte der Deutschen Demokratischen Republik (N.N.)
Die Innenpolitik der Deutschen Demokratischen Republik (Günther Heydemann)

Staatensystem, internationale Beziehungen

Die deutsche Frage und das europäische Staatensystem 1815–1871 (Anselm Doering-Manteuffel) 2. Aufl. 2001. EdG 15
Deutsche Außenpolitik 1871–1918 (Klaus Hildebrand) 2. Aufl. 1994. EdG 2
Die Außenpolitik der Weimarer Republik (Gottfried Niedhart) 1999. EdG 53
Die Außenpolitik des Dritten Reiches (Marie-Luise Recker) 1990. EdG 8
Die Außenpolitik der Bundesrepublik Deutschland (Hermann Graml)
Die Außenpolitik der Deutschen Demokratischen Republik (Joachim Scholtyseck)

Hervorgehobene Titel sind bereits erschienen.

Stand: (Juli 2001)

www.ingramcontent.com/pod-product-compliance
Lightning Source LLC
Chambersburg PA
CBHW021355300426
44114CB00012B/1244